प्रकाशक परिचय

गुल्लीबाबा पब्लिशिंग हाउस श्री दिनेश वर्मा जी का मौलिक विचार है जिनका नाम आज इस क्षेत्र में सम्मान एवं प्रशंसा के भाव को जगाता है। वे इग्नू के विद्यार्थियों को श्रेष्ठ स्तर की सामग्री प्रदान करने के जनक हैं क्योंकि वे स्वयं भी इग्नू के विद्यार्थी रह चुके हैं और इस रूप में वहाँ के विद्यार्थियों को अच्छे स्तर की सामग्री न मिलने की कठिनाइयों को झेल चुके हैं। वे इस समय विद्यार्थियों को निम्नलिखित सेवाएँ प्रदान कर रहे हैं–

परीक्षा में सफलता की गाइड–

इसके अंतर्गत महत्त्वपूर्ण प्रश्नों, हल किए गए प्रश्न-पत्र, गेस पेपर को एक ही स्थान पर उपलब्ध कराया गया है ताकि विद्यार्थी कम समय और कम परिश्रम से उत्कृष्ट अंक प्राप्त कर सकें।

नि:शुल्क पुस्तक–

"Secrets to Pass IGNOU Exams with Less Study" नामक शीर्षक से प्रसिद्ध यह पुस्तक अपने विद्यार्थियों के प्रति स्नेह एवं आदर के रूप में आपको नि:शुल्क प्रदान की जाती है। आप इसे निम्नलिखित लिंक से नि:शुल्क डाउनलोड कर सकते हैं–

https://www.gullybaba.com/ignou-free/

प्रकृति के प्रति आपका योगदान–

जब भी आप हमारी पुस्तक को पढ़ते हैं तो आप प्रकृति के प्रति भी अपना योगदान करते हैं क्योंकि हम पुस्तक तैयार करने में रिसाइकिल किए गए कागज का प्रयोग करते हैं। इस प्रकार आपकी प्रत्येक खरीद एक पौधा लगाने में भी कुछ-न-कुछ योगदान करती है।

हल किए गए Assignments की PDFs/हस्तलिखित Assignments–

हल किए गए सर्वोत्तम एवं असली Assignments की PDFs, जिन्हें आप Gullybaba.com से या हमारे App से तुरंत डाउनलोड कर सकते हैं।

परियोजना (Project) रिपोर्ट/सारांश (Report/Synopsis)–

प्रोफेशनल्स/शोधकर्त्ताओं द्वारा तैयार की गई सर्वोत्तम गुणवत्ता वाली परियोजना रिपोर्ट (Project Report) तथा सारांश (Synopsis) जिसकी अस्वीकृति की कोई गुंजाइश नहीं होती और जो दिए गए फॉर्मेट में तैयार की जाती है।

मोबाइल एप–

आप Google Play Store से हमारे 'Gullybaba' app को डाउनलोड करके उपर्युक्त सभी सेवाओं का लाभ एक ही स्थान पर उठा सकते हैं।

गुल्लीबाबा की इग्नू हेल्प बुक ही क्यों खरीदें?

क्या आप परीक्षा के डर से तनाव में हैं? क्या आपको इग्नू की परीक्षाओं में अच्छे अंक प्राप्त नहीं हो रहे हैं? क्या आप इग्नू की पढ़ाई में किसी Sure-shot Solution की तलाश में हैं? तो अब आप कहीं और कुछ तलाश न करें क्योंकि आपकी समस्या के समाधान के लिए Gullybaba.com प्रस्तुत है। यहाँ पर विशेषज्ञों के द्वारा तैयार की गई सहायक पुस्तिकाएँ (Help Books) आपको किसी भी परीक्षा का सामना करने की गारंटी देती हैं। इसके साथ ही आपको इग्नू हेल्प बुक की कॉम्बो डील्स (Combo Deals) पर काफी अच्छी बचत का प्रस्ताव (offer) भी मिल रहा है।

अब आप इग्नू के पाठ्यक्रम को शीघ्रता से पूरा कर सकते हैं और वो भी कम परिश्रम एवं कम समय में अच्छे अंकों के साथ।

जी.पी.एच. पुस्तकों की होम डिलीवरी

आप गुल्लीबाबा की पुस्तकों का ऑर्डर Gullybaba.com या Gullybaba App द्वारा कर सकते हैं। हम अपने fastest courier partners के माध्यम से आपकी पुस्तकों को ऑर्डर वाले दिन ही भिजवा देते हैं। आप अपनी पुस्तकों का ऑर्डर WhatsApp number 9350849407 पर या order@gullybaba.com पर e-mail द्वारा भी कर सकते हैं।

हम अपने courier partners के माध्यम से और कभी-कभी सरकारी डाक विभाग के माध्यम से "Cash On Delivery" की सेवा भी प्रदान करते हैं।

विक्रेताओं के लिए महत्त्वपूर्ण सूचना

प्रकाशक की लिखित अनुमति के बिना इन पुस्तकों को किसी ऑनलाइन प्लेटफॉर्म जैसे कि अमेज़न, फ्लिपकार्ट, शॉपक्ल्यूज, रेडिफ आदि पर बेचने की अनुमति नहीं है। किसी विक्रेता द्वारा इस प्रकार की गई GPH पुस्तकों की बिक्री को गैर-कानूनी (ILLEGAL SALE) माना जाएगा और ऐसे व्यक्ति के विरुद्ध सख्त कानूनी कार्यवाही की जाएगी।

मानव-निर्मित आपदाओं को समझना

एम.पी.ए.-02

Notes For

Post Graduate Diploma in Disaster Management (PGDDM)

Useful For

Delhi University (DU), IGNOU, Berhampur University (Odisha), University of Kashmir, Sambalpur University (Odisha), University of Kalyani (West Bengal), Gurukula Kangri Vishwavidyalaya (Uttarakhand), Himachal Pradesh University, Cooch Behar Panchanan Barma University (West Bengal), Ranchi University, University of Culcutta, Pune University, University of Mumbai, and other Indian Universities

GullyBaba Publishing House Pvt. Ltd.

ISO 9001 & ISO 14001 CERTIFIED CO.

Regd. Office:
2525/193, 1st Floor, Onkar Nagar-A,
Tri Nagar, Delhi-110035
(From Kanhaiya Nagar Metro Station Towards Old Bus Stand)
Call: 9991112299, 9312235086
WhatsApp: 9350849407

Branch Office:
1A/2A, 20, Hari Sadan,
Ansari Road, Daryaganj,
New Delhi-110002
Ph.011-45794768
Call & WhatsApp:
8130521616,8130511234

E-mail: hello@gullybaba.com, **Website**: GullyBaba.com

Price: ₹250/-

Author: Gullybaba.com Panel

Disclaimer

Although the author and publisher have made every effort to ensure that the information in this book is correct, the author and publisher do not assume and hereby disclaim any liability to any party for any loss, damage, or disruption caused by errors or omissions, whether such errors or omissions result from negligence, accident, or any other cause.

If you find any kind of error, please let us know and get reward and or the new book free of cost.

The book is based on IGNOU syllabus. This is only a sample. The book/author/publisher does not impose any guarantee or claim for full marks or to be passed in exam. You are advised only to understand the contents with the help of this book and answer in your words.

All disputes with respect to this publication shall be subject to the jurisdiction of the Courts, Tribunals and Forums of New Delhi, India only.

जरूरी सूचना

यद्यपि हम पूरी कोशिश करते हैं कि नोट्स में किसी भी प्रकार की कोई गलती न रहे। फिर भी यदि आप किसी भी प्रकार की कोई गलती या सुझाव बताना चाहते हैं, तो कृपया हमें जरूर सूचित करें, ताकि हम अपनी भूल को जल्दी से जल्दी सुधार सकें। आपका बताना, दूसरे छात्रों को उलझनों में समय गवाने से बचा सकता है। साथ ही साथ छात्रों को उच्च गुणवत्ता वाली अध्ययन सामग्री प्राप्त करने में आप उनकी मदद कर सकते हैं।

आगामी संस्करण में आपके सुझावों को यथास्थान साभार सम्मिलित भी किया जाएगा। अतः अपने सुझाव निःसंकोच हमें हमारी Email : feedback@gullybaba.com पर या सीधे प्रकाशन के पते पर लिखें और हमें अपने सुझावों से अनुग्रहित करें।

Table of Contents

प्रश्न पत्र

अध्याय 1

मानव-निर्मित आपदाओं को समझना

प्रश्न 1. आपदा प्रबंधन से संबंधित प्रमुख मुद्दों का विवेचन कीजिए।

(जून-2018, प्र.सं.-1)

उत्तर– आपदाएँ आश्चर्यजनक नहीं होतीं और अक्सर बार-बार घटती रहती हैं। अभिकरण, जो इन आपदाओं के प्रबंधन के लिए उत्तरदायी होते हैं, उन्होंने आपदा प्रबंधन में महत्त्वपूर्ण भूमिका निभाई है और उनके प्रयासों के परिणाम के प्रति मिली-जुली प्रतिक्रियाएँ प्राप्त होती रहती हैं। पर मानव-निर्मित आपदाओं के संबंध में आपदा प्रबंधन पद्धतियों में सुधार की आवश्यकता है, और इसका कार्य क्षेत्र भी बहुत व्यापक है। इस विषय से संबंधित प्रमुख मुद्दे इस प्रकार हैं–

(1) संसाधनों का अपर्याप्त और/अथवा अनियमित प्रवाह–किसी भी आपदा का प्रभावपूर्ण ढंग से प्रबंध करने के लिए सामग्री, निधि, प्रशिक्षित मानव-शक्ति आदि संसाधनों की आवश्यकता होती है। साधारणत: संसाधन अपर्याप्त होते हैं, परंतु कभी-कभी कुछ वस्तुएँ अधिकता में भी उपलब्ध हो सकती हैं। इस संबंध में प्रमुख मुद्दा यह है कि कोई भी अभिकरण कितने उत्तम तरीके से संसाधनों की आयोजना कर सकता है, और साथ में यह भी सुनिश्चित कर सकता है कि संसाधनों की आवश्यकता और उपलब्धता के बीच के अंतराल को कैसे कम किया जा सके।

(2) उत्तरदायित्व की कमी–आपदा, प्रबंधन कार्यों के प्रभारी कार्मिक सामान्यत: आपदा से पीड़ित लोगों अथवा जनसाधारण के प्रति जिम्मेवार नहीं होते हैं। जब कभी सड़क दुर्घटना होती है तो पुलिस और दूसरे विभाग के अधिकारी प्रथम सूचना दर्ज करने, पीड़ितों के लिए चिकित्सा सहायता की व्यवस्था करने, और यातायात के लिए सड़क से भीड़ हटाने के लिए जिम्मेवार होते हैं। फिर भी, व्यावहारिक रूप से, देखा जाए तो इन कार्यों को करने में देरी हो जाती है जिससे सब तरफ कठिनाई उत्पन्न हो जाती है। ऐसी परिस्थितियों में यह निर्णय लेना भी कठिन हो जाता है कि किस को वास्तव में जिम्मेवार ठहराया जाए।

(3) सुनहरे घंटे की अवधारणा–किसी भी आपदा या दुर्घटना के बाद शुरू के एक घंटे में की गई अनुक्रिया का महत्त्वपूर्ण समय सुनहरा घंटा कहलाता है। यह अवधारणा मानव-निर्मित आपदाओं में सबसे अधिक मान्य होती है। अगर इस समय की अवधि को एक घंटे से घटाकर आधा घंटा कर दिया जाए तो जीवन और संपत्ति की क्षति को बहुत कम किया जा सकता है।

(4) प्रशिक्षित कार्मिकों का बार-बार स्थानांतरण–आपदा प्रबंधन प्रयासों के परिणामों का प्रशिक्षित मानवशक्ति की उपलब्धता पर सीधा प्रभाव पड़ता है। जबकि वहाँ पर जहाँ घटना घटित हुई है आपदा प्रबंधन के लिए प्रशिक्षित मानव-शक्ति की भारी कमी दिखाई देती है। ऐसे संसाधन कभी-कभी कहीं और उपलब्ध होते हैं, जहाँ उनका उचित उपयोग नहीं हो पाता। इस मानव-शक्ति की आपदा प्रबंधन के समय ठीक स्थान पर और ठीक समय पर उपलब्धि एक गंभीर मुद्दा है। इस तरह कई बार प्रशिक्षित मानव-शक्ति का पूर्ण उपयोग नहीं हो पाता। सार्वजनिक पद्धति में, एक अधिकारी जिसे किसी विशेष विषय में प्रशिक्षित किया गया है, वह कुछ समय बाद किसी दूसरे स्थान पर तैनात किया जा सकता है।

(5) कम प्रभावशाली समन्वय–एक आपदा का केवल एक ही अभिकरण से प्रबंधन नहीं हो सकता, विशेषकर जब उसके प्रभावों का परिमाण बहुत अधिक होता है। जब आपदा प्रबंधन में एक से अधिक अभिकरण शामिल होते हैं तो उनके बीच उचित समन्वय की आवश्यकता पर जरूरत से अधिक जोर नहीं दिया जा सकता। अभिकरणों के बीच प्रभाव रहित समन्वय अथवा समन्वय में कमी से राहत और बचाव कार्य प्रभावी ढंग से नहीं किए जा सकते हैं।

(6) कार्मिकों में प्रोत्साहन की कमी–आपदा प्रबंधन के कार्य में लगे कार्मिकों को अपना कर्त्तव्य प्रभावशाली रूप में निभाने के लिए प्रेरित किया जाना चाहिए। मानव-निर्मित आपदाओं के लिए तैयारी उस समय बहुत अधिक प्रभावित होती है, जब अधिकारी आपदा प्रभावित क्षेत्रों और आपदा संवेदनशील क्षेत्रों में या तो जाना नहीं चाहते अथवा वहाँ जाने में विलंब कर देते हैं। इससे निर्दिष्ट उत्तरदायित्वों के प्रति इस तरह का व्यवहार आपदा प्रबंधन के अधिकारियों में निम्न स्तर के अभिप्रेरण को दर्शाता है।

(7) पुरस्कार और दंड का न दिया जाना–अभिकरण, जो बचाव और राहत कार्यों से संबंधित होते हैं, उनके पास कार्मिकों को पुरस्कार के द्वारा कार्य के लिए प्रेरित करने की कोई व्यवस्था नहीं है। शायद, निम्न स्तर के अभिप्रेरण का यह सबसे बड़ा कारण हो सकता है। इस संबंध में एक योजना की बहुत आवश्यकता होती है जो अच्छे कार्य-निष्पादन की पहचान पुरस्कार व्यवस्था के साथ कर सके, और उसी समय उन लोगों को भी दंडित करे जो अपने कर्त्तव्य प्रभावी और सक्षमता से पूरा करने में विफल हुए हैं।

प्रश्न 2. विभिन्न प्रकार की मानव-निर्मित आपदाओं की चर्चा कीजिए।

(दिस.-2018, प्र.सं.-1), (जून-2019, प्र.सं.-1)

उत्तर– मानव-निर्मित आपदाओं को, व्यापक रूप से, निम्न प्रकारों से श्रेणीबद्ध किया जा सकता है–

(1) दुर्घटनाएँ–सड़क, रेल, विमान, समुद्री, जोखिमी पदार्थों का परिवहन और भवनों का ढ़हना।

(2) आग लगना–भवनों, कोयले की खानों, तेल (खोज-स्थल परिशोधनशालाएँ और तेल संग्रहण के डिपो) तथा वनों में लगने वाली आग।

(3) औद्योगिकीय और प्रौद्योगिकीय दुर्घटनाएँ–रिसाव, आग लगना, विस्फोट, तोड़-फोड़, तकनीकी तंत्र की विफलता और संयंत्र की सुरक्षा में विफलता।

(4) नाभिकीय संकट–रेडियो-सक्रिय पदार्थों का रिसाव, चोरी, परिवहन, अपशिष्ट निपटान और रिएक्टर का पिघलना।

(5) युद्ध/लड़ाई–परंपरागत, रासायनिक, जैविक और नाभिकीय।

(6) विषाक्त–खाद्य पदार्थ, मदिरा और जलपूर्ति।

(7) दंगा-फसाद–लूटमार, तोड़-फोड़, आतंकवाद और दूसरी आपराधिक गतिविधियाँ

(8) पारिस्थितिकी तंत्र–वायु-प्रदूषण, जल-प्रदूषण, ध्वनि-प्रदूषण, मिट्टी-अपरदन और अपकर्षण, अपशिष्ट सहित आविषालु संचयन, रोग और महामारियाँ, जैव-विविधता की क्षति, प्राकृतिक वास की क्षति, वनोन्मूलन, भूमंडलीय तापमान में वृद्धि (ग्लोबल वार्मिंग), समुद्र तल में वृद्धि, समतापमंडलीय ओजोन का अवक्षय और क्षोभमंडलीय ओजोन में वृद्धि।

आज के समय में तीव्रगति से चलने वाले और उच्च प्रौद्योगिकीकृत तेज गति वाले समाजों में मानव-निर्मित आपदाओं की संभावना का व्यावहारिक रूप से कोई अंत नहीं है।

औद्योगिक और प्रौद्योगिकीय आपदाएँ–अत्यधिक औद्योगिक शहरों में औद्योगिकीय और प्रौद्योगिकीय दुर्घटनाओं की घटनाओं को नकारा नहीं जा सकता। औद्योगिक विकास के कारण कुछ क्षेत्रों में उद्योगों की अधिकता हो गई है और वे एक ही स्थान पर चलाए जा रहे हैं, जहाँ उनको विनियमित करने के प्रयास करना अनिवार्य हो गया है। इसके लिए मजबूत कानूनी ढाँचे की आवश्यकता है, जो पर्याप्त संस्थागत और कार्यान्वयन संरचना के साथ हो।

औद्योगिक आपदाएँ, अपक्रिया, विफलताओं अथवा प्रौद्योगिकीय प्रक्रमों के गैर-अनुमानित गौण प्रभावों के कारण घटित होती हैं। औद्योगिक संकट उत्पादन प्रक्रिया के किसी भी चरण पर घट सकते हैं, इस प्रक्रिया में निष्कर्षण प्रक्रिया, निर्माण कार्य, परिवहन, संग्रहण, उपयोग और निपटान जैसे तकनीकी पदार्थों का गिरना, विकिरण का फैलना, विस्फोट और आग, संरचनात्मक विफलता, और परिवहन की दुर्घटनाएँ भी इस प्रक्रिया में शामिल होते हैं।

इन आपदाओं से होने वाले नुकसान में सामान्यत: क्षतिकारी पदार्थों की विमुक्ति शामिल होती है (जैसे रसायन, रेडियो-सक्रियता, आनुवंशिक पदार्थ) अथवा आस-पास के वातावरण में औद्योगिक उपस्करों अथवा औद्योगिक सुविधाओं से निकली ऊर्जा के क्षतिकारक-स्तर। यह साधारणत: विस्फोट आग, रिसाव अथवा अपशिष्ट के रूप में होते हैं। इन सब की निर्मुक्ति उन कारकों के कारण होती है जो औद्योगिक पद्धति के अंदर के होते हैं (जैसे इंजीनियरी त्रुटि) अथवा वे बाहरी कारकों के कारण भी हो सकते हैं (जैसे प्रकृति की अत्यधिकताएँ) यह नियुक्तियाँ आकस्मिक और एकाग्र हो सकती हैं जैसे पावर-संयंत्र में विस्फोट, अथवा मंद और विस्तृत जैसे समतापमंडल में ओजोन को नष्ट करने वाले रासायनिक पदार्थों के रूप में बनना अथवा आविषालु अपशिष्ट के अनुचित निपटान के द्वारा होने वाला रिसाव।

सभी प्रौद्योगिकीय आविष्कारों का लाभ निश्चित रूप से होता है, परंतु उनसे कुछ मात्रा में खतरे भी अवश्य उत्पन्न होते हैं। एक प्रौद्योगिकीय आपदा को मानव-निर्मित आपदा के रूप में देखा जाता है क्योंकि इसमें किसी एक अथवा अन्य दूसरे रूप में मानव द्वारा की जाने वाली ऐसी गतिविधियाँ शामिल होती हैं जो आपदा उत्पन्न कर सकती हैं। आविषालु रसायनों के छलकने का जोखिम और वास्तविक प्रभाव, विकिरण फैलने से विस्फोट और आग, संरचनात्मक अथवा परिवहन की विफलता, विषों से फैलने वाली आविषालुता, विकिरण संदूषण, वायु अपकर्षण औद्योगिक उत्सर्जन, जल प्रदूषण आदि का बराबर खतरा बना रहता है। विभिन्न प्रकार के उद्योगों जैसे निर्माण, पावर उत्पादन, विभिन्न जोखिमी पदार्थों के परिवहन अथवा संग्रहण में दुर्घटनाओं के खतरे संकट उत्पन्न कर देते हैं। इनका सामना करने के लिए विशेष उपायों का विकास करने की आवश्यकता है ताकि किसी भी प्रकार की आपातकालीन दुर्घटना को रोका जा सके, और उससे संबंधित खतरों से निपटने के लिए पर्याप्त सुरक्षा के उपाय मौजूद रहें।

रासायनिक और नाभिकीय उद्योगों में निर्माण करने, प्रक्रमण, परिवहन, वितरण और संग्रहण में अथवा बहुत से उत्पादों का उपयोग करना जोखिम से भरा होता है। रासायनिक आपदाएँ—आग, विस्फोट, आविषालु पदार्थों की विमुक्ति अथवा इन सब के मिले-जुले रूप की प्रकृति वाली हो सकती है। ऐसी रासायनिक आपातकालीन घटनाओं को निम्न शीर्षों में समूहबद्ध किया जा सकता है, ताकि उनकी आपातकालीन अनुक्रिया कार्यविधि निर्धारित की जा सके।

- फैक्टरियाँ/स्थैतिक संस्थापन आपातकालीन घटनाएँ;
- परिवहन संबंधी आपातकालीन घटनाएँ;
- पाइपलाइन आपातकालीन घटनाएँ; और
- वितरित/अमानचित्रित आपातकालीन घटनाएँ।

जोखिमी पदार्थ की आपदा का एक उदाहरण भोपाल गैस त्रासदी है जो दिसम्बर, 1984 में घटित हुई थी। जिसमें लगभग 8000 लोगों की मृत्यु हो गई थी और हजारों लोग इस दुर्घटना से प्रत्यक्ष और अप्रत्यक्ष रूप से प्रभावित हुए थे।

एक अन्य खतरा नाभिकीय और परमाणु स्रोतों से उत्पन्न खतरों का है। यह खतरा, वास्तव में, हानिकारक किरणों के विकिरणों के रूप में होता है। नाभिकीय रिसावों जैसी समस्याएँ इस क्षेत्र में विकास कार्यक्रमों के कारण होती है। विश्व युद्ध की संभावना इस स्थिति में, अभी हाल ही के वर्षों में कम हो सकती है, परंतु परमाणु हथियारों का (कुछ कम मात्रा के संघर्ष में) इस्तेमाल होने की संभावना से इंकार नहीं किया जा सकता है। हालाँकि कोई भी देश प्रत्यक्ष रूप से नाभिकीय गतिविधियों अथवा आतंकवाद फैलाने में शामिल नहीं होता, परंतु वह निश्चित रूप से रेडियो-सक्रियता के गौण प्रभावों से बुरी तरह पीड़ित हो सकता है।

आग—आग लगना एक सामान्य घटना है, जो कभी भी और कहीं भी लग सकती है। यह अधिकांशतः शहरों में ऊँची इमारतों, झुग्गी-झोपड़ियों में घनी आबादी के समूहों, ज्वलनशील पॉकेटों, मंद गति से जलने वाले कूडा-करकट, प्लास्टिक पदार्थ और पोलिथीन की थैलियों से भराव की गई भूमि में तथा आग के प्रति अपर्याप्त सुरक्षा की व्यवस्था वाली फैक्टरियों में घटित होती हैं। गर्मियों में गाँवों के वनों में आग स्थानीय लोगों द्वारा, भूमि साफ करते समय, कचरा जलाने के दौरान अथवा असावधानी के कारण लग जाती है। यह उस समय भी लगती है जब

गैर-कानूनी ढंग से लकड़ी काटने वाले और शिकार करने वाले अपने रास्तों को ढक देते हैं अथवा कभी-कभी लापरवाही से भी आग लग जाती है।

आग लगने की घटनाओं को निम्नलिखित समूहों में समूहबद्ध किया जा सकता है। जैसे–

- शहरों और नगरों में घनी आबादी की बस्तियों में आग की दुर्घटनाएँ;
- औद्योगिक आग की दुर्घटनाएँ;
- शहरों में सामान्य आग की दुर्घटनाएँ;
- वनों में लगने वाली आग; और
- कोयले की खानों में लगने वाली आग।

आग केवल भौतिक-रासायनिक घटनाएँ ही नहीं होती, परंतु यह सामाजिक कारकों से भी संबंधित होती हैं, आग की दुर्घटनाओं में हानि के प्रकार और उसके विस्तार की तकनीकें तथा आग की दुर्घटनाओं की भिन्न-भिन्न आवृत्तियाँ होती हैं। जून, 1997 में उपहार सिनेमा में लगने वाली आग एक बहुत बड़ी त्रासदी थी। आसनसोल और धनबाद-झरिया के कोयले के क्षेत्रों में, दशकों से भूमिगत ज्वलन मंद गति से होता रहा है, और जिसमें हजारों टन कोयला जल चुका है इतना ही नहीं यह खदानें बिना भराव किए ऐसे ही छोड़ दी गई थीं।

पर्यावरण संबंधी आपदाएँ–भारत देश में पर्यावरण संबंधी अपकर्षण (Degradation) जीवन और संपत्ति की क्षति का बहुत बड़ा खतरा बना हुआ है। औद्योगिक बहि:स्रावों (Effluents) और नागरिक अपशिष्ट के कारण हुआ पर्यावरण अपकर्षण भी मानव-निर्मित आपदा माना जाता है। पर्यावरण अपकर्षण का प्रभाव अधिकांशत: गरीब लोगों पर पड़ता है जो विभिन्न प्रकार के रोगों, भूजल के अपक्षय भूमि और संपत्ति के विनाश तथा अन्य आर्थिक हानियों से ग्रस्त हो जाते हैं। पर्यावरण संबंधी समस्याओं के विभिन्न कारण इस प्रकार हैं–

- पर्यावरण सुरक्षा और अन्य संरक्षण के पहलुओं के प्रति उद्योगों और नगरपालिकाओं की उदासीनता से प्रदूषित हवा, पानी और मिट्टी का प्रदूषण फैल जाता है जो स्वास्थ्य के लिए हानिकारक होता है।
- जनसंख्या की वृद्धि प्राकृतिक संसाधनों की माँग बढ़ा देती है, और जिसके परिणामस्वरूप उनका शोषण होता है।
- पर्यावरण सुरक्षा संबंधी जागरूकता में कमी के कारण जैव-विविधता के आर्थिक और पारिस्थितिक पहलुओं का मनुष्य उचित मूल्यांकन नहीं कर पाते, जिससे जीवन आधारतंत्र को व्यापक क्षति पहुँचाती है।
- विकास परियोजनाओं में पर्यावरण सुरक्षा समाविष्ट नीतियों की अपर्याप्तता, जिनमें दीर्घ-कालीन पारिस्थितिक और सामाजिक प्रभावों पर ध्यान नहीं दिया जाता।
- ऊर्जा के उपभोग में वृद्धि ग्रीन हाउस गैसों में योगदान देती हैं।

कई आपदाएँ पर्यावरण अपकर्षण द्वारा होती हैं अथवा बढ़ जाती हैं। जीवित जीव-जंतुओं का जीवन पर्यावरण, भूमि और जल पर आधारित होता है। प्राकृतिक संसाधन जो प्रत्यक्ष रूप में वातावरणीय अवक्षय से संबंधित होते हैं, वे वायु, जल, मिट्टी और जंगल हैं। वनोन्मूलन के कारण वर्षा का जल तीव्रता से बढ़ता है, जिससे बाढ़ आ जाती है। मैंग्रोव, दलदलों के विनाश से उष्णकटिबंधीय तूफान और तूफानी सर्ज का प्रतिरोध करने के लिए तटरेखा की क्षमता कम

हो जाती है। सूखे की स्थितियों का सृजन-सूखा कायम रहने की अवधि और उसकी आपेक्षिक गंभीरता मुख्यतः मिट्टी-अपरदन और अपकर्षण की घटना है। सूखे की स्थितियाँ-फसल उगाने के गलत नमूने, खराब संरक्षण तकनीकें, सतही और उप-सतही जल-पूर्ति दोनों का अवक्षय और बेरोकटोक हुए शहरीकरण से बहुत बढ़ जाती है। प्राकृतिक संसाधनों पर आधारित आर्थिक प्रगति को देरी तक कायम रखने के लिए आर्थिक अधिकार और पारिस्थितिक वचनबद्धता पर पारस्परिक रूप से ध्यान दिया जाना चाहिए।

सड़क दुर्घटनाएँ–सड़क दुर्घटनाएँ अधिकतर शहरों में होती हैं, जबकि व्यावसायिक सड़क-दुर्घटनाएँ मुख्यतः राजमार्गों पर होती हैं। भारत में, विश्व के वाहनों की कुल संख्या के अनुपात में केवल एक प्रतिशत ही वाहन हैं, परंतु यहाँ पर विश्व की सड़क दुर्घटनाओं के मुकाबले 6 प्रतिशत तक की सड़क दुर्घटनाएँ अधिक होती हैं। भारतीय सड़कों पर सड़क दुर्घटनाओं की दर 8 प्रतिशत की आश्चर्यजनक दर से बढ़ रही है। अध्ययनों से ज्ञात होता है कि 25 वर्षों की अवधि में हुई कुल दुर्घटनाओं में से 57 प्रतिशत दुर्घटनाएँ भारत के 23 महानगरीय शहरों में हुई हैं। सड़क पर घटित दुर्घटनाओं के कारण पीड़ित लोगों में पैदल यात्री और साइकिल वाहक व्यक्तियों की संख्या बढ़ती जा रही है। दुर्घटनाएँ सड़क को अवरुद्ध करने वाले वाहनों की बढ़ती हुई संख्या में वृद्धि के कारण हो रही हैं। अधिकतर दुर्घटनाएँ ड्राइवरों की लापरवाही, जनता में व्याप्त सड़क पर चलने के तरीके की अनभिज्ञता, शराब पीकर गाड़ी चलाना और सड़क पर न चलने लायक वाहनों के सड़क पर चलने के कारण होती है।

रेल दुर्घटनाएँ–देश में एक राज्य से दूसरे राज्य तक जाने वाले यात्रियों और सामान दोनों के यातायात का प्रमुख साधन रेल है। रेलवे प्रचालन में सुरक्षा अब और अधिक आवश्यक हो गई है, क्योंकि अब रेलवे विभाग और अधिक यात्रियों और माल ढोने की मात्रा को बढ़ाने का प्रयास कर रहा है। तदनुसार, सुरक्षा के विभिन्न उपायों को उच्च प्राथमिकता दी जा रही है ताकि रेल यात्रा और वस्तुओं के परिवहन में अधिकतम सुरक्षा सुनिश्चित हो सके। रेल दुर्घटनाओं से संबंधित आपदा के प्रमुख कारण निम्नलिखित हैं–

- चक्रवात/बाढ़
- भूस्खल
- भारी वर्षा के कारण रेल की पटरी का प्रभावित होना/पुलों का ढह जाना
- सड़क पर चलने वालों का मोटर वाहन अधिनियम 1988 की धारा 131 का अनुपालन न करना, जिससे रेलवे क्रॉसिंग पर अधिक दुर्घटनाएँ होती हैं
- तोड़-फोड़
- रेल पटरी के साथ छेड़छाड़ करना
- उपस्कर विफलता
- मानवीय विफलताएँ आदि।

प्राकृतिक आपदा प्रवण क्षेत्र में, जैसे चक्रवात और बाढ़ की स्थिति में समस्याओं से निपटने के लिए रेलवे विभाग विशेष उपाय करता है। मौसम विज्ञान विभाग से प्राप्त मौसम संबंधी चेतावनियों का प्रसार किया जाता है। रेल की पटरी पर पैदल चलकर पेट्रोलिंग की जाती है। इस प्रकार, पटरी और पुलों की जाँच और संवेदनशील स्थानों पर विशेष चौकसी की जाती है।

विमान और समुद्री दुर्घटनाएँ–विमान (Air Craft) और समुद्री जहाज (Ship) द्वारा यात्रा करना, आज विश्व की एक बढ़ती हुई आवश्यकता हो गई है। क्योंकि विश्व में मनुष्य/सरकार एक-दूसरे से परस्पर संपर्क रखना चाहते हैं। विमान और जलयान के बढ़ते हुए यातायात से इनके द्वारा होने वाली संभावित दुर्घटनाएँ भी पहले से कहीं अधिक बढ़ गई हैं। इसके लिए सुस्थापित अंतर्राष्ट्रीय अनुक्रिया नेटवर्क (International Response Network) के साथ सुरक्षा और बचाव की कार्यविधियों का सख्ती से अनुपालन करने की आवश्यकता है।

विमान दुर्घटनाएँ–विमान दुर्घटनाएँ मुख्यत: विमान के प्रचालन से संबंधित होती हैं, जो विमान से यात्रा करने के उद्देश्य से किसी व्यक्ति द्वारा विमान में चढ़ने से लेकर व्यक्ति द्वारा अपने गंतव्य स्थान तक पहुँचकर विमान से उतरने तक की अवधि में घटित होती हैं। विमान दुर्घटनाएँ, कहीं पर भी और किसी भी समय घटित हो सकती है। इनमें से अधिकांश दुर्घटनाएँ तब होती हैं, जब विमान ऊपर उड़ता है और नीचे उतरता है। ये अधिकांशत: हवाई क्षेत्र की परिधि में अथवा उससे थोड़ी दूरी पर होती हैं। सभी हवाई अड्डों पर दुर्घटनाओं से निपटने के लिए आकस्मिक योजनाएँ होनी चाहिए, जिसमें नागर विमानन के महानिदेशक द्वारा जारी की गई सुरक्षा मार्गदर्शिका शामिल होनी चाहिए। ये दुर्घटनाएँ चलते हवाई जहाज की किसी भी स्थिति में और उसके नीचे उतरने के मार्ग में किसी भी स्थान पर घटित हो सकती हैं। इस प्रकार की दुर्घटनाएँ तुरंत उन परिस्थितियों की ओर संकेत करती हैं जिसके अंतर्गत दुर्घटना हुई हैं जैसे वायु में, जहाँ दो विमान भिड़ गए हों अथवा इंजन फट गया हो, उड़ान भरते समय विमान के पहियों से संबद्ध दुर्घटनाएँ अथवा विमान के प्रक्षेपित सिरे की दुर्घटना।

भारतीय सीमा में दुर्घटना और सीमांत क्षेत्रों के पानी में दुर्घटना की जाँच, नागर विमानन के महानिदेशक के वायु सुरक्षा निदेशालय द्वारा की जाती है। भारतीय क्षेत्र की सीमा के बाहर हुई दुर्घटनाओं के लिए जाँच करने का दायित्व विमान की रजिस्ट्री करने वाले राज्य अथवा उस देश के ऊपर होता है जहाँ पर दुर्घटना घटी है।

समुद्री दुर्घटनाएँ–अभी हाल ही में जहाजों और मछली पकड़ने के यानों में हुई बढ़ोत्तरी के कारण नाव डूबने आदि की समुद्री घटनाओं की स्पष्ट संभवता दिखाई देती है। इस आपदा में योगदान देने वाले कारकों की, प्राकृतिक संकटों के रूप में पहचान कर ली गई है। यह प्राकृतिक संकट जैसे चक्रवात, बाढ़ और अधिकांशत: मानव-निर्मित कारण जैसे नाव में क्षमता से अधिक सामान लादना, नाव में खराब किस्म का उपस्कर लगाना, खराब तरीके से अनुरक्षण करना और परिणामस्वरूप नाव का डूबना। इसके साथ ही कई बार मानव द्वारा गलत निर्णय लेने से भी ये दुर्घटनाएँ घटित हो जाती हैं।

इस प्रकार की दुर्घटनाओं के संभव क्षेत्र जहाँ से घट सकती हैं, तटरेखा से 5 मील अंदर तक जहाँ मछली पकड़ने के लिए नावें जाती हैं अथवा बंदरगाहों और गहरे बड़े समुद्रों में तथा गहरे समुद्र में मछली पकड़ने की छोटी नावें और ट्रावलरों (trawelers) के साथ भी ये दुर्घटनाएँ हो सकती हैं। समुद्री दुर्घटनाओं के कारणों के लिए निम्नलिखित उत्तरदायी कारक हैं–

(1) प्राकृतिक परिस्थितियाँ

(2) मशीन का ठप (काम करना बंद) हो जाना

(3) नाव में क्षमता से अधिक सामान लादना

(4) नाव में प्रयुक्त उपस्कर की खराब गुणवत्ता

(5) मशीन और जीवन बचाव उपस्कर का त्रुटिपूर्ण अनुरक्षण

(6) मानव की गलती।

भारतीय तट पर और उसके आस-पास के पानी में खोज और बचाव का कार्य करना भारतीय तट रक्षक की जिम्मेदारी है। जबकि भारतीय नौसेना के पास 'चार्टर ऑफ ड्यूटीज' के अंतर्गत, "ए.टू. सिविल पावर" और "सेफ्टी ऑफ लाइफ एट सी" के अंतर्गत एक खोज और बचाव योजना है। तटरक्षक, नागर विमानन विभाग, पोर्ट प्राधिकरण, मर्केन्टाइल मैरीन विभाग, जहाजरानी महानिदेशक जो क्षेत्रीय आकस्मिक समिति के सदस्य के रूप में और नौसेना कमांड और प्राधिकरण, भारतीय वायु सेना, पुलिस और सीमाशुल्क (कस्टम) संगठन जो नौसेना के प्रयासों में समुद्र और भूमि पर और जब हवाई जहाज किसी मुसीबत में होता है तो सहायता करते हैं, इन सबके बीच समन्वय कायम रखा जाता है। किसी भी प्रकार के संकट की सूचना प्राप्त होने पर सबसे पहले निकटतम नौसेना प्राधिकरण को तुरंत यह जानकारी भेजी जाती है, जो इस जानकारी को एकदम उचित नौसेना प्राधिकरण को भेज देता है ताकि सहायता प्रक्रिया लागू की जा सके। सामान्यत: एक ड्यूटी शिप (सहायता जहाज) खोज और बचाव कार्यों के लिए हमेशा तैयार रहता है।

तेल गिरने से संबंधित आपदा जिसमें तेल के टैंकर और अन्य संबंधित सुविधाओं को प्राकृतिक खतरों के कारण नुकसान होता है, तट से दूर हुई टैंकर की भिडंत, तेल विस्तारण पाइप लाइन में दोष अथवा उसके त्रुटिपूर्ण तरीके से कार्य करने, तट के किनारे तेल टैंकरों की आवाजाही, तट से दूर के टर्मिनलों से जहाज में और फिर जहाज से विभिन्न बंदरगाहों पर स्थित अन्य तेल सुविधाओं में पहुँचाने के दौरान तेल गिरने से खतरा उत्पन्न हो जाता है।

जटिल आपदाएँ–जोखिमी परिस्थितियाँ, जो मानव कारकों के कारण घटित होती हैं जैसे अकाल, युद्ध जो परंपरागत प्रकार के हो सकते हैं, गुरिल्ला, राजनीति के उद्देश्य से किए जाने वाले दंगे और गड़बड़ी फैलाना तथा आतंकवाद सब जटिल प्रकार की आपदाएँ होती हैं। प्रौद्योगिकीय आपदाओं के अतिरिक्त, मानव-निर्मित आपदाओं में कभी-कभी ऐसी परिस्थितियाँ भी शामिल हो जाती हैं जिनमें नागरिक जनसंख्या को गहरा आघात पहुँचता है, और उनकी संपदा को हानि पहुँचती है; युद्ध तथा नगरीय संघर्ष तथा अन्य गड़बड़ी की स्थितियाँ अथवा किसी नीति के कार्यान्वयन के परिणामस्वरूप जीविका उपार्जन के साधन और आधारभूत सेवाएँ एकदम नष्ट हो जाती हैं। अनेक मामलों में लोग घरों को छोड़ने के लिए मजबूर हो जाते हैं, जिससे शरणार्थियों की भीड़ एकत्रित हो जाती है, अथवा बाहरी/आंतरिक रूप से विस्थापित लोगों की संख्या बहुत बढ़ जाती है।

उच्च घनत्व वाले क्षेत्रों में खराब तरीके से बने अथवा दोषपूर्ण तरीके से अनुरक्षण किए ढाँचों के साथ बढ़ते हुए शहरीकरण की दिशा में जब आपदा की घटनाएँ घटित होती हैं तो ऐसे क्षेत्रों में रहने वाले निवासियों के लिए खतरे बहुत अधिक बढ़ जाते हैं। वृहत शहरी भीड़ की अव्यवस्थित वृद्धि के कारण जनसंख्या के समूहों से निपटने के लिए सरकार पूर्णत: सक्षम नहीं बन पाती। शहरी स्थानीय निकायों और अन्य संस्थागत संगठनों के कारण इन क्षेत्रों में न केवल महामारी, आग, गैस रिसाव और अन्य प्रकार की दुर्घटनाएँ घटित होती हैं, परंतु बेरोजगारी बढ़ने के कारण वातावरण सामाजिक तनाव, जातीय और सांप्रदायिक सोरतादानों (tinder boxes) में बदल जाता है।

एक दूसरे प्रकार की आपदा, जहाँ स्थितियाँ उचित नीतियों के कार्यान्वयन की कमी से और भी अधिक खराब हो जाती है। यह स्थिति आम रूप से होती है, और इसे नीतिगत आपदाएँ कहा जाता है। यह अत्यधिक मात्रा में एक जगह से दूसरे जगह जाने (विस्थापन), नागरिक सेवाओं में लगातार क्रमिक विफलताओं, ट्रेड और व्यापार की शोषक रीतियों, जोखिमी और खतरनाक अपशिष्ट उत्पादों को इधर-उधर डाल देने की गतिविधियों के परिणामस्वरूप आपदाएँ घटित होती हैं।

युद्ध और नगरीय झगड़ों को भी मानव-निर्मित आपदाएँ कहा जाता है अर्थात् यह अत्यधिक घटनाएँ हैं जो आपदा उत्पन्न करती हैं। इनके परिणामस्वरूप लोग विस्थापित हो जाते हैं और यह विश्व में मानव पीड़ा का प्रमुख कारण होता है। युद्ध और नगरीय झगड़ों का प्रभाव, संसाधनों, धार्मिक अथवा जातीय मामलों में असहिष्णुता और विचारधारा में मतभेद में दिखाई देता है।

प्रश्न 3. मानव-निर्मित आपदाओं के प्रबंधन और अनुक्रिया के प्रति महत्त्वपूर्ण चिंताओं को उजागर कीजिए। **(जून-2020, प्र.सं.-1)**

उत्तर– मानव-निर्मित आपदाओं की घटनाओं में पूर्वानुमान और चेतावनी देने की बहुत अधिक गुंजाइश नहीं रहती, जो आपदा के लिए अग्रिम तैयारी को बहुत कठिन बना देती है उदाहरण के लिए आग लगने; तथा सड़क, रेल और जहाज की दुर्घटना का पूर्वानुमान नहीं किया जा सकता है। अतः जब ये दुर्घटनाएँ घटित होती हैं, तभी उनके लिए प्रबंध-व्यवस्था की जाती है। इस तरह ऐसी आपदाएँ आपेक्षिक रूप से उन श्रेणियों में आती हैं जिनमें आपदा प्रबंधन के लिए पहले से तैयारी करने हेतु कोई भी पूर्व चेतावनी नहीं दी जा सकती है।

इन आपदाओं के प्रत्येक प्रकार से निपटने के लिए अलग से जानकारी दी जाएगी क्योंकि इन आपदाओं की अलग-अलग विशिष्टताएँ होती हैं, जिनका प्रबंधन समान तरीके से नहीं किया जा सकता है। इस संबंध में, निम्नलिखित मुद्दे महत्त्वपूर्ण हैं।

(1) संसाधनों की लामबंदी (mobilisation) अनिवार्य होती है। प्रत्येक प्रकार की दुर्घटना के बारे में विशिष्ट अपेक्षाओं के लिए उचित संप्रेषण किया जाना अत्यधिक आवश्यक माना जाता है ताकि किसी भी दुर्घटना के लिए शीघ्रतम अनुक्रिया की जा सके। इस संबंध में भी समन्वय की आवश्यकता होती है, जो दुर्घटना से प्रत्यक्ष रूप से संबंधित विभाग और अन्य सहायक विभागों/अभिकरणों के साथ समन्वय करके; और भूतपूर्व आपदाओं से सीखे गए पाठों के आधार पर प्रभावी आपदा प्रबंधन किया जाता है।

(2) आपदा से पीड़ित व्यक्तियों की खोज और बचाव में, समय भी एक महत्त्वपूर्ण कारक होता है। अनुक्रिया के लिए, लिए गए समय को सुनहरा घंटा (अवधि) 'गोल्डन ऑवर' कहा जाता है। यह अवधि, समय पर बचाव और राहत कार्य करने के लिए अनेक मौके उपलब्ध करती है। जबकि यह मौका, अक्सर, अव्यवस्थित नियम और विनियमों के कारण बेकार हो जाता है।

(3) सहायता पद्धतियों के ब्यौरे, जो तकनीकी और संगठनात्मक प्रकृति दोनों ही रूपों में, उपलब्ध होते हैं उनकी जानकारी होनी चाहिए। यह तकनीकी सहायता भी हो सकती है जैसे सेटेलाइट की सहायता से खोज और बचाव की तकनीकी पद्धति तथा प्रत्येक आपदा में नीतियों से संबंधित नियम आदि। वह कारक जो दुर्घटनाओं का कारण होते हैं तथा वह क्षेत्र जहाँ यह

दुर्घटनाएँ बार-बार घटित होती हैं, और उनसे निपटने के लिए अनुपालन की गई प्रक्रिया और पद्धति में लगातार सुधार करने के साथ-साथ घटनाओं से जूझने के लिए संसाधनों की आयोजना भी की जानी चाहिए।

(4) अधिकांशतः घटित दुर्घटनाएँ मानव-त्रुटि के कारण घटित होती हैं। अधिकांश और कुछ थोड़े ही मामलों में यह मानव और मशीन दोनों की अपक्रिया के कारण होती हैं, जो उत्तरदायी व्यक्तियों द्वारा उचित मॉनीटरिंग और अनुरक्षण में कमी के कारण घटित होती है। इसलिए सुरक्षा और संरक्षी उपायों का कार्यान्वयन और उनके प्रति जागरूकता, व्यक्तिगत स्तर पर अनुरक्षण को दिया गया महत्त्व, और संगठनात्मक स्तर पर सुरक्षा के लिए कोड (Codes) का अवलोकन सुनिश्चित किया जाना चाहिए।

(5) सुरक्षा के लिए नियत रीतियों के अनुपालन की मॉनीटरिंग के प्रयोजन के लिए सरकारी अभिकरणों द्वारा संचालित की जाने वाली जाँच और संतुलनों को सख्ती से कार्यान्वित किया जाना चाहिए।

विशिष्ट खतरों में कमी और तैयारी के उपाय—सामान्य अनुक्रिया से संबंधित उपर्युक्त मुद्दों के अतिरिक्त यह अनिवार्य है विशिष्ट खतरों में कमी और तैयारी के उपायों को लागू किया जाना चाहिए ताकि यह मानव-निर्मित आपदाओं के प्रति अनुक्रिया करने का एक बच निकलने वाला भाग न बन सके। ऐसे उपाय, स्थल-पर विशेष जोखिम के लिए विशिष्ट होते हैं। परंतु हमें यह याद रखना है कि मानव-निर्मित आपदाओं के परिणामी प्रभाव जोखिम के प्रकार होते हैं। मानव-निर्मित आपदाओं के परिणामी प्रभाव जोखिम के प्रकार और लोगों की संपदा और संवेदनशीलता पर प्रभाव डालते हैं। इसलिए तैयारी के उपाय (1) स्रोत-विशिष्ट होने चाहिएँ जैसे जोखिम का स्रोत चाहे वह गैस रिसाव, रेडियो-सक्रिय उत्सर्जन अथवा संभव दुर्घटना स्थल हो; (2) और लक्ष्य विशिष्ट अर्थात् लोग, संपदा और स्थल की संवेदनशीलता। दूसरे शब्दों में, शक्तिशाली आपदा स्रोत के संभव परिणामों की तैयारी की योजना तैयार की जानी चाहिए, स्थल-पर अथवा स्थल से दूर आपातकालीन स्थितियों के लिए प्रचार की और अभ्यास दोनों किया जाना चाहिए।

आपदा के बाद की विशेष आवश्यकताएँ—अधिकतर मानव-निर्मित आपदाओं के मामलों में कोई भी पूर्वानुमान अथवा चेतावनी नहीं दी जा सकती है, और आपदा प्रबंधन आपदा के बाद के दृश्य के अनुसार किया जाता है। इसके लिए आपदा के बाद की विशेष जरूरतों की वास्तविकताओं की जानकारी लेनी चाहिए, जो निम्नलिखित है—

(1) आपदा स्थान खाली करना;

(2) जीवितों की चिकित्सीय देखभाल, और उनके लिए भोजन और जल की व्यवस्था करना;

(3) खोज और बचाव कार्य;

(4) सफाई करना;

(5) पहचान, कानूनी कार्रवाई और मृतकों का निपटान;

(6) उपचारी कार्य;

(7) पुनर्वास और पुन:निर्माण; और

(8) पर्यावरण प्रभावों, दीर्घ-कालीन और लघु-कालीन, की मॉनीटरिंग करना।

नाभिकीय आपदाएँ

प्रश्न 1. नाभिकीय आपदाओं के कारणों पर टिप्पणी लिखिए।

(जून-2020, प्र.सं.-5 (ख))

उत्तर– नाभिकीय आपदाएँ अनिवार्यत: दो तरीकों से घटित हो सकती हैं–

सर्वप्रथम तो यह जानबूझकर किए गए कार्यों से घटित होती हैं, जिनमें निम्नलिखित शामिल होते हैं–

- युद्ध और संघर्ष के दौरान नागरिक जनसंख्या के विरुद्ध नाभिकीय हथियारों का उपयोग करना। इस संबंध में परमाणु बमों से हिरोशिमा और नागासाकी में हुआ विनाश प्रचंड था।
- आतंकवादियों द्वारा नाभिकीय रेडियोऐक्टिव पदार्थों का उपयोग करना, जो अपने उद्देश्यों की पूर्ति के लिए नई-नई पद्धतियाँ अपनाते हैं और हिंसा को औजार के रूप में अपना कर समाज में दंगे-फसाद करवाते हैं। न्यूयॉर्क में दो इमारतों (Twin Towers) पर 9 सितंबर, 2001 में हुए हमले बताते हैं कि आतंकवादी जनसाधारण के समूहों की हत्या करने तक में न तो हिचकिचाते हैं, और न ही इनकार करते हैं। इस सीमा तक आतंकवादियों द्वारा नाभिकीय पदार्थों का इस्तेमाल अब संभवता के क्षेत्र में आ गया है।

द्वितीय रूप में नाभिकीय आपदाओं का प्रभाव नाभिकीय विकिरण की आकस्मिक विमुक्ति के रूप में भी देखा जाता है, जो निम्नलिखित हैं–

- नाभिकीय ऊर्जा संयंत्रों पर दुर्घटना के परिणामस्वरूप नाभिकीय विकिरण की विमुक्ति।
- वह सुविधाएँ जो अनुसंधान और विकास, चिकित्सा, उद्योग आदि में अनुप्रयोग के लिए नाभिकीय पदार्थ का प्रयोग करती हैं, वहाँ से रेडियोयऐक्टिव पदार्थ की क्षति अथवा चोरी।
- परिवहन दुर्घटनाएँ जिनमें नाभिकीय पदार्थ शामिल हों।

- रेडियोऐक्टिव अपशिष्ट पदार्थ का अनुचित और दोषपूर्ण ढंग से निपटान करना।

परमाणु हथियारों के उपयोग से नाभिकीय आपदाओं की संभवताएँ विभिन्न अंतर्राष्ट्रीय संधियों, परमाणु निरस्त्रीकरण आंदोलन और इन सबसे अधिक महत्त्वपूर्ण इस प्रकार की आपदाओं के परिणामों की निवारक प्रकृति के कारण अब दूर की बात हो गई है। फिर भी, नाभिकीय आपदाओं की संभवता आतंकवादियों के कार्यों अथवा दुर्घटनाओं के कारण बढ़ गई है। इसलिए, नाभिकीय संस्थापनों और आपदा प्रबंधकों के लिए आवश्यक है कि वे ऐसी आकस्मिकताओं के लिए हमेशा तैयार रहें।

प्रश्न 2. नाभिकीय आपदा प्रबंधन पर एक निबंध लिखिए।

(जून-2017, प्र.सं.-1)

उत्तर– आपदा प्रबंधन प्रशासन को आपातकाल के लिए तैयारी करने की आवश्यकता होती है। यह बहुत ही विशिष्टकृत क्षेत्र है। इसलिए भारत के सभी नाभिकीय संयंत्रों के लिए, परमाणु ऊर्जा विभाग (DAE) योजना बनाता है और उसे स्वीकृति देता है।

- भारत में परमाणु ऊर्जा विभाग (Department of Atomic Energy-DAE) जनता के क्षेत्र में नाभिकीय आपातकालीन स्थितियाँ घटने की स्थिति में नोडेल एजेंसी के रूप में उत्तरदायी हैं।
- जनसाधारण के क्षेत्र में आपातकाल से अभिप्राय यह है कि यह नाभिकीय पावर संयंत्रों के क्षेत्र से बाहर के लोगों के लिए संभावित खतरा है।
- सभी प्रमुख नाभिकीय सुविधाओं जैसे नाभिकीय पावर संयंत्रों में 1.6 किलोमीटर का प्रतिबंधित क्षेत्र (Prohibition zone) होता है, जो पावर स्टेशन के चारों ओर होता है। इस क्षेत्र में आवास की अनुमति नहीं होती है।
- प्रतिबंधित क्षेत्र के बाहर का क्षेत्र जनसाधारण का क्षेत्र कहलाता है। 16 किलोमीटर की त्रिज्या का यह क्षेत्र जो नाभिकीय सुविधा के चारों ओर होता है, वह स्थल से दूर आपातकालीन योजना क्षेत्र (off-site emergency planning zone, EPZ) के रूप में जाना जाता है।

सामान्य रूप में परमाणु ऊर्जा विभाग (Department of Atomic Energy-DAE), यह निश्चय करने के लिए उत्तरदायी है कि किसी भी नाभिकीय सुविधा के प्रचालन के लिए व्यापक और विस्तृत सुरक्षा व्यवस्थाएँ उपयुक्त हैं। वे कार्मिक जो नाभिकीय आपातकालीन स्थितियों का प्रबंधन करते हैं उन्हें विशेष संरक्षा साधन उपकरण जैसे समेकित हुड मास्क, प्लास्टिक सूट, गैस रोधी श्वसन यंत्र, आयोडाइड गोलियाँ, श्वसन यंत्र, संदूषण मॉनीटर, जल-विष संसूचन किट और विसंदूषण किट की आवश्यकता होती है।

(1) संकट प्रबंधन समूह–संकट प्रबंधन समूह (Crisis Management Group-CMG) परमाणु ऊर्जा विभाग (DAE), के अधीन कार्य करता है। यह प्रभावित क्षेत्र में स्थानीय प्रशासनिक प्राधिकरणों और राष्ट्रीय स्तर पर राष्ट्रीय संकट प्रबंधन समूह के बीच नाभिकीय आपातकाल से निपटने के लिए सभी कार्यों के समन्वयन के लिए उत्तरदायी है। संकट प्रबंधन समूह का गठन निम्न प्रकार का है–

अध्यक्ष–

अपर सचिव, परमाणु ऊर्जा विभाग (Chariman, Adclitional Secretary, DAE)

सदस्य–

परमाणु ऊर्जा विनियामक बोर्ड (Atomic Energy Regulatory Board-AERB)

भाभा परमाणु ऊर्जा आयोग (Bhabha Atomic Energy Commission-BAEC)

भारी जल बोर्ड (Heavy Water Board-HWB)

क्रय और स्टोर निदेशालय (Directorate of Purchase and Stores-DP & S)

न्यूक्लियर पॉवर कॉर्पोरेशन ऑफ इंडिया (Nuclear Power Corporation of India-NPCIL)

दूरसंचार विभाग (Department of Telecommunication-DoT)

परमाणु ऊर्जा विभाग सचिवालय (DAE Secretariat)

(2) 'क्या करें' और 'क्या न करें'–परमाणु विभाग ने संकट की स्थिति का सामना करने के लिए दिशा-निर्देश निर्धारित किए हैं। जिनका अनुपालन, जनता को निकट स्थिति नाभिकीय सुविधा के स्थान पर दुर्घटना अथवा किसी क्षेत्र में नाभिकीय आपातकाल की स्थिति में करना चाहिए।

'क्या करें'

- घर के अंदर चले जाएँ, और अंदर ही रहें।
- रेडियो और टी.वी. चलाएँ और जनसाधारण को दी जाने वाली सूचना अथवा सलाह का ध्यान रखें।
- दरवाजे और खिड़कियाँ बंद कर दें।
- खाद्य पदार्थ और पेयजल को ढक कर रखें और ढके हुए भोजन को ही खाएँ।
- यदि खुले स्थान में हो तो अपने चेहरे और शरीर को गीले रूमाल, तौलिए, धोती अथवा साड़ी से ढक लें। घर पहुँचकर अच्छी तरह से नहाएँ और दूसरे कपड़े पहनें।
- स्थानीय प्राधिकरणों को पूरा सहयोग दें और उनके अनुदेशों को पूरी तरह मानें - चाहे वह दवा खाने, जगह खाली करने आदि के लिए हों।

'क्या न करें'–

- भयभीत न हों।
- न तो बाहर जाए/न ही बाहर ठहरें।
- अफवाहों पर विश्वास न करें।
- जहाँ तक संभव हो, खुले कुओं/ तालाबों का पानी न पिएँ और विकिरण से खाद्य उद्भासित पदार्थ, जल अथवा दूध और सब्जियों का सेवन न करें।
- जिला अथवा नगर रक्षा प्राधिकरणों के किसी भी अनुदेश की अवज्ञा न करें जो आपकी, आपके परिवार और आपकी संपत्ति की सुरक्षा सुनिश्चित करने के प्रयास करेंगे।

प्रश्न 3. भूतपूर्व घटित नाभिकीय आपदाओं के आधार पर सीखे गए पाठों का विवेचन कीजिए। (दिस.-2018, प्र.सं.-2)

अथवा

नाभिकीय ऊर्जा संयंत्र आपदा, थ्री माईल आईलैंड, यू.एस.ए. पर टिप्पणी लिखिए।

उत्तर– चेरनोबिल नाभिकीय आपदा–चेरनोबिल (Chernobhyl) यूक्रेन, भूतपूर्व रूस (USSR) में स्थित है। 26 अप्रैल, 1986 में चेरनोबिल है कि यह दुर्घटना कोई मानव त्रुटि के कारण हुई थी, क्योंकि दुर्घटना के समय संयंत्र के कुछ भाग बंद थे और कुछ सुरक्षा क्रियाविधियाँ शिथिल हो गई थीं अथवा अक्षम हो गई थीं। इस दुर्घटना से पावर संयंत्र में आग लग गई थी और पर्यावरण में बहुत अधिक मात्रा में रेडियो-ऐक्टिव आइसोटोप (radioactive isotopes) का रिसाव हुआ, जो पास के क्षेत्रों में फैल गया था।

प्रभाव–

- लगभग 134 लोग गंभीर विकिरण रोग (Radiation Sickness) से पीडित हुए और उसमें से 28 लोगों की मृत्यु हो गई थी।
- आपदा स्थल के निकट के क्षेत्रों में से 1,35,000 कार्मिकों को निकालकर सुरक्षित स्थान पर ले जाया गया था।
- लगभग 1,55,000 वर्ग कि.मी. का क्षेत्र प्रभावित हुआ, जिसमें 7 मिलियन जनसंख्या आवास करती थी।
- सोवियत सरकार ने विसंदूषण के लिए 8,00,000 कार्मिकों को सेवा में लगाया था। इनमें से 45 प्रतिशत व्यक्तियों ने भी रेडियोसक्रिय की अस्वीकार्य मात्रा प्राप्त की।
- यद्यपि यह आपदा मानव त्रुटि के कारण हुई थी, परंतु नाभिकीय संयंत्र का डिजाइन भी इसका एक महत्त्वपूर्ण कारक था।

नाभिकीय ऊर्जा संयंत्र आपदा, थ्री माइल आइलैंड–अमेरिका में यह दुर्घटना 27 और 28 मार्च, 1979 का थ्री माइल आइलैंड के नाभिकीय पावर संयंत्र में हुई थी, जो हैरिसवर्ग पेनसिलवेनिया अमेरिका में स्थित है। इस केस में नाभिकीय पावर संयंत्र में आंशिक रूप से पिघलना पाया गया था। यह संयंत्र केवल 6 माह पहले ही शुरू किया गया था। यह दुर्घटना मानव और यांत्रिक विफलता के कारण घटित हुई थी। स्थल से दूर रेडियोसक्रियता का रिसाव सीमित था, कोई भी मृत्यु की रिपोर्ट नहीं आई थी। इस क्षेत्र में वृहत पैमाने पर घर खाली करवाए गए थे। यह अमेरिका की सबसे भयानक नाभिकीय दुर्घटना मानी जाती है।

यह दुर्घटना निम्नलिखित तकनीकी विफलताओं और मानव त्रुटियों की क्रमिक घटनाओं के कारण हुई थी:

संयंत्र के शीतलन तंत्र (Cooling system) में तकनीकी समस्या के कारण बाधा आ गई थी।

- गौण अथवा द्वितीयक (Secondary) शीतलन-तंत्र जो प्राथमिक तंत्र के बंद होने पर कार्य के लिए नियत किया गया था, मानव-त्रुटि के कारण कार्य नहीं कर पाया।
- गौण शीतलन-तंत्र के कुछ वाल्वस (Valves) अनुरक्षण के दौरान, दो दिन पहले, बंद स्थिति में ही छूट गए थे।
- तकनीकी बाधा/खराबी के संकेत जो नियंत्रण पैनल (Control Panel) पर दिखाई दे रहे थे, उन पर समय पर ध्यान नहीं दिया गया था।
- रिएक्टर कोर (Reactor Core) के आस-पास से रेडियोसक्रिय (रेडियोएक्टिव) जल का रिसाव हो गया था।

- संरोधन भवन में रेडियोसक्रिय जल की बाढ़ आ गई थी; रिएक्टर कोर खुला था और अधिक गर्म था।
- इस अवस्था में एक कार्यकर्त्ता द्वारा समय पर कोर से जल का प्रवाह रोक देने से (निवारक कार्य) पूरा कोर पिघल जाने से और संरोधन क्षेत्र में संभव दरार से बच गया।

प्रभाव–

- जैसे ही रेडियोसक्रिय जल का निकास संरोधन भवन से संयंत्र के पास के भवन में हुआ और कोर को गंभीर क्षति स्पष्ट दिखाई देने लगी, तब स्थल पर आपातकाल घोषित कर दिया गया था।
- किसी की भी मृत्यु नहीं हुई।
- इस आपातकाल की सूचना जनता को दी गई और संयंत्र के आस-पास स्थित समुदाय को वहाँ से दूसरे सुरक्षित स्थान पर ले जाया गया।

रासायनिक आपदाएँ

प्रश्न 1. रासायनिक आपदाओं के कारणों और प्रभावों की चर्चा कीजिए।

(जून-2018, प्र.सं.-2)

अथवा

रासायनिक आपदाओं के कारणों तथा प्रभाव को समझाइए एवं उनकी तैयारी और प्रतिक्रिया प्रबंधन के महत्त्वपूर्ण पहलुओं की चर्चा कीजिए।

(जून-2020, प्र.सं.-2)

उत्तर– कारण–रासायनिक आपदा, निम्नलिखित में से एक या अधिक कारणों से घटित हो सकती है–

- जोखिमी पदार्थ की उत्पादन सुविधा में विस्फोट अथवा किसी अन्य दुर्घटना के कारण घटी आपदा।
- जोखिमी पदार्थ के संग्रहण सुविधा में हुई दुर्घटना।
- घनी जनसंख्या वाले क्षेत्रों में से जोखिमी पदार्थ के परिवहन के दौरान हुई दुर्घटना।
- आविषालु अपशिष्ट प्रबंधन में कमियाँ। इसके परिणामस्वरूप समुदायों में रहने वाले लोगों के स्वास्थ्य पर दीर्घ-कालीन प्रभाव पड़ते हैं। आविषालु अपशिष्ट वातावरणीय-प्रदूषण तथा भू-जल प्रदूषण उत्पन्न कर सकता है।
- रासायनिक संयंत्रों की सुरक्षा व्यवस्था में किलता।
- जोखिमी रासायनिक पदार्थों की संग्रहण सुविधा अथवा निर्माण में जान बूझकर की गई तोड़-फोड़ अथवा ऐसे पदार्थों के परिवहन के दौरान की गई तोड़-फोड़।
- प्राकृतिक आपदाओं का घटना जैसे भूकंप, चक्रवात आदि के कारण भी रासायनिक आपदा घटित हो सकती है। यह आपदा रासायनिक औद्योगिक इकाइयों को क्षति अथवा विनाश द्वारा प्रभावित करती है जो जोखिमी पदार्थों का संग्रहण अथवा उत्पादन करते हैं।

रासायनिक आतंकवाद (Chemical Terrorism)–रासायनिक आपदा आतंकवादियों द्वारा रासायनिक हथियारों के अभिकर्मकों के अंधा-धुंध उपयोग के कारण भी घटित हो सकती है। ऐसे रासायनिक अभिकर्मकों के अंतर्गत सेरिन, क्लोरीन, सल्फर हाइड्रोजन, साइनाइड आदि आते हैं।

प्रभाव–रासायनिक आपदाएँ गंभीर और विविध प्रभाव उत्पन्न करती हैं। इनके परिणामस्वरूप, विस्फोट हो सकते हैं और/अथवा आग लग सकती है। रासायनिक आपदा का सबसे अधिक जोखिमी प्रभाव जल, हवा और आहारशृंखला के प्रदूषण के रूप में होता है, और इसका प्रभाव जीवन के लिए खतरनाक भी हो जाता है। स्वास्थ्य की दीर्घ-कालीन क्षति, भविष्य की पीढ़ियों को भी प्रभावित कर सकती है।

रासायनिक आपदा निम्नलिखित में से किसी एक अथवा सभी प्रकार की क्षतियों से प्रभावित कर सकती है।

भौतिक क्षति–इस क्षति के अंतर्गत संरचनाओं और अवसंरचनाओं की क्षति और विनाश होता है। रासायनिक पदार्थों के परिवहन में हुई दुर्घटनाएँ, जोखिमी पदार्थ भरे वाहन जैसे रेल आदि को क्षति पहुँचाती है। यदि संरोधन न किया जाए, तो औद्योगिक आग वृहत क्षेत्रों को प्रभावित कर सकती है।

केजुएल्टी–रासायनिक आपदा के कारण बड़े पैमाने पर दुर्घटनाएँ हो सकती हैं। हालाँकि लोगों का जीवन बचाने के लिए चिकित्सा सहायता शीघ्र दी जानी अनिवार्य है, परंतु मृतकों के शवों का तुरंत निपटान करने के लिए भी योजना बनाने की आवश्यकता है।

पर्यावरण संबंधी क्षति–रासायनिक आपदाएँ पर्यावरण को भी प्रभावित करती है क्योंकि इससे हवा, जलपूर्ति, भूमि, फसल, वनस्पति और जंतुओं का संदूषण होने की संभावना रहती है। कुछ घटनाओं में क्षेत्र इतने प्रभावित हो जाते हैं कि जहाँ मनुष्य और पशु निवास नहीं कर सकते। ऐसी स्थिति में बड़ी मात्रा में प्रवासन, घर अथवा स्थान खाली करना, और उन प्रभावित लोगों को नई बस्तियों में बसाना बहुत बड़ी समस्या हो सकती है।

रासायनिक आपदा प्रबंधन में तैयारी और अनुक्रिया–

जोखिम/संकट मानचित्रण–जोखिमी पदार्थ की मात्रा, प्रकार तथा स्थान (जहाँ उसका संग्रहण उपयोग अथवा उत्पादन होता है) के बारे में सही जानकारी जिला और राज्य स्तरों पर मौजूद होनी चाहिए।

जोखिमी पदार्थ की पहचान–जोखिमी पदार्थ का संग्रहण और देखभाल निर्धारित प्रतिमानों के अनुसार होना चाहिए। यह साधारणतः विभिन्न श्रेणियों में विभाजित किया जाता है, जिसमें से प्रत्येक के लिए पहचान का निशान पैकेजिंग और परिवहन के लिए होता है।

रासायनिक संयंत्रों और संग्रहण सुविधाओं का निरीक्षण–जोखिमी पदार्थ का नियमित और क्रमबद्ध निरीक्षण करना अत्यधिक महत्त्वपूर्ण है। यदि निर्धारित प्रतिमानों का सख्ती से पालन किया जाए तो अधिकांश रासायनिक आपदाओं से बचा जा सकता है। सुरक्षा अपेक्षाओं के बारे में, सरकारी अधिकारियों और उन उद्योगपतियों को जो जोखिमी पदार्थों का उपयोग करके उद्योग चला रहे हैं समान समझ होनी आवश्यक है।

आविषालु अपशिष्ट निपटान की मॉनीटरिंग–औद्योगिक इकाइयों द्वारा आविषालु

अपशिष्टों की मॉनिटरिंग की जानी चाहिए। इस संबंध में ऐसी घटनाएँ भी सामने आई हैं जहाँ भूमि के अंदर आविषालु अपशिष्ट डालने के परिणामस्वरूप भूगर्भ जल प्रदूषित हो गया है। अत: आपदा प्रबंधन के लिए, आविषालु अपशिष्ट का नदियों और नालियों में निपटान, विशेषकर जो घनी आबादी की बस्तियों में से गुजरती हैं, एक दम से रोकने की आवश्यकता है।

प्रदूषण स्तरों की मॉनीटरिंग—प्रदूषण स्तरों की मॉनीटरिंग भूमि, जल और वायुमंडल में आविषालुता की चेतावनी देती है। यह प्राधिकरण को पर्यावरण में किसी भी असाधारण और जोखिमी पदार्थ की उपस्थिति के लिए पहले से ही सतर्क कर सकती है।

स्थल-पर और स्थल से दूर आपातकाल प्रबंधन योजनाओं की तैयारी—स्थल पर और स्थल से दूर घटने वाली आकस्मिकताओं के लिए आपातकालीन प्रबंधन योजनाएँ तैयार करने की आवश्यकता होती है। स्थल पर होने वाली आकस्मिकताएँ वे होती हैं जहाँ दुर्घटना का प्रभाव स्थानीय होता है और उससे संभवत: संयंत्रों और उपस्करों की क्षति अथवा विनाश होता है अथवा श्रमिकों को चोट लग जाती है अथवा जीवन की हानि होती है। स्थल से दूर के आपातकाल का प्रभाव विस्तृत रूप में दिखाई देता है अर्थात् जोखिमी औद्योगिक इकाई के बाहर दूर तक का क्षेत्र प्रभावित होता है।

रासायनिक आपदा प्रबंधन योजना में सामान्यत: निम्नलिखित पहलू शामिल होने चाहिए–

- संभवत: प्रभावित होने वाले श्रमिकों और लोगों में जागरूकता।
- चेतावनी देने की कार्यविधि।
- तुरंत की जाने वाली कार्यवाही।
- अधिकारियों के विशेष दायित्व और उनका प्रशिक्षण।
- केजुएल्टी स्थान खाली कराना और चिकित्सा सहायता के लिए योजना।
- आग बुझाने की व्यवस्था।
- आदेश, नियंत्रण और संचार पद्धति।
- विशेषज्ञों, कार्मिकों और संगठनों की सूची, जो सहायता प्रदान कर सकते हैं।
- अभ्यास कार्य।

योजनाओं का अभ्यास करना—स्थल-पर और स्थल से दूर, दोनों से संबंधित, आपातकालीन योजनाओं का आवधिक रूप से अभ्यास किया जाना चाहिए। ऐसे नकली अभ्यास करने के दौरान सामने आई कमियों को दूर करने के लिए सही प्रतिपुष्टी और उस पर तुरंत कार्यवाही करना तैयारी का एक सबसे महत्त्वपूर्ण लक्षण होता है।

जागरूकता—प्रभावी संकट के बारे में विशेषकर संवेदनशील जनसंख्या वाले खंड में जागरूकता के स्तर में सुधार लाना अनिवार्य है। इसमें वे कार्मिक शामिल होते हैं जिनका कार्य जोखिमी पदार्थों से अथवा औद्योगिक इकाइयों से संबंधित होता है जो जोखिम भरे पदार्थों की व्यवस्था करते हैं, और ऐसे लोग जो इन औद्योगिक इकाइयों के आस-पास रहते हैं।

प्रशिक्षण—सुरक्षा और आपातकाल में व्यवस्था के बारे में उद्योग और संयंत्र के संकट से संबंधित यदि कोई विशेष प्रशिक्षण है तो वो कर्मचारियों को देना बहुत अनिवार्य है। सरकारी अधिकारियों, औद्योगिक इकाइयों के प्रबंधकों (तकनीकी और प्रशासनिक) तथा श्रमिकों के लिए विभिन्न प्रशिक्षण पूर्वाभिमुखीकरण आवश्यक है।

प्रश्न 2. रासायनिक आपदाओं के प्रबंधन पर एक टिप्पणी लिखिए।
(जून-2019, प्र.सं.-2)

उत्तर– रासायनिक आपदा प्रबंधन की टिप्पणी निम्न प्रकार है–

(1) भारत में रासायनिक आपदाओं के प्रबंधन के लिए केंद्रीय सरकार के स्तर पर पर्यावरण एवं वन मंत्रालय नोडेल अभिकरण है। यह मंत्रालय संपूर्ण राष्ट्र में प्रमुख जोखिमी इकाइयों (hazardous units) की सूची बनाकर रखती हैं।

(2) मंत्रालय का पर्यावरण विभाग (Department of Environment) और विस्फोटक नियंत्रक (Controller of Explosive) संयुक्त रूप से सुरक्षा मानक निर्धारित करने और उनकी मॉनिटरिंग करने के लिए उत्तरदायी होते हैं। केंद्रीय प्रदूषण नियंत्रण बोर्ड (Central Pollution Control Board) पर्यावरण के सभी पहलुओं के लिए उत्तरदायी होता है।

(3) रासायनिक आपदा प्रबंधन कार्यविधियों की सूची रासायनिक दुर्घटना (आपातकाल, तैयारी, नियोजन व अनुक्रिया) अधिनियम, 1996 में दी गई है। केंद्रीय, राज्य, जिला और स्थानीय स्तरों पर इस आपदा के प्रबंधन के लिए क्रमिक संरचना नियत की गई है। इसके लिए प्रत्येक स्तर पर संकट प्रबंधन समूहों का नामांकन निम्नलिखित प्रत्येक स्तर पर किया जाना चाहिए–

(क) केंद्रीय सरकार - राष्ट्रीय स्तर

(ख) राज्य के मुख्य सचिव - राज्य स्तर

(ग) जिला कलक्टर - जिला और निम्न स्तर

(4) नियमानुसार, सभी औद्योगिक दुर्घटनाओं की जानकारी की रिपोर्ट महानिदेशक, (Director General, Factory Advice Services and Labour Institute) को दी जाती है।

प्रश्न 3. भोपाल गैस त्रासदी के विशेष संदर्भ में रासायनिक आपदा प्रबंधन की प्रमुख विशेषताओं का उल्लेख कीजिए। **(दिस.-2017, प्र.सं.-1)**

उत्तर– यह त्रासदी दिसम्बर, 2-3 की रात को 1984 में यूनियन कार्बाइड फैक्टरी में हुई थी, जो भोपाल में स्थित है और पीड़कनाशी पदार्थों (pesticides) का उत्पादन करती है।

इस दौरान संयंत्र में से लगभग 40 टन मिथाइल आइसो-साइनेट (MIC) और अन्य आविषालु गैसें जिसमें हाइड्रोजन साइनोइड का रिसाव हो गया था। इस गैस ने बहुत बड़ी संख्या में भोपाल के निवासियों को प्रभावित किया था। इनमें से अधिकांश प्रभावित लोग संयंत्र के आस-पास वाली बस्तियों में रहने वाले थे। इस दुर्घटना में लगभग 8000 लोगों की मृत्यु हो गई थी और 5,30,000 लोग गंभीर रूप से प्रभावित हुए थे, जिनको बहु-तंत्रीय चोटें लगी थीं।

इस दुर्घटना से 36 नगरपालिका के वार्ड प्रभावित हुए थे। आविषालु गैस लोगों की रक्त धारा में अवशोषित हो गई थी, जिससे उनके फेफड़े, मस्तिष्क, गुर्दे, जनन तंत्र और प्रतिरक्षा-तंत्र में दीर्घ-कालीन क्षति पहुँची थी।

आपदा के कारण–भोपाल गैस आपदा, मनुष्य की संगठनात्मक और तकनीकी गलतियों के जटिल समुच्चय के कारण घटित हुई थी। इसके प्रमुख पहलुओं का संक्षिप्त विवरण निम्नलिखित है–

मानव कारक–

- कर्मचारियों का अपर्याप्त सुरक्षा प्रशिक्षण।
- कर्मचारियों का अनुच्च मनोबल।
- प्रबंधकों और श्रमिकों में संयंत्र की जोखिम भरी संभावनाओं के बारे में जागरूकता में कमी।
- आपदा से पहले संभव दुर्घटना के छोटे-छोटे संकेतों पर ध्यान नहीं दिया गया। (संग्रहण टैंक ई-610 में 21अक्तूबर, 1984 को एक तकनीकी दोष उत्पन्न हुआ था, जिस पर ध्यान नहीं दिया गया और न ही उसकी जाँच की गई थी)।

संगठनात्मक कारक–

- संसाधनों में कमी और अपर्याप्त प्रबंधकीय सावधानी के कारण सुरक्षा के मौजूद प्रतिमान निम्न श्रेणी के थे।
- संयंत्र में संभव दुर्घटना के लिए आकस्मिक योजनाएँ तैयार करने में तात्कालिकता की कमी।

प्रौद्योगिकीय कारक–

- डिजाइन संबंधी अनेक त्रुटियाँ।
- पूर्व-चेतावनी देने की कम्प्यूटरीकृत पद्धति की अनुपस्थिति।
- मिथाइल आइसो-साइनेट (एम.आई.सी.) की बृहत मात्रा का दीर्घ-कालीन संग्रह।
- अनाधुनिक हस्त-सुरक्षा पद्धति (इसी तरह के संयंत्रों में, अन्य स्थानों/संयंत्रों में इलेक्ट्रॉनीकृत नियंत्रित चार-अवस्था वाली सुरक्षा पद्धति प्रयुक्त की जाती थी)।
- अनुरक्षण ठीक ढंग से नहीं किया जा रहा था।

आपदा के अनुसार अनुक्रिया के संबंध में कुछ अवलोकन–चिकित्सा सुविधाओं पर बहुत तनाव था, इसके अतिरिक्त, भोपाल के डॉक्टरों को इस आपदा के संभव कारणों की जानकारी नहीं थी। वे उस गैस, जिसका रिसाव हुआ था उसके प्रकार और विषालुता के बारे में कुछ नहीं जानते थे। संयंत्र के अधिकारी इस बात पर अड़े रहे कि एम.आई.सी. गैस घातक नहीं है, यह केवल उत्तेजक है।

राजनीतिज्ञों, सरकारी अधिकारियों, संचार तथा सामान्य जनता में इस संयंत्र के संभावित संकट के बारे में कोई भी जागरूकता नहीं थी। अत: आपदा की इतनी बड़ी आकस्मिक घटना के लिए कोई तैयारी नहीं थी। इस आपदा में जनसाधारण को जानकारी देने के लिए, कोई भी विश्वसनीय सार्वजनिक सूचना पद्धति नहीं थी जिससे सब तरु गड़बड़ी, भय और घबराहट ैल गई थी।

सीखे गए पाठ–

- जोखिमी इकाइयों के पर्यावरणीय संबंधी प्रभावों का आकलन अनिवार्य रूप से आवश्यक है।
- आविषालु पदार्थों के जोखिमों के प्रति जन साधारण में जागरूकता और शिक्षा महत्त्वपूर्ण है।
- औद्योगिक इकाइयों में सुरक्षा और प्रचालक के कौशल से संबंधित उच्च मानकों का विकास करने की आवश्यकता है।

- संभव आपातकाल की स्थिति से निपटने के लिए आकस्मिक योजना की कमी। यह अत्यधिक महत्त्वपूर्ण है कि योजना पर कार्य करें, और खराब से खराब स्थिति के लिए भी तैयार रहें।
- अनिवार्य सुरक्षा ऑडिट कार्यान्वित किए जाने चाहिए, ताकि सुरक्षा सुनिश्चित हो सके।
- एक व्यापक चिकित्सा आपातकाल योजना तैयार की जानी चाहिए। इसके अतिरिक्त चिकित्सा वर्ग के लोगों को भी प्रशिक्षित किया जाना चाहिए ताकि वह आपदा उत्पन्न करने वाले आविषालु रसायनों की पूर्ण जानकारी, पर्याप्त दवाओं और सहायता की सभी पद्धतियों के साथ, बड़ी जनसंख्या वाले क्षेत्रों में, दुर्घटनाओं से निपटने के लिए तैयार रहें।
- जोखिमी औद्योगिक इकाइयों के आस-पास कर जोन (Buffer Zone) बनाने की आवश्यकता है।

जैविक आपदाएँ

प्रश्न 1. जैविक आपदा से आप क्या समझते हैं? इसका न्यूनीकरण कैसे किया जा सकता है? **(जून-2017, प्र.सं.-2)**

अथवा

जैविक आपदा न्यूनीकरण के लिए तैयारी उपायों का वर्णन कीजिए।

(दिसम्बर-2018, प्र.सं.-3)

उत्तर– जैविक आपदा से तात्पर्य उस आपदा से है जो पशुओं और मनुष्यों में बड़े पैमाने पर घातक स्थितियाँ और बीमारियाँ उस समय उत्पन्न करती हैं जब वे जैविक संकटों के संपर्क में आते हैं, ये संकट जीवित जीवाणुओं के रूप में होते हैं, जैसे सूक्ष्म जीवाणु, वाइरस, फफूँदी, आदि। फसलों और पौधों का विनाश भी जैविक आपदाओं के घेरे में आता है।

सभी संक्रामक रोग जो मनुष्यों अथवा पशुओं को होते हैं, सब संभव प्रभावी जैविक आपदाएँ ही होती हैं। ये व्यापक रूप से फैलते हैं और समुदायों के लोगों को बड़ी संख्या में प्रभावित करते हैं, कभी-कभी राष्ट्रों और प्रांतों की भौगोलिक सीमाओं के पार भी प्रभावित करते हैं।

जैविक आपदाओं ने प्राचीन काल से ही मानव बस्तियों में संक्रामक रोग के रूप में बहुत विनाश किया है। प्लेग के संक्रामक रोग ने 1300 से 1600 ईसवी तक, 300 वर्षों तक यूरोप को प्रभावित किया था। इसमें 20 से 25 मिलियन तक अथवा जनसंख्या का लगभग एक तिहाई भाग इस घातक महामारी से मर गया था। 1994 में गुजरात के सूरत शहर में प्लेग से 200 लोग मर गए थे।

वर्ष 1918-1919 तक, पूरे विश्व में सर्वव्यापी इन्फ्लूएंजा से 20 मिलियन लोगों की मृत्यु हो गई थी। इस तरह चेचक (smallpox), इबोला (Ebola) और पीला ज्वर (Yellow Fever) पूरे विश्व में मुख्यतः अल्पविकसित और गरीब समाजों में बर्बादी कर रहे हैं। चेचक को उसके विषाणु (virus) के साथ खत्म कर दिया गया है। यह केवल कुछ विकसित देशों द्वारा ही अनुसंधान प्रयोजनों के लिए परिरक्षित रखा गया है।

जैविक आपदाएँ, अनिवार्य रूप से, महामारी अथवा सर्वव्यापी रोग के रूप में प्रकट होती है जो सूक्ष्मजीवाणुओं के कारण होती है। विभिन्न सूक्ष्मजीवाणु विभिन्न प्रकार के संक्रामक रोग उत्पन्न करते हैं।

आपदा न्यूनीकरण के लिए तैयारी–

- बड़ी संख्या में चिकित्सा के क्षेत्र में प्रशिक्षित डॉक्टरों का पूल बनाएँ।
- टीकों और औषधियों की उपलब्धता सुनिश्चित करें।
- निदानसूचक अभिकर्मकों (Diagnostic re-agents) की पर्याप्त उपलब्धता और संग्रहण सुनिश्चित करें।
- महामारियों के फैलाव को पहचानने के लिए निगरानी का प्रभावशाली नेटवर्क विकसित करें।
- महामारियों की पहचान और उनके तुरंत निदान के लिए डॉक्टरों के कौशल में सुधार लाएँ।
- आपदा प्रबंधन में चिकित्सीय प्राधिकरण और प्रशासन की सहायता करने के लिए लोगों को सक्षम बनाएँ और घबराहट को कम किया जा सके।

सूरत में प्लेग के विश्लेषणीय अध्ययन से यह स्पष्ट हो गया है कि आपदा का प्रशमन करने के लिए निम्नलिखित सुझावों का तुरंत अनुपालन करने की आवश्यकता है। वास्तव में महामारी को निम्नलिखित उपायों से रोका जा सकता है, और उसका सामना किया जा सकता है–

- बड़े पैमाने पर टीकाकरण कार्यक्रम आयोजित करना;
- प्रभावशाली और ठीक समय पर सक्षम उपचार करना;
- स्वच्छता और स्वास्थ्य के उच्च मानकों को समुदाय में कायम रखना;
- रोग के फैलाव को रोकना; और
- स्वास्थ्य के देखभाल के लिए जनता को जागरूक करना। इस संबंध में निम्नलिखित जानकारी, जिसमें कुछ महामारियों के लक्षण और उपचार शामिल हैं, बहुत उपयोगी सिद्ध होगी।

प्लेग–प्लेग बैक्टीरिया एयरोसोल द्वारा फैल सकता है, जो संक्रमति व्यक्ति के श्वसन के छींटों (droplet) के माध्यम से निमोनिया के गौण रूप में रोगों के फैलने को संभव करता है।

लक्षण–संक्रमण में अनावरण के 1 से 6 दिन के बीच बीमारी के लक्षण प्रकट होते हैं, पहले लक्षणों में बुखार, सिर दर्द, और कमजोरी होती है, जो सदमे की ओर ले जाती है और दो से चार दिनों के अंदर मनुष्य की मौत हो सकती है।

उपचार–पहली बार लक्षण दिखाई देने के 24 घंटों में प्रतिजैविक (antibiotic) रोगी को दे देना चाहिए।

बॉटुलिज्म (Botulism)–बॉटुलिज्म आविष श्वसन, संदूषित खाद्य अथवा जल के जरिये मनुष्य के शरीर में फैल सकता है।

लक्षण–दो चीजें दिखाई देती है, बात करने में कठिनाई होती है, मुँह सूख जाता है और माँसपेशियाँ कमजोर हो जाती हैं। यह सब शरीर के ऊपर से शुरू होते हैं और नीचे की ओर

जाते हैं। यह लक्षण अनावरण के 6 घंटे से दो सप्ताह में दिखाई देते हैं और 24 घंटों में ही साँस लेने की पेशी में लकवा होने से मृत्यु हो सकती है।

उपचार–CDC द्वारा पूर्ति की गई बॉटयूलिज्म रोधी टॉक्सिन

रोकथाम

वैक्सीन

चेचक (Small Pox)–चेचक का विषाणु आपेक्षिक रूप से स्थायी होता है और संक्रमण के लिए इस विषाणु की बहुत कम मात्रा की जरूरत होती है, जिसमें एयरोसोल की मुक्ति होती है। यह बाद में पीड़ित व्यक्ति की लार के छींटों से फैल सकती है।

लक्षण–बीमारी के कीटाणु से अनावरण के बाद, लगभग 12 दिन बाद इसकी रोग उद्‌भवन अवधि होती है। इसके लक्षणों में बुखार, थकान और दर्द होता है और उसके बाद फोड़ियाँ निकलती है, बीमारी की पहली दो अवधियों (दो सप्ताह) में मनुष्य की मृत्यु हो सकती है।

उपचार–आज तक इसका कोई भी उपचार प्रमाणित नहीं हुआ है।

रोकथाम–

वैक्सीन

टुलेरिमिया (Tularemia)

मनुष्य, संक्रमित एन्थ्रोपोड (Anthropods) के काटने से पीड़ित हो जाते हैं या संदूषित खाद्य, जल के संपर्क में आने से और संक्रमित ऐयरोसोल को साँस में लेने से।

लक्षण–ऐयरोसोल द्वारा संक्रमण होने के प्रारंभिक लक्षण इन्फ्लूएंजा अथवा विशेष निमोनिया के समान होते हैं। ये बीमारी से अनावरण के कुछ ही दिनों अथवा अधिक से अधिक दो अवधियों के बीच प्रकट होते हैं। रोगी को क्रमिक रूप से कमजोरी होती है, और उसका शारीरिक वजन घट जाता है, उसके बाद फिर रोगी दो सप्ताह में मर जाता है।

उपचार–प्रतिजीवी देना

रोकथाम–एक वैक्सीन है, जिसकी संयुक्त राज्य अमरीका के खाद्य और औषधि प्रशासन (अमरीकी चिकित्सा संगठन) द्वारा वर्तमान में जाँच की जा रही है।

वाइरल रक्तस्राव बुखार (Viral Hemorrhagic Fever-VHF)–बहुत से वायरल रक्तस्राव बुखार विषाणु पशु अथवा कीड़ा परजीवी में प्राकृतिक रूप से रहते हैं। कुछ वायरल रक्तस्राव बुखार के विषालु परजीवी अज्ञात हैं। इनमें ऐबोला और मारबर्ग विषाणु हैं। कुछ वायरल रक्तस्राव बुखार विषाणु का संचरण संक्रमित लोगों के शरीर तरलों द्वारा होता है।

लक्षण–यह लक्षण वायरल रक्तस्राव बुखार के प्रकार के अनुसार भिन्न-भिन्न प्रतिक्रिया के आधार पर होते हैं, परंतु इसके लक्षण में बुखार, थकान, चक्कर आना, मांसपेशी का दर्द और पूरी तरह की थकान शामिल है। इसके गंभीर मामलों में त्वचा के नीचे और आंतरिक अंगों में रक्त निकलने लगता है। कुछ प्रकार के वायरल रक्तस्राव बुखार में गुर्दे कार्य करना बंद कर देते हैं।

उपचार–इसके लिए वायरल रक्तस्राव बुखार की सहायक चिकित्सा को छोड़ कर कोई और उपचार नहीं है।

रोकथाम–केवल दो वायरल रक्तस्राव बुखार जैसे पीला बुखार और अर्जेन्टाइनी के रक्तस्रावी बुखार के लिए ही वैक्सीन उपलब्ध है।

प्रश्न 2. संक्रामक रोगों का वर्गीकरण पर टिप्पणी लिखिए।

(जून-2020, प्र.सं.-5 (क))

उत्तर– संक्रामक रोगों का वर्गीकरण करने का एक तरीका यह है कि उनको रोगजनक कारक, जो रोग उत्पन्न करते हैं उनके अनुसार सूचीबद्ध किया जाए जैसे कि विषाणु (Virus), जीवाणु (Bacteria) अथवा परजीवी (Parasite)। संक्रामक रोग प्राकृतिक आपदा जैसे भूकंप, चक्रवात अथवा बाढ़ की स्थिति के साथ प्रकट होते हैं, जो प्रथानुसार स्थानांतरित होने के तरीके के अनुसार वर्गीकृत किए जाते हैं। व्यवहारिक कारणों के लिए इनका निम्नलिखित सरल वर्गीकरण किया गया है–

- **संपर्क से संचरित रोग (Diseases transmitted by contact)**
  - स्केबीस (Scabies)
  - ट्राकोमा (Trachoma)
  - नेत्र श्लेष्मा शोथ (Conjunctivitis)
  - माइकोसिस (Mycosis)
- **यौन संबंधों से संचरित रोग (Sexually transmitted)**
  - गोनोरिया (Gonorrhoea)
  - सिफलिस (Syphilis)
  - एड्स (Aids)
- **रोगवाहकों से संचरित रोग (Vector transmitted diseases)**
  - मलेरिया (Malaria)
  - डेंगू (Dengue)
  - आवर्ती ज्वर (Recurrent fevers)
  - ट्राइपेनोसोमियासिस (Trypanosomiasis)
  - पीला बुखार (yellow fever)
  - ऑनकोसरसिएसिस (Onchocerciasis)
  - शिस्टोसोमियासिस (Schistosomiasis)
- **मल संबंधी द्रव्य/पदार्थ से संचरित रोग (Diseases transmitted through faecal matter)**
  - अवशिष्ट अतिसार रोग (Non specific diarrhoea diseases)
  - हैजा (Cholera)
  - हेपेटाइटिस (Hepatitis)
  - टाइफाइड ज्वर (Typhoid fever)
  - ऐस्केरिएसिस (Ascariasis)
  - कृमि रोग (Aneylostomiasis)

- **हवा से संचारित रोग (Diseases transmitted through Air)**
  - तीव्र श्वसन संक्रमण (Acute Respiratory Infection)
  - टी.बी. (Tuberculosis)
  - खसरा (Measles)
  - मैननजाइटिस (Meningitis)
  - काली खाँसी (Whooping Cough)

अब तक संक्रामक रोगों को खत्म करने के विश्वव्यापी प्रयासों में चेचक के संक्रामक रोग को ही पूरी तरह समाप्त करने के प्रयास में सफलता प्राप्त हुई है। यह ध्यान देने की बात है कि चेचक को पूरी तरह समाप्त करने के बाद से अब तक 30 नए रोगजनक जीवाणु की पहचान और कर ली गई है। इनमें से कुछ पहले ही विश्व में सर्वव्यापी रोग (एच.आई.वी. /एड्स) के रूप में फैले हुए हैं और इनमें से कुछ (एबोला, विषाणु, लासा विषाणु आदि) का कोई इलाज, उपचार, अथवा टीका नहीं है और न ही उनको रोकने और उनका सामना करने की कोई संभावना है। रोगजनक माइक्रोब और संक्रामक रोगों को निम्नलिखित तालिका में प्रस्तुत किया गया है–

तालिका 4.1 : रोगजनक माइक्रोब और संक्रामक रोगों

वर्ष	माइक्रोब्स	प्रकार	रोग
1973	रोटावाइरस	विषाणु (Virus)	पूरे विश्व में, इससे शिशु को अतिसार हो जाता है।
1975	पर्वोवाइरस बी–19	विषाणु	चिरस्थायी रूधिरलयी (heamolytic) अरक्तता में (Aplastic Crisis) अप्लोस्टिक संकट
1976	क्रिप्टोस्पोरीडियम पारवम	परजीवी (Parasite)	तीव्र ओर चिरस्थायी अतिसार
1977	एबोला वाइरस	विषाणु	एबोला रक्तस्रावी ज्वर रोग (Haemorrhagic fever)
1977	लिजियोनेला नियमोफिला	जीवाणु (Bacteria)	लिजियोनेरस रोग
1977	हेन्टन वाइरस	विषाणु	रेनल लक्षणों के साथ रक्तस्रावी ज्वर (HFRS)
1977	कैम्पीलोबैक्टर जेजूनी	जीवाणु	विश्वव्यापी रूप में वितरित आंत्र रोगजनक
1980	ह्यूमन टी–लिम्फो–ट्रापिक वाइरस-I (HTLV-I)	विषाणु	टी–कोश लिम्फोमा–ल्यूकीमिया

वर्ष	माइक्रोब्स	प्रकार	रोग
1981	जीव विष पैदा करने वाले स्टेफाइलोकोकस आरियस की जाति	जीवाणु	आविषालु शॉक संलक्षण (Shock syndrome)
1982	एसचेरिचीया कोलाइ 0157-एच 7	जीवाणु	रक्तस्रावी बृहदांत्र शोथ (Colitis), रूधिरलयी यूरीयायी लक्षण
1982	एच.एल.टी.वि.-II	विषाणु	रोमिला (Hairy) कोशिका ल्यूकीमिया
1982	बोरेल्ला बरगाडोर-फेरी	जीवाणु	लाइमे रोग
1983	एच.आई.वी.	विषाणु	एड्स
1983	हेलीकोवैक्टर पाइलोरी	जीवाणु	पेप्टिक अल्सर रोग
1985	एंटरोसाइटोजून बिनियसी	परीजीवी	स्थायी रूप से व्याप्त अतिसार
1986	साइक्लोस्पोरा केएटा नेनसिस	परजीवी	स्थायी अतिसार
1988	ह्यूमन हरपस वाइरस-6 (HHV-6)	विषाणु	रोजेला सूबीटम
1988	हैपेटाइटस ई वाइरस	विषाणु	आंत्र से संचरित हैपेटाइटिस
1989	एशरिलिया शैफेनिसीस	जीवाणु	मानव एक्लीकियासीस
1991	गूआनारिटो वाइरस	विषाणु	वेनेजुएलेन रक्तस्रावी ज्वर
1991	एनसेफेलाइटोजून हेल्लेम	परजीवी	नेत्रश्लेष्मा शोथ रोग
1991	बेबेसिया की नई जाति	परजीवी	विशिष्ट बेवेसियोसिस
1992	विबरियो कॉलेरे 0139	जीवाणु	महामारी हैजे से संबंधित नई जाति
1992	बारटोनेला हेनसेली	जीवाणु	कैट-स्क्रैच रोग, बेसिलरी एंजीयोमेटोसिस

वर्ष	माइक्रोब्स	प्रकार	रोग
1993	सिन नॉम्ब्रे वाइरस	विषाणु	बड़ो में श्वसन अवसाद लक्षण
1993	एनसेफेलाइटिजून कनकुली	परजीवी	प्रसृत रोग
1994	सेबिया वाइरस	विषाणु	ब्राजीलियाई रक्तस्रावी ज्वर
1995	HHV-8	विषाणु	एड्स रोगियों में केपोसी सरकोमा से संबंधित
1999	निपाह	विषाणु	एनसेफेलाइटिस

प्रश्न 3. जैविक आपदाओं की संवेदनशीलता में योगदान देने वाले कारकों पर टिप्पणी कीजिए। **(जून-2019, प्र.सं.-5 (ख))**

उत्तर– भारत में शहरी और उप-शहरी तथा ग्रामीण जनसंख्या जैविक आपदाओं के प्रति संवेदनशील है, हालाँकि कुछ विभिन्न कारणों से इसमें विविधताएँ भी हैं परंतु निम्नलिखित कुछ कारक समान रूप से लागू होते हैं–

- **जनसंख्या वृद्धि–**तीव्र वृद्धि दर संवेदनशील जनसंख्या को निम्न-स्तरीय जीवन और अस्वच्छता की स्थितियों की ओर ले जाती हैं और यह स्थिति महामारी उत्पन्न करने के लिए परिपूर्ण होती है।
- **गरीबी–**अत्यधिक जनसंख्या का परिणाम महामारी का प्रभाव कम करने के लिए अथवा उसे निष्प्रभाव करने के लिए व्यक्तियों और समुदायों की क्षमता को सीमित कर देता है।
- **तीव्र अनुक्रिया, महामारी नियंत्रण और संरोधन क्रियाविधियों की कमी–**चिकित्सा संसाधनों की कमी के साथ भौगोलिक स्थल और संचार की समस्याएँ ग्रामीण क्षेत्रों में स्थित समुदायों को तुलनात्मक रूप से और अधिक संवेदनशील बना देती हैं।
- **जनसाधारण में जागरूकता की कमी–**आधारभूत स्वास्थ्य और स्वच्छता संबंधी शिक्षा की कमी और कुछ मामलों में लोगों में अंधविश्वास जनसंख्या के कुछ वर्गों की संवेदनशीलता को बढ़ा देता है।
- **खराब स्वास्थ्य और कुपोषण–**खराब स्वास्थ्य और कुपोषण से रोगों के प्रति शरीर की रोधिता कम हो जाती है। इस तरह शहरी क्षेत्रों के कुछ समूह, और पिछड़े ग्रामीण क्षेत्रों के बच्चे और महिलाएँ अधिक संवेदनशील हो जाते हैं।
- **स्वास्थ्य देखभाल पद्धति की खराब अवस्था–**सभी स्तरों पर नगर निकायों द्वारा कार्य निपटाने के कम संसाधनों के साथ जनसाधारण के स्वास्थ्य और सुरक्षा के प्रति लापरवाही के दृष्टिकोण से भी जैविक आपदाओं के प्रति संवेदनशीलता बढ़ जाती है।
- **शहरी क्षेत्रों में संकुलन–**शहरी क्षेत्रों में घनी आबादी अपशिष्ट निपटान की समस्या की ओर ले जाती है जो विभिन्न रोगों को फैलने के लिए पर्याप्त स्थितियाँ प्रदान करती हैं।

- **जैव-आतंकवाद**–जैव-आतंकवाद की उभरती धमकियों के प्रति, साधारणतः, देखी गई लापरवाही संवेदनशीलता को बढ़ा देती है।
- **परिवहन और संचार के आधुनिक साधन**–यह कथन सब जगह व्याप्त है कि परिवहन और संचार के साधनों ने विश्व को संकुचित (बहुत छोटा) बना दिया है। अतः बार-बार यात्रा करने और अधिक मात्रा में सामाजिक रूप से मिलने-जुलने से भी संक्रामक रोगों के प्रति संवेदनशीलता बढ़ जाती है।

जैव-आतंकवाद–कुछ खतरनाक जैविक कारकों (Biological Agents) द्वारा जैविक आपदाओं की घटना की संभावनाएँ बहुत बढ़ गई हैं। ये कारक आतंकवादी संगठनों द्वारा प्रयोग किए जाते हैं। जैविक युद्ध के हथियार और कुछ नहीं हैं परंतु जैव-आतंकवाद हैं, जिसकी सारे विश्व में निंदा की जाती है।

जैविक आपदाएँ : कारणात्मक तथ्य–संक्रामक रोग समुदाय में व्यक्तियों और परिवारों की खराब और अस्वच्छ रहन-सहन की स्थितियों के कारण होते हैं जो जैविक आपदाओं की तरफ ले जाते हैं। सामान्य रहन-सहन की स्थितियाँ और चिकित्सा सेवा की स्थितियों के साथ व्यक्तियों में जागरूकता स्तर भी समुदायों और व्यक्तियों की जैविक संकट के प्रति संवेदनशीलता निर्धारित करते हैं। यह बहुत ही स्वाभाविक है कि गरीब समुदायों की अपेक्षा अमीर समुदाय जैविक संकटों के लिए कम संवेदनशील होते हैं। महामारी और सर्वव्यापी रोगों के कारणों को निम्नलिखित रूप से सामान्यीकृत किया जा सकता है–

- घनी आबादी वाले क्षेत्रों में अपर्याप्त और स्वास्थ्य संबंधी स्वच्छता की व्यवस्था।
- संक्रमित कार्मिकों के महामारी रहित क्षेत्रों में आने-जाने से सूक्ष्म जीवों का उद्‌भवन (काल) अवधि (incubation period) के दौरान फैलना।
- गैर प्रतिरक्षी (बगैर टीके लगे) व्यक्तियों की स्थानिक महामारी वाले क्षेत्रों में गतिविधि। मलेरिया के मामले में, उदाहरण के लिए प्रथम दो वर्षों के दौरान स्थानिक महामारी वाले क्षेत्रों में मृत्यु दर बहुत अधिक होती है। गैर-स्थानिक महामारी क्षेत्रों से समूहों में जो इन क्षेत्रों में कार्रवाई करते हैं, उन सभी व्यक्तियों के गंभीर रूप से मलेरिया रोग लगने का खतरा बना रहता है।
- विशेषकर बच्चों में कुपोषण।
- रोगवाहकों के पनपने के लिए आवश्यक पारिस्थितिक परिवर्तन।
- खराब और अपर्याप्त जलपूर्ति पद्धति, जिससे लोग संदूषित जल का उपयोग करते हैं, जिससे उनको जल-जन्य रोग हो जाते हैं।
- स्वास्थ्य संबंधी अपर्याप्त सेवाएँ और प्रतिरक्षीकरण और रोगवाहक नियंत्रण के लिए कार्यक्रमों में कमी।

प्रश्न 4. जैविक आपदाओं के कारण पड़ने वाले विशिष्ट प्रतिकूल प्रभावों पर संक्षिप्त टिप्पणी कीजिए।

उत्तर– जैविक आपदाओं के विशेष प्रतिकूल प्रभावों में निम्नलिखित पहलू शामिल होते हैं–

- गरीबी के स्तर और आर्थिक परिणामों के कारण संवेदनशीलता बढ़ जाती है।
- जीविका-उपार्जन की क्षति, यहाँ तक कि असंगठित क्षेत्रों के कार्मिकों तक के साथ होती है। जो उनके कारोबार में गिरावट और सामान्यतः आर्थिक गतिविधियों के कारण होती है।
- क्षतिज स्थिति के बाद के तनाव विकार (पोस्ट ट्रॉमेटिक स्ट्रैस डिसोर्डर)।
- श्रमिकों की उपलब्धता का संकट, जो सामान्य स्थितियों में रोजगार की खोज में चले जाते हैं, और अन्य क्षेत्रों में कार्य करते हैं।

प्रश्न 5. सन् 1994 में सूरत में फैले प्लेग का केस अध्ययन कीजिए।

उत्तर– सूरत, जो गुजरात का सबसे बड़ा औद्योगिक क्षेत्र है, उसमें अक्तूबर 1994 में प्लेग की महामारी हुई थी। इसमें लगभग 200 लोगों की मृत्यु हो गई थी, और शहर की 1/3 जनसंख्या डर और घबराहट के कारण भाग गई थी। इस महामारी के कारण सूरत में आर्थिक प्रभाव भी देखे गए थे।

प्रमुख अवलोकन, जो जैविक आपदा के प्रति अनुक्रिया में सुधार लाने के लिए आवश्यक हैं, निम्नलिखित रूप में सूचीबद्ध किए गए हैं–

प्लेग का रोग फैलने से पहले की स्थितियाँ–

- शहर में संकुलता (अधिक घनी आबादी)
- कूड़ा-करकट निपटान करने की अपर्याप्त व्यवस्था।
- रोग की कार्यात्मक निगरानी करने वाले संगठनों की कमी।
- नागरिक प्रशासन की ओर से इस प्रकार की महामारी के फैलने का सामना, समग्र रूप में, करने के लिए तैयारी की कमी थी।

प्लेग फैलने के दौरान की स्थितियाँ–

- औषधियों की कमी।
- अफवाहों का फैलना – एक ऐसी अफवाह फैली थीं कि नगर का जल विषालु हो गया है।
- जनसाधारण को सूचना देने की विश्वसनीय पद्धति की कमी।
- चिकित्सा प्राधिकरणों और विभिन्न सरकारी विभागों के अंदर समन्वय की कमी।
- लोगों को सुरक्षित स्थानों पर ले जाने के लिए कोई भी योजना मौजूद नहीं थी।
- प्लेग की महामारी का सामना करने के लिए आम जनता को शिक्षित करने का कोई भी स्वास्थ्य-कार्यक्रम नहीं था।
- सामाजिक कर्त्तव्य को पूरा करने के लिए चिकित्सीय डॉक्टरों का काम पर आने से संबंधित कोई भी न्यायिक प्रावधान नहीं था। बहुत सारे निजी डॉक्टर शहर से बाहर भाग गए हुए थे, और बहुत से निजी नर्सिंग होम बंद हो गए थे।
- ऐसे आयाम की आपदा से निपटने के लिए, अपर्याप्त चिकित्सीय ढाँचा था। ऐसे अभाव में चिकित्सीय कार्मिकों द्वारा काम करना प्रशंसनीय था। कई स्थानों पर

चिकित्सा कार्मिकों के पास सरक्षी गाउन (कोट) भी नहीं थे और नगर निगम के स्वास्थ्य कर्मचारियों ने बिना मॉस्क और दस्तानों के काम किया था।

- डर और घबराहट से स्वास्थ्य संबंधी कार्य करने वाले कर्मचांरियों की संख्या में 50 प्रतिशत की कमी हो गई थी, जिसके कारण कूडे के निपटान और शवों को हटाने में कठिनाई पैदा हो गई थी।
- इस तरह इस अध्ययन से यह स्पष्ट होता है कि जैविक आपदाओं का प्रशमन करने के लिए विशिष्ट तैयारी के उपायों की आवश्यकता है।

भवन में आग लगना

प्रश्न 1. विभिन्न प्रकार की भवन आग का वर्णन कीजिए।

(जून-2020, प्र.सं.-3)

अथवा

शहरी तथा ग्रामीण क्षेत्रों में आग लगने के कारणों का उल्लेख कीजिए।

अथवा

“आग लगने का खतरा सभी स्थानों में हमेशा मौजूद रहता है और यदि पर्याप्त सतर्कता के उपाय नहीं अपनाए जाएँ तो परिणाम गंभीर हो सकते हैं।” व्याख्या कीजिए।

अथवा

उत्तर– भवनों में आग लगने के निम्नलिखित प्रकार हैं–

(1) शहरी क्षेत्रों में आग लगना–आग कभी भी और कहीं भी लग सकती है। अधिकतर आग सार्वजनिक स्थानों जैसे सिनेमा हॉल, ऊँचे-ऊँचे भवनों, तेल के डिपो, पेट्रोल पम्प, गैसों के गोदाम, रसायनों के गोदाम, धार्मिक स्थानों, औद्योगिक-संस्थापनों जैसे फैक्ट्री, बस डिपो, रेलवे स्टेशनों, हवाई अड्डों आदि में लग जाती है। सभी प्रकार की आग का वैज्ञानिक विश्लेषण यह बताता है कि मनुष्य की लापरवाही ही सभी आग की दुर्घटनाओं के लिए प्रत्यक्ष अथवा अप्रत्यक्ष रूप से उत्तरदायी होती है। शहरी क्षेत्रों में लगी आग की दुर्घटनाओं में अनेक कारकों का योगदान शामिल है जिनमें निम्नलिखित हैं–

(क) बिजली–34 प्रतिशत आग दोषपूर्ण वायरिंग, खराब प्रकार के उपकरणों, जरूरत से अधिक लोडिंग, बिजली की पूर्ति में उच्चावच (fluctuations) और बिजली की गैर-कानूनी चोरी के कारण आग लग जाती है।

(ख) लापरवाही से किया गया धूम्रपान–29 प्रतिशत आग, जली हुई सिगरेट, बीड़ी के सिरों, माचिस की तिल्ली आदि को लापरवाही से इधर-उधर फेंक देने से लग जाती है।

(ग) खुला प्रकाश–8 प्रतिशत आग तेल के दीपक, मोमबत्ती जैसी खुली ज्वाला के गैर सावधानीपूर्वक उपयोग और लापरवाही करने से होती है।

(घ) चूल्हे/रसोईघर–रसोईघर और चूल्हे से, 9 प्रतिशत लगने वाली आग का कारण कैरोसीन तेल के स्टोव और एल.पी.जी. गैस के साथ लापरवाही से काम करना और संचालन करना होता है।

(ङ) लूटमार–3 प्रतिशत आग के कारण, आतंकवादी गतिविधियाँ, दुश्मनी करने वाले समूहों और दलों द्वारा की जाने वाली लूटमार बदला, शत्रुता, ईर्ष्या, और कपट होते हैं।

अन्य कारण–17 प्रतिशत आग की दुर्घटनाएँ, गैस के रिसाव, मशीनों से निकलने वाली चिंगारी, रासायनिक प्रतिक्रिया, विस्फोटक और पटाखों, और बिजली गिरने आदि से होती है।

शहरी क्षेत्र जिसमें औद्योगिक परिसर शामिल हैं, वहाँ आग लगने की दुर्घटनाओं का बहुत अधिक खतरा रहता है। इनमें से ध्यान देने योग्य कुछ दुर्घटनाएँ निम्नलिखित हैं–

- मॉनीट्रिंग के बिना किया गया निर्माण।
- बिना किसी योजना के अव्यवस्थित ढंग से बनाई गई झुग्गी बस्ती।
- ऊँची-ऊँची इमारतें।
- उद्योग
- व्यावसायिक और परिवहन के गोदाम।
- बिजली का गलत, अप्राधिकृत और असामान्य उपयोग।
- दहन और ज्वलनशील सामग्री का उपयोग करने के कारण सभी आवासी इकाइयों के लिए आग के खतरे में वृद्धि।
- लूटमार और दंगे आदि जिसके कारण लग जाती है।
- अग्नि शमन के लिए सुव्यवस्थित स्रोतों में कमी।
- संकरी और भीड़ से भरी सड़कें जहाँ दमकल नहीं पहुँच सकते।

आग लगने की बड़ी घटनाओं के प्रति अनुक्रिया करने के लिए किए जाने वाले कुछ उपाय निम्नलिखित हैं–

- घटना के स्थान पर भीड़ का नियंत्रण।
- यातायात को दूसरे रास्तों पर भेजना
- आग पर नियंत्रण करने के लिए स्थानीय रूप से व्यवस्था करना।
- स्थानीय लोगों को आग बुझाने के लिए काम पर लगाना।
- पुलिस और फायर ब्रिगेड को बुलाना।
- फँसे हुए और चोट लगे लोगों को बचाना।
- प्राथमिक सहायता की व्यवस्था करना।
- मृतकों के मामले में पंचनामा बनाना।
- संपत्ति को बचाना।
- संपत्ति की सुरक्षा की व्यवस्था करना।
- लूटमार की घटनाओं की जाँच करना।
- प्रमाण इकट्ठा करना।

- यदि किसी के शरारत करने की घटना हो तो अपराधी का पता लगाएँ।
- यदि आग किसी धार्मिक स्थान पर लगी है, तो उस क्षेत्र में सामुदायिक शांति बनाए रखना।
- यदि यह किसी पुरानी शत्रुता का बदला है, तो शांति बनाए रखने के लिए रोकथाम के उपाय अपनाने चाहिए।

(2) गाँवों में लगने वाली आग—बाहरी क्षेत्रों की अपेक्षा गाँवों में कम आग लगती है, परंतु इन गाँवों में कभी-कभार लगी आग पर ध्यान नहीं दिया जाता। यहाँ की कुछ समस्याएँ हैं जैसे दमकल नहीं पहुँच सकते, जल संसाधन की कमी होती है और उचित संचार नहीं हो पाता। ग्रामीण निवासी गाँवों में झोपड़ियों में रहते हैं, जहाँ आग लगने की प्रत्येक वर्ष बहुत सी घटनाएँ होती है। फसल कटाई के बाद यदि उसमें आग लग जाए, तो मनुष्य का दिल टूट जाता है। ऐसी आपदाओं के विश्लेषण से यह मालूम होता है कि इनमें से अधिकांशतः आग की घटनाओं को सरलता से रोका जा सकता है अथवा नुकसान को काफी मात्रा में कम किया जा सकता है। गाँव में आग लगने के निम्नलिखित कारण होते हैं—

(क) चूल्हे/रसोईघर में आग लगना—18 प्रतिशत आग, रसोईघर में जहाँ छत बहुत नीची होती है और घास फूँस से ढकी होती है वहाँ चूल्हे और अंगारों से आग लग जाती है।

(ख) लापरवाही से सिगरेट बीड़ी पीना—33 प्रतिशत आग सिगरेट अथवा बीड़ी के ठूँठ (सिरे) पीने के बाद उनको लापरवाही से फेंक देने से लग जाती है।

(ग) बिजली से आग लगना—14 प्रतिशत आग दोषपूर्ण वायरिंग, खराब प्रकार के उपकरणों, गैर-कानूनी ढंग से बिजली प्राप्त करने के कारण आदि लग जाती है, परिणामस्वरूप शार्ट-सर्किट हो जाता है। मानव जीवन और पशुओं का जीवन भी कुँओं के पानी और जल संग्रहणों में बिजली का करेंट पास होने से नष्ट हो जाता है।

(घ) लूटमार—5 प्रतिशत आग आतंकवादी गतिविधियों, सांप्रदायिक झगड़ों, शत्रुता, बदला, गलत तरीके के दहन आदि के कारण लग जाती है।

(ङ) खुली ज्वाला/आग—लगभग 13 प्रतिशत आग खुली ज्वाला, मोमबत्ती, तेल के दीपकों आदि के उपयोग में लापरवाही करने और गैर-सावधानीपूर्वक उपयोग के कारण लग जाती है।

अन्य कारण—इसमें 17 प्रतिशत आग अचानक से हुए दहन, गैस रिसाव और खुली आग, बिजली गिरने, चिंगारी, पटाखों और गर्म राख से लग जाती है।

गाँव में आपेक्षिक रूप से ज्वलनशील सामग्री अधिक होती है, और आग को रोकने के उपायों का कार्यान्वयन स्वयं गाँव वालों द्वारा किया जाता है। इस संबंध में, घास-फूँस बाँस, सरकण्डे, लकड़ी के तख्तों से बनी छतों के लिए आग को मंद करने वाले घोल का छत निर्माण में उपयोग करने की सलाह गाँव वालों को दी जाती है। गाँवों में लगी आग के प्रति अनुक्रिया करने में समय अधिक लगता है इसलिए यह सुझाव दिया जाता है कि गाँव के स्तर पर कार्यरत आग रोकथाम समूह गठित किए जाएँ। इन समूहों के पास प्राथमिक उपकरण उपलब्ध रहने चाहिए।

गाँवों में आग के खतरे कम होते हैं और अधिक संकेंद्रित नहीं होते, परंतु ग्रामीण क्षेत्रों की कठिनाइयों के कारण अक्सर आग लग जाती है और जल्दी बुझ नहीं पाती। इन क्षेत्रों को साधारणतः निम्नलिखित कठिनाइयों का सामना करना पड़ता है–

- घरों, भवनों और संग्रह स्थलों की ज्वलनशील प्रकृति।
- दमकल के लिए सही रास्ते, और जल संसाधनों की व्यवस्था की कमी।
- गाँव में खुले क्षेत्र के कारण तेज हवाओं से आग और भी अधिक फैल जाती है।
- आग बुझाने के वाहनों के लिए आग के स्थल, घरों और खेतों में पहुँचने का उचित मार्ग न होना।
- आग लगने पर फायर ब्रिगेड को बुलाने के लिए जानकारी का न होना।
- समय पर सहायता प्राप्त करने के लिए संचार सुविधाओं की कमी।
- अधिकांशतः आग, आग स्थल पर आग बुझाने के वाहनों के पहुँचने से पहले ही काफी मात्रा में बढ़ जाती है।

(3) बिजली से लगने वाली आग–बिजली मानव के लिए अत्यधिक अनिवार्य है परंतु यह आपदा के खतरे का कारण उस समय बन जाती है जब उचित सुरक्षा उपायों का अनुपालन नहीं किया जाता। बिजली का उपयोग औद्योगिक उत्पादन, परिवहन, घरेलू उपयोग अथवा अन्य अनुप्रयोगों के लिए किया जाता है, जो बड़ी दुर्घटनाओं के कारण बनते हैं। आपदाएँ बिजली के जनन, वितरण, संचरण से उपयोग तक घटित होती रहती है। यह कहा जाता है कि अधिकांशतः बिजली से लगी आग अपने आप नहीं लगती है, परंतु उसके लगने के कुछ कारण होते हैं।

बिजली से आग लगने के स्रोत, चाहे वह औद्योगिक क्षेत्र अथवा घरेलू क्षेत्र हों, अक्सर खराब किस्म के उपकरण, खराब तारस्थापन, गैर-कानूनी ढंग से बिजली चुराना, बोल्टाता में बदलाव, खराब विद्युतरोधन (insulation), अतितापन सर्किट ब्रेकर में विफलता अथवा अनुचित अर्थिंग (earthing) आदि के कारण आग लग जाती है। सभी बिजली के संस्थापनों की गैर-कानूनी ढंग से बिजली चुराने, अतिभार रोकने आदि के लिए आवधिक रूप से जाँच की जानी चाहिए और बिजली का उपयोग करने वाले प्रत्येक व्यक्ति को अपनाए जाने वाले सुरक्षा उपायों के अनुसार जागरूक करने पर ध्यान दिया जाना चाहिए। निम्नलिखित क्षेत्र बिजली की आपदाओं के लिए संवेदनशील हैं–

(क) पावर जनन केंद्र उष्मीय, द्रव और गैस आधारित।

(ख) विभिन्न स्थानों पर स्थित पावर ग्रिड।

(ग) उपकेंद्र और ट्रांसफार्मर।

(घ) औद्योगिक क्षेत्र में स्थित वे उद्योग जो बिजली के अधिक अंश का उपभोग करते हैं।

(ङ) कृषि क्षेत्र, जहाँ पम्प सेट बहुत अधिक मात्रा में बिजली का उपयोग करते हैं।

(च) कोल्ड स्टोरेज और रेफ्रिजरेशन संयंत्र।

संवेदनशील क्षेत्रों में बिजली से होने वाली दुर्घटनाओं के कारण–

थर्मल पॉवर केंद्र–

- कोयला संग्रहण की खराब व्यवस्था।

- कोयला क्रशर (Coul crusher) में बिजली संबंधी दोष और घर्षणात्मक चिंगारी
- बॉयलर गृहों (boiber house) में तेल की बड़ी मात्रा की उपस्थिति होना।
- भाप के पाइपों में रिसाव अथवा विस्फोट होना।
- टर्बो जेनेरेटरों का दोषपूर्ण तरीके से रखरखाव करना।
- केवल टनेल (cable tunnels) की विद्युतरोधन विफलता।
- विभिन्न जोखिम भरे क्षेत्रों में अग्निशमन यंत्र की अनुपस्थिति।
- स्विच रूम (switch room) में अधिक मात्रा में तेल की उपस्थिति।
- नियंत्रण कक्षों का दोषपूर्ण रखरखाव।
- भवनों में उचित संवातन और आग प्रतिरोधी निर्माण की कमी होना।

ट्रांसफार्मर–

- स्विचन अथवा तापानुशीतन के सर्ज के कारण विद्युतरोधन ब्रेकडाउन।
- ओवरलोडिंग।
- मंद-मंद गति से होने वाली क्षति।
- निम्न तेल स्तर होना।
- कॉयल में नमी का होना।
- आंतरिक संबंधन (connection) ढीले होना।
- टैप बदलने की क्रियाविधि में यांत्रिक विफलता।
- भीतरी विफलता जैसे बारी-बारी से उत्पन्न हुए दोष।
- प्रकाशन।

उद्योग–

- किसी संस्थापन पर कार्य के दौरान अथवा विद्युतरोधन की विफलता के कारण हुए शार्ट-सर्किट।
- केबल और उपकरण का अत्यधिक ताप जो पर्याप्त संवातन की कमी के कारण अथवा उच्च प्रतिरोधी जोड़, अथवा ओवरलोडिंग से हो जाता है।
- ज्वलनशील गैसों के जलने से ज्वालन चिंगारी द्वारा धूल अथवा बिजली के उपकरण द्वारा उत्पन्न ताप के जनन से।
- कंवेयर बेल्ट (conveyor belts) का दोषपूर्ण ढंग से अनुरक्षण करना।
- विद्युत स्थैतिक डिस्चार्जों द्वारा ज्वलनशील पदार्थों के ज्वलन से।
- सर्किट ब्रेकर की विफलता।
- जोखिम भरे क्षेत्रों में बिजली के सुरक्षित उपकरणों का उपयोग न करना अथवा इन उपकरणों की विफलता होना।
- खराब ढंग से रखरखाव करना।
- अनुचित भूसंपर्क में (अर्थिंग)।

घरेलू उपयोग–

- अनुचित फ्यूजों का उपयोग करना।
- विद्युत सर्किट की ओवरलोडिंग।

- खराब किस्म के तार और बिजली के घटिया उपकरण लगाना।
- सर्किट ब्रेकर की विफलता।
- क्षतिग्रस्त विद्युतरोधन।
- गैर-कानूनी ढंग से बिजली की पूर्ति लेना।
- बिजली की वोल्टता में परिवर्तन अर्थात् बहुत अधिक या बहुत कम।
- अत्यधिक और विद्युत रोधन विफलता के कारण हुआ शार्ट-सर्किट।
- जानकारी की कमी।
- खराब ढंग से गृह व्यवस्था करना।
- अनुचित ढंग से किया गया भूसंपर्कन

कृषि क्षेत्र–

- सब-स्टैंडर्ड पम्प सेटों का उपयोग करना।
- उचित अनुरक्षण (रखरखाव) नहीं करना।
- विद्युतपूर्ति में उच्चावच (परिवर्तन)।
- लोगों में जागरूकता की कमी।

(4) औद्योगिक आग–उद्योगों में हुई तीव्र प्रगति के कारण आग लगने के खतरों की जटिलताएँ बहुत बढ़ गई हैं। आग की ऐसी घटनाओं से न केवल जीवन और संपत्ति की भारी क्षति होती है, परंतु इससे काम में अस्त-व्यस्तता, उत्पादन में कमी, बेरोजगारी, और बहुत सी अनेक प्रकार की कठिनाइयाँ उत्पन्न हो जाती हैं। सभी औद्योगिक संस्थापनों में आग की रोकथाम के और सुरक्षा के पर्याप्त उपाय होने चाहिए और फैक्ट्री में आग की रोकथाम से संबंधित अधिकारी का यह दायित्व होता है कि वह उन सभी आवश्यक कार्यों को करे, जिनमें निम्नलिखित शामिल हैं–

(क) अग्नि शामक उपकरणों का प्रचालन, आग-सतर्कता यंत्र के संचालन, और स्थानीय फायर ब्रिगेड को समय पर बुलाने के लिए प्रशिक्षण देना।

(ख) स्पष्ट दिखाई देने वाले स्थानों में स्थानीय भाषा में साफ और बड़े अक्षरों में आग संबंधी सूचनाओं का प्रदर्शन करना। यह सूचनाएँ छोटी होनी चाहिएँ और इसमें आग की दुर्घटना होने पर और आपातकालीन स्थिति में की जाने वाली कार्यवाही के लिए अनुदेश शामिल होने चाहिए।

(ग) सभी अनुभागों में आग लगने पर की जाने वाली कार्यवाही का अभ्यास किया जाना चाहिए।

बहुत से गोदामों में रसायनिक पदार्थों और ज्वलनशील पदार्थों/सामग्री का संग्रह किया जाता है, इससे आग का गंभीर जोखिम रहता है और यह गोदाम अक्सर अधिक जनसंख्या वाली आबादी में स्थिति होते हैं। इन गोदामों में रखी गई वस्तुओं के परिवहन के दौरान ट्रांसपोर्टर को इन रसायनों की जानकारी नहीं होती। ये गोदाम गैर-कानूनी तरीके से स्थित होते हैं, और अनिवार्य सुरक्षा प्रतिमानों का अनुपालन सुनिश्चित नहीं किया जाता है।

(5) ऊँची इमारतें–अभी हाल ही में विकासशील नगरों में ऊँची इमारतें एकदम से आ गई हैं, परंतु जहाँ भी वे सुरक्षा प्रतिमानों का अनुपालन नहीं करती है वहाँ वे जलने के लिए

लकड़ी की पेटी की तरह है। इन ऊँची इमारतों में बाहर से आग बुझाना अत्यधिक कठिन होता है। इसलिए इन इमारतों के अंदर ही सुरक्षा उपाय करने अनिवार्य होते हैं, जिसमें विस्तृत अंतर्निमित बचाव और अग्नि शामक व्यवस्थाएँ निर्मित की जाती हैं। इनमें निम्नलिखित बातों का ध्यान रखने की आवश्यकता होती है–

(क) चारों ओर खुला स्थान हो, और आग बुझाने की गाड़ियों के पहुँचने के लिए सड़क भी हो।

(ख) एक सीढ़ी की अपेक्षा अधिक सीढ़ियों का प्रावधान हो।

(ग) आग से बचकर निकलने के, सभी तलों से जुड़े हुए, रास्ते बाहरी रूप में बनाए गए हों।

(घ) स्वचल संसूचन और सतर्क तंत्र मौजूद हों।

(ङ) हाइड्रैंट के साथ वैट राईजर (wet riser) और होज रील हो।

(च) शरणार्थी क्षेत्र का प्रावधान हो।

(छ) धुआँ संसूचन और स्प्रींकलर तंत्र की व्यवस्था हो।

(ज) आग सुरक्षा योजना का निर्माण किया जाए।

(झ) आवधिक रूप से आग बुझाने के नकली अभ्यास किए जाते रहें।

(ञ) उपलब्ध अग्नि-शमन उपकरण के उपयोग के लिए आवासियों को प्रशिक्षण दिया जाए।

(6) अस्थायी संरचनाएँ और सार्वजनिक भीड़ के स्थान–धार्मिक भीड़, समारोह बैठकें, स्कूल के समारोह, प्रदर्शनियाँ और ऐसे ही मौकों पर जहाँ लोग बहुत अधिक संख्या में इकट्ठे होते हैं, अस्थायी संरचनाएँ खड़ी की जाती हैं। इन स्थानों पर आग की घटनाएँ अक्सर सामने आई हैं, जिनमें काफी अधिक संख्या में लोगों की मृत्यु हुई है। आग की घटनाओं के कारण निम्नलिखित हो सकते हैं–

(क) निर्माण में प्रयुक्त सामग्री–यह अज्वलनशील अथवा आग रोधी प्रकार की होनी चाहिए। यदि ज्वलनशील सामग्री प्रयुक्त की गई हो तो उसे आग मंदीकरण घोल से उपचारित किया जाना चाहिए। आग मंदीकरण घोल निम्नलिखित रूप में बनाया जाना चाहिए–

(i) अमोनियम सल्फेट - भार के अनुसार 4 भाग
(ii) अमोनियम कार्बोनेट - भार के अनुसार 2 भाग
(iii) बोरेक्स - भार के अनुसार 1 भाग
(iv) बेरिक एसिड - भार के अनुसार 1 भाग
(v) एलम (फिटकरी) - भार के अनुसार 2 भाग
(vi) पानी - भार के अनुसार 35 भाग

(ख) ऐसी संरचनाओं की भूतल से छत तक की ऊँचाई–यह तीन मीटर से कम नहीं होनी चाहिए।

(ग) नायलॉन और सांश्लेषिक रस्सी–इसके उपयोग को रोका जाना चाहिए।

(घ) गलियारे की ऊँचाई–यह तीन मीटर से अधिक होनी चाहिए।

(ङ) **अस्थायी संरचना से दूरी**–संरचना के बीच, चारों ओर, पास के भवनों अथवा अन्य संरचनाओं में स्पष्ट दूरी कम से कम 4-5 मीटर होनी चाहिए।

(च) **जोखिमी संरचनाओं, जैसे बिजली के उप-केंद्र, रेलवे लाइन, उच्च ताप विद्युत तारें, चिमनियाँ, भट्टी आदि से सुरक्षित दूरी**–कम से कम 15 मीटर रखी जानी चाहिए।

(छ) **आसानी से पहुँचने का गेट (द्वार)**–इसमें 5 मीटर का खुला अंतराल, 5 मीटर की ऊँचाई के अंतराल के साथ होना चाहिए।

(ज) **निकास**–निकास के लिए कम से कम 2.5 मीटर चौड़ाई तक के न्यूनतम दो निकास द्वार हों, जो एक-दूसरे से पर्याप्त दूरी पर हों।

(झ) **निकास से दूरी**–पास के निकास से, किसी भी बैठने के स्थान से जाने की दूरी 15 मीटर से कम न हो।

(ञ) **बच कर निकलने का रास्ता**–निकास (Exit) संकेत वैकल्पिक पावर पूर्ति से प्रकाशमान रहना चाहिए।

(ट) **अनुदैर्ध्य गैंगवे**–यह दोनों तरफ से 1.2 मीटर चौड़े बनाए जाने चाहिए, और इनके बीच का भाग 1.5 मीटर चौड़ा होना चाहिए।

(ठ) **क्रास गैंगवे**–सीटों की प्रत्येक 10 कतारों के लिए, 1.5 मीटर चौड़ाई रखी जाए।

(ड) **विद्युत संबंधी संस्थापन**–मानक स्तर और आग रोधी प्रकार का विद्युत संबंधी संस्थापन प्राधिकृत इलैक्ट्रीशियन द्वारा करवाया जाना चाहिए।

(ढ) **खुली ज्वाला/आग**–परिसर में खुली ज्वाला/आग जलाने की अनुमति नहीं होनी चाहिए।

(ण) **सुवाह्य अग्नि शमन उपकरण**–यह विशिष्ट प्रकार का परिसर में लगाया जाना चाहिए।

प्रश्न 2. भवनों में आग लगने के विभिन्न प्रकारों के विरुद्ध सुरक्षात्मक उपायों की संक्षेप में व्याख्या कीजिए। **(दिसम्बर-2017, प्र.सं.-2)**

उत्तर– आग लगने का खतरा सभी स्थानों में हमेशा मौजूद रहता है, और यदि पर्याप्त सतर्कता के उपाय नहीं किए जाएँ तो परिणाम गंभीर हो सकते हैं। इस संबंध में निम्नलिखित आधारभूत सावधानियाँ बरती जानी चाहिए–

ऊँची इमारतों में आग की रोकथाम के लिए सावधानियाँ–

'क्या करें'

- अच्छी गृह-व्यवस्था सुनिश्चित की जानी चाहिए।
- सिगरेट पीते समय राख झाड़ने की ट्रे पास रखें, जले हुए सिगरेट के ठूठों को बुझा कर ही फेंके।
- सभी अपशिष्ट डालने के डिब्बे नियमित अवधि पर खाली किए जाने चाहिए।
- दोषपूर्ण बिजली के उपकरणों की मरम्मत की जानी चाहिए/उनको तुरंत बदला जाना चाहिए।

- स्विच और फ्यूजों को सर्किट की सही रेटिंग के अनुरूप रखना चाहिए।
- वैल्डिंग और कटिंग के कार्य सख्त पर्यवेक्षण में किए जाएँ।
- आग लगने पर बचाव के रास्तों में कोई भी रूकावट की वस्तु न रखें।
- धुएँ/आग की जाँच के दरवाजों को बंद रखें।
- नियमित अंतरालों पर आग से बचाव के अभ्यास किए जाते रहने चाहिए।
- घरों में रहने वाले लोगों को आग बुझाने का प्रारंभिक प्रशिक्षण दिया जाना चाहिए।
- आपातकालीन संगठन की स्थापना की जानी चाहिए।

'क्या न करें'

- सिगरेट के जलते हुए ठूठों को लापरवाही से न फेंके।
- एक सोकेट में बहुत से विद्युत उपकरण न लगाएँ।
- आग संसूचकों और स्प्रिंकलर के सिरे पर रंग रोगन न लगाएँ।
- आग लगने की सतर्कता के मामले में लिफ्ट और मशीनी सीढ़ी और का इस्तेमाल न करके सीढ़ियों का प्रयोग करें।

आवासी क्षेत्रों में आग की रोकथाम के लिए सावधानियाँ–

'क्या करें'

- घर को साफ और व्यवस्थित रूप में रखें।
- माचिस, लाइटर और पटाखों को बच्चों से दूर रखें, पटाखों को सावधानीपूर्वक जलवाएँ।
- सिगरेट बीड़ी और माचिसों को सिगरेट पीने के बाद बुझा कर फेंके, और राख की ट्रे का इस्तेमाल करें।
- कागज, कपड़े और ज्वलनशील द्रवों को हीटर/स्टोव/खुले चूल्हों से दूर रखना चाहिए।
- आग लगने पर बचाव के रास्ते और सीढ़ियों को रूकावट रहित रखें।
- एक सॉकेट में एक ही उपकरण लगाएँ।
- एल पी जी स्टोव को ऊँचे प्लेटफॉर्म पर रखें और फर्श पर कभी न रखें।
- खाना पकाने के बाद गैस स्टोव के सिलेंडर बाल्व और बर्नर की नॉब को बंद कर दें।
- आग लगने पर यदि चोट लग जाती है तो उस चोट पर पानी डालते रहें, जब तक दर्द खत्म न हो जाए।
- पटाखे जलाते समय पानी की बाल्टी पास में रखें।

'क्या न करें'

- प्लग, तार, स्विच और साकेटों के साथ छेड़-छाड़ न करें।
- छिड़काव करने के डिब्बों को हीटर के पास अथवा प्रत्यक्ष सूर्य के प्रकाश में न रखें।
- सिगरेट और हुक्का पीने के बाद माचिस, सिगरेट के ठूंठ, और पाइप की राख को कागज की टोकरी में कभी न डालें।
- रसोईघर में बच्चों को न खेलने दें।
- तेल से जलने वाले दीयों, अगरबत्ती और मोमबत्तियों को फर्श पर अथवा ज्वलनशील सामग्री के पास कभी न रखें।

- ढीले कपड़े और उड़ने वाले कपड़े खाना पकाते समय न पहनें विशेषकर सांश्लेषिक वस्त्र न पहनें।
- घर में पटाखें न जलाएँ अथवा अपनी जेब में कभी भी पटाखें न रखें।
- किसी भी धातु के डिब्बे में कभी भी पटाखें न जलाएँ।
- अनार (पटाखे) को हाथ में पकड़कर कभी न जलाएँ।
- आग के ऊपर से जाकर कभी भी कोई वस्तु न उठाएँ।
- जलते हुए स्टोव में तेल कभी न भरें।
- कभी भी खुली आग को किसी व्यक्ति की उपस्थिति के बिना न छोड़ें।

औद्योगिक आग–

'क्या करें'

- उचित अग्निशामक उपकरण लगाएँ, उसका उचित प्रकार से अनुरक्षण करें और अपने स्टाफ को उसका उपयोग करने का प्रशिक्षण दें।
- ज्वलनशील गैसों, द्रवों, घोलकों और रासायनिक पदार्थों को स्थायी रैक में रखें, और उन पर नाम की पर्ची चिपका दें।
- रासायनिक पदार्थों को ताप से दूर, ठंडे और सूखे स्थान पर रखें।
- जहाँ जोखिमी रसायन उपयोग/संग्रह किए जाते हैं, वहाँ पर्याप्त संवातन और धूम्रपान निषेध सुनिश्चित करें।
- सामग्री को संभालकर रखें, यह सुनिश्चित करें कि सिगरेट बुझाने के बाद ही फेंकी जाए।
- सही क्षमता के फ्यूज और सर्किट ब्रेकरों का उपयोग करें।
- वेल्डिंग तप्त कार्य करते समय आग का बराबर ध्यान रखें।
- सभी मशीनों को साफ रखें, और अधिक तापन और घर्षण को रोकने के लिए उनमें तेल-ग्रीस लगाएँ।
- आग गलने पर बचाव करने के नियमित अभ्यास किए जाने चाहिए।

'क्या न करें'

- निषेध क्षेत्रों में धूम्रपान न करें।
- बचाव के रास्ते में रूकावट डालने वाला समान न रखें।
- क्षतिग्रस्त तारों और अस्थायी संयोजनों को उपयोग में न लाएँ।
- बहुत सारे बिजली के उपकरणों के प्लग एक सॉकेट में न लगाएँ।

अस्थायी संरचनाओं/पंडालों में आग से सुरक्षा–

'क्या करें'

- पंडाल की छत की ऊँचाई 3 मीटर से अधिक हो।
- कोई भी सांश्लेषिक सामग्री/रस्सों का उपयोग इन संरचनाओं में न किया जाए।
- पहले से स्थित भवन अथवा दीवारों से, चारों ओर से पंडाल की दूरी कम से कम 3 मीटर हो।
- विद्युतमय बिजली की लाइन के नीचे कभी कोई पंडाल खड़ा न करें।

- अस्थायी संरचना/पंडाल में कभी भी किसी प्रकार की खुली ज्वाला न रखें और न ही कोई पटाखों का प्रदर्शन करें।
- अस्थायी संरचना के शेष क्षेत्र से रसोईघर को अज्वलनशील सामग्री (जी.आई.शीट) से विभाजित करके अलग रखना चाहिए।

बच्चों के मामले में आग के प्रति सावधानियाँ–बच्चे हमारी अमूल्यवान संपत्ति है, वह आग और दुर्घटनाओं के प्रति बहुत संवेदनशील होते हैं। बच्चों की आग से सुरक्षा करने के लिए निम्नलिखित सुरक्षा उपायों पर ध्यान दिया जाता है–

- बच्चों को खुली आग के पास अकेला कभी न छोड़ें। बड़े बच्चे आग से खेल सकते हैं और माचिस जलाते हैं इसका परिणाम आपदापूर्ण हो सकता है। प्रत्येक माचिस और सिगरेट लाइटर को बच्चों की पहुँच से दूर रखें।
- यदि छोटे बच्चे जलने वाले हीटर अथवा दूसरे उपकरण रखे कमरे में खेल रहे हैं तो यह सुनिश्चित करें कि उपकरणों के सामने स्क्रीन लगी हो ताकि बच्चे रेंग कर उसके पास जाकर गर्म एलीमेंट पर अथवा तप्त सामग्री पर अपना हाथ न लगा पाएँ।
- सुनिश्चित करें कि बिजली के प्लग और सॉकेट ढकें रहे ताकि बच्चे उसमें तार, धातु उपकरण अथवा अपनी अंगुलियाँ उसके अंदर न डाल सकें।

ग्रामीण क्षेत्रों में आग के प्रति आधारभूत सावधानियाँ–निम्नलिखित आग रोकथाम उपायों का अनुपालन करने से ग्रामीण क्षेत्रों में आग की घटनाओं को न्यूनतम किया जा सकता है–

- रहने के स्थान और झोपड़ियों को, कीचड़ की मोटी दीवार, ईंटों अथवा पत्थर से बनाना चाहिए जिसके साथ छतों का निर्माण धातु अथवा एस्बेस्टॉस चद्दर या टाइल से करना चाहिए। विशेषकर, वह भाग जो रसोईघर के पास हों और उसकी छत को अज्वलनशील सामग्री से बनाया जाना चाहिए। यदि निर्माण में फँसे हुए इस्तेमाल किए जाते हैं तो उस पर कीचड़ का प्लास्टर दोनों तरफ किया जाना चाहिए, और उस पर पुताई कर देनी चाहिए।
- खुले तेल के दीपक और रसोईघर की आग को सोने के लिए जाने से पहले कभी भी जलती अवस्था में नहीं छोड़ना चाहिए। यह हमेशा सुरक्षित रहेगा यदि रात के लिए माचिस की डिब्बी को पास में रख लिया जाए ताकि जब भी आवश्यकता हो तो दीपक को जलाया जा सके।
- चूल्हा जलाने, सिगरेट/बीड़ी सुलगाने के बाद माचिस की जली हुई तिलियों को बुझाने के बाद ही फेंका जाना चाहिए।
- सरकण्डों और घास-फूस के ढेरों को गाँव की सड़कों और रेलवे लाइन से बहुत दूर रखना चाहिए ताकि चिंगारी पड़ने से वह आग का रूप न ले सके। यदि खेत सड़क अथवा रेल की लाइन के पास स्थित हैं और वहाँ पर सामग्री इकट्ठा करना अति आवश्यक हो जाए तो खेत को रेलवे लाइन और सड़क से 15 फुट चौड़ाई की दूरी पर जोतें और वहाँ पर कोई हरी फसल उगाएँ। घास ढेर जो 20 टन से अधिक क्षमता के न हों और 25 फुट ऊँचाई के हों, उन्हें एक दूसरे से अथवा खेत से अथवा

ज्वलनशील संरचना से 60 फुट की दूरी पर रखें। इनके बीच के स्थान को खाली रखें और उसमें कोई भी ज्वलनशील सामग्री न रखें।

- अपशिष्ट सामग्री, घास भूमि, कूडा और खूंटियों आदि को जब भी जलाया जाए उसे घास के ढेरों अथवा आबादी वाले क्षेत्रों से दूर एक अलग स्थान पर जलाया जाना चाहिए। जहाँ यह ले जाया जा रहा है उसके आस-पास 15 फुट का क्षेत्र छोड़ देना चाहिए ताकि आग आस-पास न लगे, और इस कूडे को जलाने की क्रिया का पर्यवेक्षण पूरी तरह किया जाए।
- नई फसल की कटाई में निकली घास को अचानक आग लगने से बचाने के लिए उसे जमाते समय उसकी साइडों पर बीच में, ऊर्ध्व छेद रखें, जिसे ऊपर से हल्के सरकण्डों से भर दें। इससे भीतरी आग को हल्के सरकण्डों के बीच से निकलने के लिए जगह मिलेगी और अचानक आग लगने की घटना नहीं घट सकेगी।
- घास के ढेरों को बहने वाली हवा की दिशा में नहीं रखा जाना चाहिए, ताकि एक ढेर से निकली चिंगारी से दूसरा ढेर न जला सके।
- सभी जलाने वाली सामग्री जैसे ईंधन की लकड़ी, तेल, रंग रोगन स्पिरिट आदि को आवासीय क्षेत्र से अलग एक-दूसरे कमरे में रखा जाना चाहिए।
- बाजार अथवा खरीदारी करने के क्षेत्रों के बीच में पर्याप्त खाली स्थान छूटा हुआ होना चाहिए और दुकानें एक साथ पास-पास नहीं होनी चाहिए।
- जो मकान ज्वलनशील सामग्री से बनाए जाते हैं, उस सामग्री का रसायनिक उपचार करके उसे अग्निरोधी बनाया जाना चाहिए। घर के निर्माण की सामग्री जैसे घास-फूस, बाँस, लकड़ी के पट्टे आदि को नीचे दिए गए आग मंदीकरण घोल में डुबो कर इस्तेमाल करना चाहिए।

  अलमिनियम सल्फेट - 9 कि.ग्रा.

  अमोनियम कार्बोनेट - 6 कि.ग्रा.

  बोरेक्स - 3 कि.ग्रा.

  बोरिक अम्ल (एसिड) - 6 कि.ग्रा.

  एलम (फिटकरी) - 6 कि.ग्रा.

  जल - 180 लीटर

'क्या करें'

- फेंकने से पहले सिगरेट बीड़ी के ठूंठ और माचिस की तिली को बुझा दें।
- ज्वलनशील सामग्री जैसे तेल, ईंधन, लकड़ी, रंग रोगन, स्पिरिट को अलग कमरे में रखें।
- झोपड़ी और मकानों को, जहाँ तक संभव हो, ज्वलनशील सामग्री से न बनाएँ।
- विद्युत संबंधी संस्थापन के लिए योग्यता प्राप्त बिजली वाले को ही बुलाएँ।
- अपशिष्ट सामग्री, घास का मैदान, कचरा, खूंटियों आदि को आवास से दूर उचित पर्यवेक्षण के अंतर्गत जलाएँ।
- घास का ढेर बनाते समय यह सुनिश्चित करें कि एक ढेर दूसरे ढेर से और आवास से कम से कम 20 मीटर की दूरी पर रहें।

- ढेर की ऊँचाई 8 मीटर से अधिक न हो।
- एक ढेर का अधिकतम वजन 20 टन हो।
- घास के ढेरों के पास एक टंकी अथवा बाल्टी में पानी भर कर रखें।
- यदि संभव हो तो इन ढेरों को नलकूप, नदी, तालाब अथवा जलस्रोतों के निकट ही बनाएँ।

'क्या न करें'

- सिगरेट बीड़ी के ठूठों को फेंकने में लापरवाही न बरतें।
- खुले दीपकों और रसोई की आग को कभी भी सोने से पहले जलता हुआ न छोड़ें।
- बिजली के तार घास-फूस के ऊपर न लगाएँ।
- घास-फूस के ढेरों को सड़क अथवा रेलवे स्टेशन के पास न रखें।

प्रश्न 3. अग्नि सुरक्षा मानकों के संबंध में सरकार की नीति की चर्चा कीजिए।
(जून-2017, प्र.सं.-3)

उत्तर– सभी राज्यों में आग से सुरक्षा के प्रतिमान विभिन्न अधिनियमों में विधिवत् हैं जैसे दिल्ली अग्नि शमन सेवा नियम, 1987 जो दिल्ली में लागू हैं। सभी जिलों और नगर निगमों में फायर ब्रिगेड है। भवनों में आग की दुर्घटना होने पर आपदा प्रबंधन का उत्तरदायित्व गृह विभाग, नगर निगम, जल बोर्ड, प्रभागीय आयुक्त, होम गार्ड और नगर रक्षा विभागों पर होता है।

भवन निर्माण कोड–आपदा की अधिकांश घटनाएँ प्रत्यक्ष नुकसान पहुँचाने के अतिरिक्त गैस, जल, जलमल पाइप और जल के पाइपों को भी क्षतिग्रस्त करने के लिए जिम्मेदार हैं। इनसे विद्युत शार्ट-सर्किट हो जाता है जिससे बिजली का झटका लगता है और आग लगने से मानव जीवन खतरे में पड़ जाता है। इसलिए, इन मार्ग-दर्शिकाओं, मानक रीतियों, भवन-निर्माण कोड (संहिता), उपनियम और संबंधित अधिनियमों का अनुपालन किया जाना चाहिए। भवन-निर्माण कोड में नियम, विनियम, अध्यादेश अथवा अन्य संवैधानिक अपेक्षाएँ होती हैं, जो सरकार के वैधानिक प्राधिकरण द्वारा अपनाई गई हैं और जो भौतिक संरचना, स्वास्थ्य और भवनों में निवास करने वाले व्यक्तियों की सुरक्षा और उनके पड़ोसियों की सुरक्षा, समाज की अन्य अपेक्षाएँ तथा पर्यावरण संरक्षण के मुद्दों के लिए उत्तरदायी होती हैं। इनकी गुणवत्ता नियंत्रण, उचित इंजीनियरी, डिजाइन, निर्माण में प्रमुख भूमिका होती है और यह इस कोड के कार्यान्वयन के लिए तकनीकी-संवैधानिक उपायों के लिए आधार प्रस्तुत करता है।

भारत जैसे देश के लिए, जहाँ पर विविध प्रकार की जलवायु, भौगोलिक स्थितियाँ, और अनेक सांस्कृतिक पहलू होते हैं वहाँ पर राष्ट्रीय, राज्य और स्थानीय सरकार के स्तर के कोडों का एक क्रम होना अनिवार्य है। राष्ट्रीय स्तर के भवन-निर्माण कोड को एक आदर्श भवन-निर्माण कोड समझा जा सकता है। ऐसे कोड में एक व्यापक, समकालीन, अनुपालन योग्य स्रोत उपलब्ध होता है जो स्वीकृत और मान्यताप्राप्त तकनीकी अपेक्षाओं के साथ उपलब्ध होता है। बिना किसी कठिनाई और जाँच के खर्च के, अनुसंधान, प्रलेखन और अलग-अलग लोगों द्वारा बनाए गए स्थानीय भवन-निर्माण कोड़ों और सलाह से बचाकर जानकारी उपलब्ध करता है। प्रत्येक सहायक स्तर के कोड को उच्चतम स्तर के कोड से अधिकांश मार्गदर्शन

संदर्भ के लिए लेना चाहिए, और विशिष्ट अपेक्षाओं की पूर्ति के लिए केवल अति विशेष प्रावधान ही उसमें जोड़े जाने चाहिए।

सामान्यत: निम्नलिखित कोड होते हैं–

- भवन-निर्माण कोड
- नलसाजी का कोड
- बिजली कार्य का कोड
- अग्नि शमन का कोड
- तापन, संवातन और वातानुकूलन कोड

भवन-निर्माण कोड भवनों के डिजाइन, निर्माण और अनुरक्षण को विनियमित करता है। कोडों को नियमों और विनियमों के रूप में ग्रहण किया जाता है और यह नए निर्माण पर लागू होते हैं अथवा साधारणत: उन वर्तमान (पहले से निर्मित) भवनों में जहाँ पुन: निर्माण, पुनर्वास की जरूरत हो अथवा जहाँ आवासीय परिवर्तन करने होते हैं। भवन-निर्माण कोड जनता को स्वास्थ्य सुरक्षा, आग से सुरक्षा, और संरचनात्मक सुरक्षा में न्यूनतम सुरक्षा संस्थापित करते हैं। भवन-निर्माण कोड को लिखित रूप में और मन बनाकर लागू करने के लाभ निम्नलिखित हैं–

- भवन-निर्माण कोड के उपयोग से निर्माण पूरा करने जैसे सभी मामलों में भवन का सुरक्षित ढंग से निर्माण करने से जोखिमी घटनाओं के कारण होने वाली मृत्यु, चोटें और संपत्ति की क्षति कम हो जाती है।
- आवासीय, व्यावसायिक और संस्थागत निर्मित वातावरण का बचाव होता है।
- सार्वजनिक और निजी आपदा सहायता में कमी होती है, जिसमें बीमा दावे भी शामिल होते हैं।
- डिजाइनकर्त्ता, पूर्तिकर्त्ता और निर्माताओं के लिए स्तर में सुधार करने और अनुमानित कार्य करने के लिए व्यापक क्षेत्र मिल जाता है।
- भवन मालिकों में आत्मविश्वास की वृद्धि होती है, उनको यह लाभ मिलता है कि कोड के अनुपालन से सुरक्षा, मजबूती निष्पादन के लिए निर्माण के मानक सुनिश्चित हो सकेंगे।
- भवन-निर्माण सामग्रियों, निर्माण-मशीनरी, निर्माण आदि के उत्पादन के पैमानों में अर्थव्यवस्था संभव हो सकेगी।
- भवनों में टिकाऊपन (मजबूती) में सहायता मिलेगी।
- मालिक द्वारा खर्च किए गए रुपयों का और जीवन की गुणवत्ता को कायम रखने के मूल्य प्राप्त होंगे।

लगभग एक शताब्दी तक नगरपालिकाओं के उप-नियम, और भवन-निर्माण विनियम ही भवन-निर्माण गतिविधि को विनियमित करते रहे हैं। कुछ राज्यों में राज्य स्तर के विनियम हैं, वहाँ के स्थानीय निकाय उनका अनुपालन कर सकते हैं। इन उपनियमों में भवन निर्माण अपेक्षाओं को लागू करने के लिए तकनीकी-संवैधानिक आधारों की उपलब्धि होती है। इसके अतिरिक्त अनेक राज्यों में, विकास पर नियंत्रण रखने और उसे विनियमित करने के लिए अनेक विकास नियंत्रण अधिनियम, शहरी योजना अधिनियम, अग्नि सुरक्षा अधिनियम आदि भी बनाए

गए हैं। चूँकि स्थानीय उपनियमों और भवन निर्माण विनियम; भवन-निर्माण की प्रौद्योगिकी और विज्ञान के विकास के साथ अनुरूपता नहीं रख पाए हैं इसलिए इन नियम विनियमों को अद्यतन करने के लिए भारतीय मानक ब्यूरो ने 1970 में भारत के राष्ट्रीय-भवन निर्माण कोड (National Building Code of India-NBC) प्रकाशित किया है और उसका 1983 में संशोधन किया है। इस कार्यालय ने राष्ट्रीय विद्युत कोड (National Electrical Code-NEC) भी प्रकाशित किया है।

राष्ट्रीय भवन-निर्माण कोड में नलसाजी, आग सुरक्षा, तापन, प्रकाश व्यवस्था, संवातन और वातानुकूलन की अपेक्षाएँ अन्य भवन-निर्माण अपेक्षाओं के साथ शामिल की गई हैं और यह अलग-अलग अनुभागों में उल्लिखित हैं। संपूर्ण राष्ट्रीय भवन-निर्माण कोड सभी प्रकार के भवनों पर लागू होता है। इसमें तेज हवाओं और भूकंप के बलों के लिए डिजाइन के स्पष्ट प्रावधान दिए गए हैं। भारतीय मानक ब्यूरो द्वारा निर्धारित मानक, भवनों के विकास और डिजाइन के लिए प्रत्यक्ष रूप से संबंधित हैं जो भूकंप तेज हवाओं और भूस्खलन से उत्पन्न जोखिमों के प्रभावों को न्यूनतम कर सकते हैं। इसके अतिरिक्त भारतीय मानक ब्यूरो ने अनेक मानक, कोड, और डिजाइन मार्गदर्शिकाएँ प्रकाशित की हैं, जिनका उपयोग करके सभी प्रकार के भवन निर्माणों के लिए जो जाँच और नींव से भवन-निर्माण पूरा होने तक बिजली के वायरिंग व नलसाजी सहित सभी पहलुओं से संबंधित है। राष्ट्रीय भवन-निर्माण कोड और राष्ट्रीय विद्युत कोड साथ में भवन निर्माण कोड के सभी पहलुओं को एक साथ शामिल करती है, और इसे विनियामक प्रयोजनों के लिए अपनाया जा सकता है।

भारतीय मानक ब्यूरो के अतिरिक्त, देश में और भी अनेक संगठन हैं जो संबंधित आँकड़े और मार्ग-दर्शिकाएँ प्रकाशित करते हैं। ये संगठन निम्नलिखित हैं–

- भवन-निर्माण सामग्री और प्रौद्योगिकी संवर्धन परिषद्
- गृह-निर्माण और शहरी विकास निगम
- भारतीय भू-वैज्ञानिक सर्वेक्षण
- यह अब सिद्ध हो गया है कि भवन-निर्माण कोड और संबंधित मानदंड आपदा को कम करने के लिए अति आवश्यक है। आपदा प्रबंधन के लिए, भवन-निर्माण के संबंध में इंजीनियरी में गुणवत्ता नियंत्रण पद्धति शामिल होती है और इससे संबंधित कोड, अन्य मानक कोड, सामग्री के मानक आदि का अनुपालन करके संरचना की गुणवत्ता सुनिश्चित की जाती है, जिससे ऐसी संरचनाओं का निर्माण होता है जो आपदा के प्रभावों का सामना कर सकें। भवन-निर्माण में आग सुरक्षा के कानून को लागू करने से, मनुष्य के जीवन और संपत्ति को बचाने में बहुत सहायता मिलती है।

Feedback is the breakfast of Champions.

Ken Blanchard

Be the first one to report any mistake in Gullybaba Books.

You can Help other students.
"Inform any error or mistake in this book."

We and Universe
will reward you for Your Kind act.

Email at : feedback@gullybaba.com
or
WhatsApp on 9350849407

कोयले में आग लगना

प्रश्न 1. कोयले में आग लगने के कारणों और प्रभावों का वर्णन कीजिए।

(दिसम्बर-2017, प्र.सं.-3)

उत्तर– कोयले में आग लगने के निम्नलिखित कारण होते हैं–

कोयले की खानों में, कोयले में आग लगने का कारण कोयले का स्वतः दहन और चट्टानों के कार्बनीकृत पदार्थ का दहन है। सभी प्रकार के कोयले हवा के संपर्क में आते हैं तो उनके कार्बन का प्राकृतिक ऑक्सीकरण होता है जो CO कार्बन मोनोऑक्साइड और/अथवा CO_2 कार्बन डाईऑक्साइड का निर्माण करता है और ताप पैदा कर देता है। कभी-कभी जीवाणुओं की क्रिया से कुछ ताप भी जतनित होती है जो 35 डिग्री से. अथवा 95 फ. तक पहुँचने पर कोयले में स्वतः ज्वलन क्रिया प्रारंभ कर देता है और फिर कोयला आग पकड़ लेता है। यह घटना सामान्यतः कोयले का स्वतः दहन कहलाती है।

कोयले की ऊष्मीय क्षमता उसके राख के अंश के विपरीत अनुपात में होती है, अर्थात् राख के अंश जितने अधिक होते जाएँगे कोयले की ऊष्मीय क्षमता उतनी कम होती जाएगी। इस प्रतिक्रिया में, जब तक उत्पन्न ऊष्मा का क्षय होता रहता है, तब तक कोयले का ताप नहीं बढ़ता है। ताप सांद्रण में, जब क्षय नहीं होता है तो वह कोयले में आग उत्पन्न कर देता है। कोयले के क्षेत्रों में अधिकांश आग कोयले के स्वतः तापन से होती है, जो खान खोदने के कार्य, भू-वैज्ञानिक, तथा कोयला संबंधी कारकों पर निर्भर होती है। कुछ बाहरी कारक जो खदानों में लगने वाली आग का कारण बनते हैं वह घर्षणात्मक चिंगारी, विद्युत शार्ट-सर्किट होना, गर्म राख को फेंक देना आदि हैं।

खानों में लगने वाली आग कोयला खनन (mining) क्षेत्रों में होती है, और यह उन गैर कोयला खानों के क्षेत्र में भी देखी जाती है जहाँ भूमि के स्तर में कार्बनिक पदार्थ किसी न किसी रूप में पाया जाता है।

वह क्षेत्र जहाँ कोयले की खानों में आग के कारण आपदाएँ घट सकती हैं, वह निम्नलिखित है–

- आग के प्रति संवेदनशील भूमिगत खदानें।
- खदानें जहाँ आग के कारण क्षेत्रों की सीलबन्दी कर दी जाती है।
- खदानें जहाँ वह सीलबन्द क्षेत्र होते हैं, वहाँ हवा में साँस लेने के कारण आग लग सकती हैं।
- खदानें जहाँ सारे कार्य पुरानी पद्धतियों से किए जाते हैं, और वह विभाजित रूप (अनुभाग) में नहीं किए जाते।

कोयले में लगने वाली आग निम्नलिखित स्थितियों में भी देखी गई है–

- भूमिगत आग, जो भूमिगत ही रहती है।
- भूमिगत आग, जो सतह पर लग जाती है।
- आग जो अत्यधिक भारी ढेरों में लग जाती है।
- आग, जो खुली कोयले की खदानों में कोयले के क्षेत्रों में लग जाती है।
- आग जो ऊपर स्थित शैल संहति में, विशेषकर जहाँ पतले कोयले के क्षेत्र और कार्बनिक शैल पाए जाते हैं, वहाँ लग जाती है।
- कोयले के ढेर में लगी आग

सावधानियाँ–घरेलू प्रयोजनों के लिए कोयले के संग्रह से अधिक समस्याएँ नहीं उत्पन्न होती क्योंकि उसमें कोयले की मात्रा न्यूनतम होती है। परंतु कोयला आधारित उद्योगों में जहाँ प्रतिदिन बहुत बड़ी मात्रा में कोयले का उपयोग होता है, और फैक्टरी के अहाते में बहुत बड़ी मात्रा में कोयले का संग्रह किया जाता है वहाँ सावधानी बरतना आवश्यक है। सुरक्षा की दृष्टि से, कोयला आधारित उद्योगों में कोयले के ढेर अलग-अलग होते हैं और उनका भार 200 टन से अधिक नहीं होता; ऊँचाई भूमि की सतह से 8 फुट होती है और चौड़ाई 20 फुट होती है। इस संदर्भ में, दो ढेरों के बीच 8 से 10 फुट तक की जगह खाली रखी जाती है ताकि ट्रक और लॉरी उस रास्ते से आ-जा सकें। कोयला भरने और उतारने की सुविधा के अलावा ये खाली स्थान कोयले के ढेरों को विभाजित कर देते हैं, ताकि स्वतः लगने वाली आग एक ढेर से दूसरे ढेर में दोबारा न लग सके क्योंकि ताप का संचालन और आग की लपटें शीघ्र फैलने वाली होती है।

कोयले की आग के प्रभाव–खानों में आग लगने से पर्यावरण समस्याएँ, जैसे सुरक्षा जोखिम और आर्थिक हानियाँ जैसे गैस विषालुता कठिन भूमि-खनन स्थितियाँ, कोयले का निर्जीवाणुकरण, उत्पादन में रूकावट, विस्फोट, और संरचना व संपत्ति की क्षति उत्पन्न हो जाती है।

अनजले हाइड्रोकार्बन (कोयले की आग से उत्पन्न) नाइट्रोजन ऑक्साइड और अन्य फोटो संश्लेषी ऑक्सीकरण की उपस्थिति में आँखों में जलन पैदा करते हैं जो धुएँ जैसी स्थिति उत्पन्न होने के कारण होते हैं।

कोयले में आग लगने के दौरान कोयले के जलने से कार्बन मोनोऑक्साइड और (CO) और कार्बन डाइऑक्साइड (CO_2) बहुत अधिक मात्रा में उत्पन्न होती है, CO का उत्पादन कोयले के अपूर्ण ज्वलन से होता है जो आमतौर पर झरिया कोयला क्षेत्र में होता है। आग वाले क्षेत्रों की हवा में ऑक्सीजन की पर्याप्त मात्रा में कमी हो जाती है, जबकि तुलनात्मक रूप से बिना आग लगे क्षेत्रों में ऐसा नहीं होता है। इन क्षेत्रों में सल्फर डाइऑक्साइड और सल्फर ट्राइऑक्साइड का उत्सर्जन होता है। सल्फर डाइऑक्साइड (SO_2) आंशिक रूप से वायुमंडलीय संघटकों के साथ प्रतिक्रिया करके सल्फर ट्राइऑक्साइड में अथवा सल्फूरिक एसिड में बदल जाती है। सल्फर की ऑक्साइड, कणों और नमी के साथ मिलकर हानिकारक प्रभाव उत्पन्न करती है। कोयले की आग से मुक्त हुई SO_2 कोयले के सल्फर अंश पर निर्भर करती है। SO_2 अपने निम्न स्थायित्व के कारण विशिष्ट धूम कोहरे और एसिड वर्षा संभव करने में सहायक होती है। सल्फर डाइऑक्साइड श्वसन की बीमारियों से संबंधित होती है और इससे मृत्यु की दर में वृद्धि होती है। सल्फर डाइऑक्साइड को सूंघने से फेफड़ों के रास्ते का वायुमार्ग रोधन बढ़ जाता है जो तालिका (पगेट साउन्ड क्लीन एयर एजेंसी, 2005) में सूचित किया गया है। SO_2 के उत्सर्जन की मात्रा आग वाले क्षेत्रों में गैर-आग वाले क्षेत्रों की अपेक्षा बढ़ते हुए पाइराइट ऑक्सीकरण को ध्यान में रखते हुए बहुत अधिक होती है। नाइट्रोजन के ऑक्साइड, उच्च तापमान पर कोयले के ऑक्सीकरण (जलने) के परिणामस्वरूप बनते हैं। कोयले में लगभग 2 प्रतिशत नाइट्रोजनी यौगिक होते हैं और यह कोयले में लगी आग और कोयले के जलने के दौरान नाइट्रोजन के ऑक्साइड उत्पन्न करते हैं। कुल उत्पन्न नाइट्रोजन ऑक्साइड का 90-95 प्रतिशत भाग नाइट्रोजन मोनोऑक्साइड (NO) होता है। यह गैस स्थायी होती है परंतु फोटो-रसायनिक रूप से वायु में हाइड्रोकार्बन और (NO) होता है। यह गैस स्थायी होती है परंतु फोटो-रसायनिक रूप से वायु में हाइड्रोकार्बन और रेडिकल के साथ प्रतिक्रिया करके धूमकोहरा (smog) और PAN बनाती है। यह वायु में मौजूद नमी के साथ प्रतिक्रिया करके नाइट्रिक एसिड बनाती है।

बहुत अधिक मात्रा में संतृप्त और असंतृप्त हाइड्रोकार्बन कोयले की आग के जलने के कारण निष्कासित होते हैं। उच्च तापमान पर आग के जलने से विभिन्न प्रकार के हाइड्रोकार्बन कोयला दहन से निष्कासित होते हैं, जो कोयले के आसवन (distillation) के कारण होते हैं। इस प्रतिक्रिया से मुक्त हुए यौगिकों की सूची नीचे दी जाती है–

वाष्पशील कार्बनिक यौगिक (Volatile Organic Compounds - VOC), जिसमें ऐलिफैटिक ऑक्सीकृत और निम्न आणविक भार वाले ऐरोमैटिक यौगिक होते हैं, जो वाष्प के रूप में होते हैं जैसे ऐल्केन, ऐल्कीन, ऐल्डिहाइड, बेन्जीन और टॉलूईन आदि;

- अर्ध-वाष्पशील कार्बनिक यौगिक; और
- आसवन योग्य कार्बनिक यौगिक, जिनमें पॉलीसाइक्लिक कार्बनिक पदार्थ (POM), पॉलीसाइक्लिक ऐरोमैटिक हाइड्रोकार्बन (PHAs), PAN आदि होते हैं।

खानों में लगी आग के कारण कुछ प्रदूषक उत्पन्न होते हैं जो गैस के रूप में होते हैं जैसे कार्बन मोनोऑक्साइड (CO), कार्बन डाइऑक्साइड (CO_2), नाइट्रोजन ऑक्साइड (NOx), सल्फर डाइऑक्साइड (SO,), संतृप्त और असंतृप्त हाइड्रोकार्बन, हाइड्रोजन सल्फाइड (H_3S)

और अन्य फोटोसंश्लेषी ऑक्सीकारक और निलंबित पदार्थ (Suspended particulate matter-SPM)। निलंबित कणीय पदार्थ में हानिकारक लेश तत्त्व होते हैं जो अवसीमा मानों से अधिक होते हैं और लोगों के स्वास्थ्य पर प्रतिकूल प्रभाव डालते हैं। आग लगने के क्षेत्रों में उच्च सल्फीकरण होता है और धूलपात की दर अधिक होती है। धुआँ और कणीय पदार्थ दृश्यता को प्रभावित करते हैं और धूमकोहरा (smog) बनाते हैं, जिससे आँखों में उत्तेजन होती है और नाक बहने लगती है।

तालिका 6.1 और 6.2 में वायुमंडल में गैसों के और लेश तत्त्वों के हानिकारक प्रभावों को क्रमशः नीचे दिया गया है (त्रिवेदी, 1995)।

तालिका 6.1 : मानव स्वास्थ्य पर कोयले में लगने वाली आग से उत्पन्न गैसों का प्रभाव

क्रम सं.	वायु प्रदूषण	मानव स्वास्थ्य पर प्रभाव
(1)	CO	CO विषालुता, कोमा, मृत्यु, फेफड़ों की ऑक्सीजन वहन क्षमता कम हो जाती है और ऊष्मा विकारों को प्रभावित करता है।
(2)	CO_2	साँस लेने में कठिनाई, सिर दुखना, चेतनावस्था गुम हो जाना।
(3)	SO_2	श्वसन नलिका में बेचैनी, आँख में उत्तेजन, रूग्णावस्था और मृत्यु दर में वृद्धि।
(4)	NO_X	श्वासनलिका के रोग, फेफड़ों के रोग, न्यूमोनिया, पशुओं में ऊतक क्षति और एम्फीसीमा (emphysema)।
(5)	H_2S	न्यूरोटॉक्सिन (तंत्रिका विषाणुता) आँख और गले में बेचैनी, सिर दुखना और नींद न आना।
(6)	हाइड्रोकार्बन	कैंसर, एनीमिया (अरक्तता), त्वचा की समस्याएँ, तंत्रिका क्षति, आँखों में उत्तेजन की समस्या।
(7)	ओजोन	आँख में उत्तेजन, श्वसन नलिका और गले में संक्रमण, छाती में और सिर में दर्द, खाँसी आना।

तालिका 6.2 : कोयले में लगने वाली आग से उत्पन्न लेश तत्त्वों के प्रभाव

क्र.सं.	तत्त्व	मनुष्य के लिए संकट	पशुओं के लिए संकट
(1)	सीसा (Lead)	कैंसर, अरक्तता, गुर्दे का ठीक से काम न करना, मस्तिष्क उत्तकों की क्षति, एंजाइम सक्रियता प्रभावित, तीव्रता की स्थिति में मृत्यु	घोड़ों और ढोरों में लंगडापन, माँसपेशी समस्या, दस्त लगना, लकवा, अरुचि शरीर की क्षति आदि।
(2)	कैडमियम (Cadmium)	टेराटोजन, रेनेल का काम न करना, उच्च चयापचय विकार, रक्तदाब, ब्रांकाइटिस, ट्यूमर, एम्फीसीमा, फुप्फुसावरणी का मीसोथेलियोमा	गायों का दूध न देना, श्वसन नली प्रभावित होना
(3)	आर्सेनिक (Arsenic)	कैंसर, गुर्दों की क्षति, एंजाइम गतिविधि की असक्रियता, त्वचा और नाम में उत्तेजन, हल्की ब्रांकाइटिस	श्वसन और जठरनली का शोथ, लाल रक्त कणिकाओं (RBC) का नष्ट होना, गुर्दों में खराबी, अल्सर, लकवा, भूख की कमी, तंत्रिका विकार
(4)	मरकरी (Mercury)	अत्यधिक विषालु, एंजाइम विष, तंत्रिका तंत्र पर प्रभाव, फुप्फुसी की समस्या, जठर-आंत्र विकार	मस्तिष्क में प्रोटोप्लाज्मिक विष से क्षति, माँसपेशी में कंपन
(5)	क्रोमियम (Chromium)	कैंसर, त्वचा, शोथ, त्वचा अल्सर, नाक और थूक का बनना, गुर्दे, जठर-आंत्र क्षति, आविषालु उत्तक, श्वसन संबंधी समस्याएँ	जलीय जंतुओं के लिए आविषालु
(6)	ताँबा (Copper)	जठर-आंत्रीय समस्याएँ, यकृत की क्षति, वृद्धि में कमी, बालों के रोग	मछली के लिए आविषालु
(7)	जस्ता (Zinc)	संक्षारी, त्वचा की क्षति, श्लेष्मिक झिल्ली में क्षति, रेनेल क्षति, उल्टी आना, ऐंठन और नाटापन	लंगडापन और जोड़ों में सूजन
(8)	निकैल (Ni)	फेफड़ों का कैंसर, त्वचा शोथ, श्वसन की समस्याएँ	

पर्यावरण पर प्रभाव–यदि आग भूमिगत है तो उसका प्रभाव सीमित होगा, परंतु जब वह सतह पर फैल जाती है तो अपने आस-पास के स्थानों को बुरी तरह प्रभावित कर देती है। खानों में लगी आग के प्रतिकूल प्रभावों को पर्यावरण के प्रत्येक घटक जैसे हवा, पानी और जनसंख्या, प्रत्येक पर देखा जा सकता है।

खानों में लगी आग से लगातार और अनियंत्रित रूप में ग्रीनहाउस गैसों जैसे CO_2 (कार्बन डाइऑक्साइड) NO_3 (नाइट्रोजन ऑक्साइड) CH_4 (मैथेन) आदि का निकालना जारी रहता है। इन गैसों से ग्लोबल वार्मिंग हो सकता है। पर्यावरण में SO_2, NOx और CO_2 के निष्कासन से खानों के क्षेत्रों में सल्फूरिक अम्ल ($H_2.SO_4$) नाइट्रिक अम्ल (HNO_3) और कार्बनिक अम्ल (H_2,CO_3) के रूप में अम्लीय अवक्षेपण बन जाता है। आग के क्षेत्रों में जैसे पहलेबताया जा चुका है कि CO और CO_2 के सांद्रण अधिक होते हैं और ऑक्सीजन कम होती है। ठंड के दिनों में धुएँ की स्थितियाँ गंभीर होती हैं क्योंकि उनमें आँखों में खुजली होती है और दिखाई नहीं देता है जिससे दुर्घटनाएँ हो जाती हैं। प्रभावित क्षेत्रों में उच्च वाष्प-उत्सर्जन की दर उच्च होती है जो उस क्षेत्र की जलवायु को प्रभावित करती है। आग के क्षेत्र में तापमान में विशेष वृद्धि, और विशेष गंध सहित आर्द्रता की स्थितियों के लक्षण होते हैं जो गोब स्टिंक, फायर स्टिंक और कोयले के आसवन से होते हैं।

खानों की आग समाज को और उसके आस-पास के क्षेत्र को निम्नलिखित तरीकों से प्रभावित करती है। यह पास के रहने वाले लोगों में बैचेनी उत्पन्न करती है जो तापमान में वृद्धि और वायु प्रदूषण के कारण होता है, और परिणामस्वरूप प्रतिकूल पर्यावरण प्रभाव से लोग फेफड़ों के रोगों (नियोमोकॉनीयोसिस) के प्रति संवेदनशील हो जाते हैं। आवासीय क्षेत्रों (खान की आग के आस-पास के क्षेत्र) में वायु प्रदूषण का प्रभाव बहुत ही गंभीर होता है। यह आग कृषि भूमि की उत्पादकता में कमी करती है, और पारिस्थितिक तंत्र को नष्ट कर देती है। कोयले के आग के क्षेत्रों से लोगों को हटाकर सुरक्षित क्षेत्रों में ले जाना पड़ता है। जब अचानक से आग लगती है तो मनुष्य और उपस्करों को हटाने के लिए समय अपर्याप्त होता है, जो रानीगंज कोयले के क्षेत्र में खान में लगी आग की आपदा के न्यू केन्डा मामले से स्पष्ट है जहाँ 55 खान श्रमिकों की जानें चली गई थी। कुछ मामलों में लोगों को बचाना जरूरी होता है। लोगों की परिस्थितियाँ उनको विभिन्न खतरों और जोखिम वाले क्षेत्रों में रहने के लिए मजबूर कर देती है, और इस तरह उनका जीवन पूर्ण रूप से खतरे में रहता है।

अभी सतह और भू-जल की उपलब्धि में गुणवत्ता की कमी है, जो आग से प्रभावित क्षेत्रों में अधिक है। ऐसे क्षेत्रों में और इन क्षेत्रों के पास रहने वाले लोगों को बहुत कठिनाई होती है, क्योंकि भू-जल और भूपृष्ठ जल की गुणवत्ता और मात्रा में बहुत परिवर्तन देखने को मिलते हैं। वनस्पति पर विनाशकारी प्रभाव, और फसल उगाने के नमूनों में विघटन से भी इन क्षेत्रों के निवासियों को असुविधा होती है। आग के क्षेत्रों में रहने वाले लोगों की संवेदनशीलता को इन बस्तियों में दौरा करने के बाद ही समझा जा सकता है। इस तरह कोयले की आग आवासीय क्षेत्रों, शहरों, खान, नदियों की तटरेखा, रेल साइडिंग, सड़कों आदि के क्षेत्र में नुकसान का कारण बनती है, और मनुष्य के जीवन को प्रभावित करती है।

प्रश्न 2. कोयले की खान में आग लगने पर प्रभावी ढंग से किस प्रकार निपटा जा सकता है? **(जून-2017, प्र.सं.-4)**

अथवा

भारत में कोयले में लगी आग से घटित आपदा प्रबंधन व्यवहार की व्याख्या कीजिए। **(दिसंबर-2018, प्र.सं-4)**

उत्तर– किसी खान में कोयले से लगी आग की आपदा का प्रबंधन करते समय तुरंत महत्त्वपूर्ण कारक ठीक जीवन बचाव उपस्कर का तुरंत इस्तेमाल करना, तथा कम से कम समय में बचाव करने वाले कार्मिकों को काम पर लगाना होता है। कोयले की खान में कार्मिकों की सुरक्षा के लिए यह आवश्यक है कि जमीन के नीचे काम करने वाले खान श्रमिकों को बचाव उपस्कर तुरंत पहनने के लिए दिए जाएँ (फिल्टर सेल्फ रेस्क्यूअर-FSR) ताकि वे घातक कार्बन मोनोऑक्साइड गैस से बच सकें। वातावरण में उपलब्ध ऑक्सीजन का उपयोग जीवित रहने के लिए किया जाना चाहिए। जीवित रहने के लिए एक व्यक्ति को हवा से कम से कम 17 प्रतिशत ऑक्सीजन की जरूरत होती है। सेल्फ रेस्क्यूअरों के फिल्टर की कुछ सीमाएँ होती हैं अर्थात् वातावरण में 17 प्रतिशत ऑक्सीजन से कम ऑक्सीजन नहीं होनी चाहिए और 1 प्रतिशत से अधिक कार्बन मोनोऑक्साइड नहीं होनी चाहिए।

न्यू केंडा आपदा में, 55 खान श्रमिक आग से जलकर मर गए थे। आपदा घटना के बाद हुई पूछ-ताछ में यह अवलोकन किया गया था कि सेल्फ रेस्क्यूअर्स खान श्रमिकों को पर्याप्त मात्रा में उपलब्ध नहीं कराए गए थे अथवा वे इस उपस्करों को खान में अपने साथ ही नहीं ले गए थे। इन सेल्फ रेस्क्यूअर्स (स्वयं बचाव युक्तियाँ) को श्रमिकों को उपलब्ध कराने में एक कठिनाई का सामना करना पड़ा था, और वह इनका निषेधात्मक मूल्य था। इस संदर्भ में, यदि सीमा शुल्क की छूट दी जाती तो उपस्कर का दाम कम हो जाता, जिससे प्रबंधक को यह उपस्कर श्रमिकों को उपलब्ध कराने में कोई कठिनाई नहीं होती।

स्थानीय उद्योगों को यह प्रोत्साहन दिया जाना चाहिए कि वे इस संबंध में कोई ऐसे उत्पाद का निर्माण करें जो दाम में कम हो और फाइबर ढाँचे के साथ ऐसे डिजाइन को बनाया जाए जो टिकाऊ भी हो।

आग लगने के बाद, खान में घातक कार्बन मोनोऑक्साइड तुरंत भर गई थी। इससे कार्बन डाइऑक्साइड बढ़ जाती है और ऑक्सीजन महत्त्वपूर्ण रूप से कम हो जाती है। फिर भी सेल्फ-रेस्क्यूअर्स से श्रमिकों का केवल कार्बन मोनोऑक्साइड से ही बचाव होता है, परंतु वह ऑक्सीजन की कमी से बचाव नहीं कर सकता इसलिए खान श्रमिकों को संपूर्ण सुरक्षा देने के लिए विशेष खतरों के स्थान पर स्वतः बचाव के सेल्फ-रेस्क्यूअर्स उपलब्ध कराए जाने चाहिए। यह विशेष खतरों के स्थान "बचाव कक्ष" (Rescue Chambers) कहलाते हैं–

"बचाव कक्ष" निम्नलिखित होते हैं–

- बल कक्ष-जिसमें ऑक्सीजन सेल्फ-रेस्क्यूअर्स चार्ज किए हुए रहते हैं।
- यह भूमि के नीचे विशेष बिंदुओं पर स्थापित होते हैं।
- क्षतिग्रस्त हुए सेल्फ-रेस्क्यूअर्स के बदले दूसरे सेल्फ-रेस्क्यूअर्स दिए जाने चाहिए, स्वास्थ्य-दायक पर्यावरण, सुरक्षित पीने का पानी, टेलीफोन के माध्यम से संचार, और प्राथमिक सहायता सुविधाएँ भी उपलब्ध की जानी चाहिएँ।

- फँसे हुए खान श्रमिकों के लिए सुरक्षित स्थान।

स्वत-निहित सेल्फ-रेस्क्यूअर्स (बचाव यंत्र) (SCSR) के दो प्रकार होते हैं।

(1) संपीडित ऑक्सीजन के सिलिंडर का प्रकार—इसमें ऑक्सीजन, सिलिंडर से उपलब्ध की जाती है और श्वसन क्रिया में छोड़ी गई साँस हवा में CO_2 अवशोषक (जो सेल्फ रेस्क्यूअर्स में ही लगे होते हैं) द्वारा साफ करने के बाद हवा को पुनः संचारित करते हैं।

(2) रसायनिक प्रकार—इसमें सुपर पोटेशियम ऑक्साइड का उपयोग किया जाता है, जो आधे घंटे के लिए लगातार ऑक्सीजन की पूर्ति करता रहता है।

सेल्फ-रेस्क्यूअर्स को ग्रहण करने के बाद खान श्रमिकों को यह जानकारी होनी चाहिए कि बचाव के लिए किधर जाना है, और प्रत्येक कार्यकारी क्षेत्र में आपातकाल की स्थिति में उपयोग किए जाने वाले बचाव के रास्तों पर स्पष्ट निशान लगे होने चाहिएँ। इसके बिना श्रमिक बचाव की दिशा में न जाकर खतरे की दिशा में भी जा सकते हैं, न्यू केंडा आपदा के मामले में पीड़ित व्यक्ति अंदर आने वाली हवा (अंदर की तरफ की हवा) की ओर बढ़ गए थे, यह अनुमान करके कि इस तरफ उनका बचाव हो जाएगा परंतु उनको जानकारी न होने के कारण वे विषालु कार्बन मोनोऑक्साइड की हवा की ओर चले गए क्योंकि अंदर की तरफ ही आग लगी हुई थी। न्यू केंडा आपदा में खान में वरिष्ठतम अधिकारी द्वारा पंखे को उत्क्रमी (reversal) दिशा में चलाने के साधारण से निर्णय से आपदा में अनेक व्यक्तियों का जीवन बच सकता था क्योंकि आग अंदर की तरफ थी और कार्बन मोनोऑक्साइड अंदर की हवा के साथ पूरी खान में भर गई थी। यदि यह पंखा उल्टी दिशा में चला दिया जाता तो विषालु गैस खान में नहीं भर पाती और खान से बाहर निकल सकती थी, जिससे श्रमिक बच गए होते और वापसी के रास्ते से बाहर निकल गए होते जहाँ पंखा उल्टी दिशा में चलाने से साफ हवा अंदर आ सकती थी। ऐसी स्थिति में तीसरे एयर लॉक डोर की उपलब्धि आवश्यक होती है। आग के स्थल के अनुसार, स्थायी आदेश निर्धारित किए जाने चाहिए कि पंखे को उल्टी दिशा में कब चलाया जाए (वैध, एच.पी.सी. रिपोर्ट)।

आपातकालीन कार्य योजना कोयले में आग लगने की आपदा की स्थिति में तुरंत कार्यान्वित की जानी चाहिए। कार्यकारी जिलों में नकली अभ्यास आग की नकल करके किए जाने चाहिए जिसमें अभ्यास के दौरान सतर्कता संकेतों, सेल्फ-रेस्क्यूअर्स और बचाव रास्तों का उपयोग किया जाना चाहिए। इस प्रक्रिया में बचाव कक्षों तक पहुँचना, आपातकालीन कार्य योजना के सक्रियण की भी जाँच की जानी चाहिए, और अभ्यास किया जाना चाहिए।

आग की घटना के तुरंत बाद, बचाव केंद्र को सूचना भेजनी चाहिए। इसके लिए, बचाव सेवा केंद्र पर टेलीफोन से सूचना भेजने की व्यवस्था होनी चाहिए। परंतु ऐसा अक्सर देखा गया है कि टेलीफोन व्यस्त होता है या खराब होता है। ऐसी स्थिति में, टेलीफोन की विकल्पी व्यवस्था जैसे बेतार और फैक्स भेजने की व्यवस्था बचाव सेवा केंद्र और सभी खानों के बीच खान बचाव नियम 1985 के नियम 17 के अनुसार मौजूद होनी चाहिए।

टेलीफोन सूचना मिलने के बाद, बचाव करने वाले कार्मिकों को 30 मिनट के भीतर ही तुरंत प्रभावित खान में चले जाना चाहिए। विशेष स्थानों पर SCSR का उपयोग 30 से 45 मिनट का, समय जीवन बचाने के लिए दे सकेगा। इसके लिए प्रत्येक शिफ्ट में बचाव कार्मिकों के

एक दल और ड्राइवर की टीम उपलब्ध होनी चाहिए। सुअनुकूलन सहित आपातकालीन वाहन भी बचाव कार्मिकों और उपस्कर को खान में समय पर ले जाने के लिए उपलब्ध होने चाहिए।

खान बचाव नियम (Mines-Rescue Rules-MRK) 1985 की अनुसूची I और II के नियम 11 के अनुसार बचाव कार्मिकों के दुर्घटना स्थल पर पहुँचने के बाद उपस्कर उपलब्ध कराए जाने चाहिए, और प्रभारी पर्यवेक्षक जो बचाव सेवा केंद्र का अधिकारी है वह नियंत्रण कक्ष से संपर्क करके सलाहकार समिति (जो आपातकालीन कार्य योजना के अनुसार बनाई जाती है) से चर्चा करता है और बचाव योजना बनाता है जो खान बचाव नियम 1985 के नियम 18 के अनुसार दुर्घटना स्थल पर बचाव योजना कायम रखता है। फिर वह मामले की स्थिति के अनुसार, भूमिगत (Underground) जाता है और ताजी हवा का आधार स्थापित करता है। खान बचाव नियम 1985 के नियम 27 के अनुसार ताजी हवा का आधार (Fresh Air Base - FAB) एक आधार होता है जो सुरक्षा के अनुसार आग के पास ताजी हवा उपलब्ध कराता है और जहाँ पर एक डॉक्टर, बचाव प्रशिक्षित अधिकारी, श्वसन उपकरण और सहायक यंत्र और एक तैयार दल (टीम) उपस्थित रहता है।

प्रमुख अधिकारी (खान प्रबंधक) के साथ परामर्श के बाद ताजी हवा आधार से बचाव दल, छः सदस्यों की एक टीम के साथ खोजने और बचाव का कार्य, खान बचाव नियम 1985 के नियमों के अनुसार करता है। फँसे हुए व्यक्तियों का बचाव रेससससाइटेरस (Resuscitators) लगा कर किया जाता है और उनको फिर स्ट्रेचर पर डाल कर ताजी हवा वाले स्थान में ले जाया जाता है वहाँ से फिर वे भूमि के ऊपर और अस्पताल में भेजे जाते हैं। आपदा के परिणाम का मुआयना करने के बाद आवश्यकता के अनुसार प्रशिक्षित कार्मिक बुलाए जाते हैं। यह बताया गया था कि 620 बचाव प्रशिक्षित अधिकारी सिंगारेनी की खान में उपस्थित थे जिनको श्वसन उपकरण का उपयोग करके जीवन बचाने, और राष्ट्रीय संपत्ति को बचाने के लिए आग बुझाने का प्रशिक्षण दिया गया था। कार्मिक खानों में काम करने वाले प्रत्येक 100 व्यक्तियों पर एक बचाव प्रशिक्षित कार्मिक नियत किया गया था।

फँसे हुए व्यक्तियों को बचाने के बाद क्षेत्र को रेत के बोरों से बंद करके उन पर चिनाई कर दी जाती है, ताकि ऑक्सीजन को अंदर आने से रोका जा सके और आग को बुझाया जा सके।

आग को बुझने के बाद और तापमान कम होने के बाद, बचाव दलों द्वारा रेत के बोरे हटा कर क्षेत्र को ताजी हवा के अंदर आने के लिए तैयार कर दिया जाता है ताकि दुर्गना और गैसें दूर हो सकें।

बचाव और रिकवरी कार्यों के दौरान गैस संसूचकों द्वारा पर्यावरण की मॉनीरिंग की जाती है ताकि खान के श्रमिकों और बचाव कार्मिकों की सुरक्षा के लिए ऑक्सीजन, कार्बन मोनोऑक्साइड, कार्बन डाइऑक्साइड और मैथेन का प्रतिशत ज्ञात किया जा सके।

प्रश्न 3. न्यू केंडा आपदा (25.1.1994) पर टिप्पणी लिखिए।

अथवा

कोयले की खान में आपदा का प्रबंधन करते समय बचाव कार्मिकों द्वारा किए गए कार्यों का विस्तृत वर्णन कीजिए।

उत्तर– यह आपदा 28 से.मी. मोटी कोयले की छत के स्वत: गर्म होने से घटित हुई थी जो डेब्रोना सीमांत में भूमि के नीचे की खान थी। यह आग मुख्य अंतर्ग्रहण के वायुमार्ग पास नीचे के वायुमार्ग कॉस्ट शैफट (cast shafts) (2 नम्बर के गड्ढे) के पास लगी थी। ज्वलनशील पदार्थ श्रमिकों के कार्य करने के स्थान पर फैल गए थे।

- दुर्घटना के पहले दिन, 180 लोग दोनों शैफटों के पश्चिम की दिशा में 12 और 23 संख्या के डिप क्षेत्रों को शामिल करते हुए काम कर रहे थे। दोनों शैफ्टों में मुख्य-धारा से हवा अंदर आ अंदर आ रही थी। काम की पहली शिफ्ट (बारी) 25.1.1994 को खत्म होने वाली थी कि अचानक से 2 नम्बर के गड्ढे के पश्चिम की दिशा के शैफट में घना धुआँ उठने लगा। कुल मिलाकर 11 व्यक्ति ही गहरे धुएँ से निकलकर 3 नम्बर के गड्ढे में सुरक्षित पहुँच गए थे। पश्चिम की तरफ 55 व्यक्ति जो खान में थे, कार्बन मोनोऑक्साइड से मर गए थे (बैद्य, एच.पी.सी. रिपोर्ट)।

कोथागुडैम थर्मल पावर स्टेशन में आग (KtPs) 10.12.1998–

- संयंत्र के 'O' लेवल भाग के भूमिगत गलियारे में आग बहुत फैल गई थी, जिसमें पूरे संयंत्र को घने धुएँ से भर दिया था जिससे आग बुझाने वाले कार्मिकों द्वारा आग बुझाने के लिए अंदर प्रवेश करना मुश्किल हो गया था।
- बचाव प्रशिक्षित व्यक्तियों ने श्वसन उपकरण पहनकर धुएँ से भरे संयंत्र में प्रवेश किया और आग को ईंधन टैंकों और हाइड्रोजन सिलिन्डरों तक पहुँचने से रोक लिया।
- इससे बहुत बड़ा विस्फोट हो सकता था, जो बड़ी आपदा को संभव कर सकता था।
- विशेष स्थल पर पानी की तेजधारा द्वारा आग बुझाने से IV और V संयंत्रों को क्षति से बचा लिया गया था, और VI और VII को पूरी तरह बचा लिया गया था।
- कुल संपत्ति जो बच गई थी, वह 250 करोड़ रुपयों तक आँकी गई (तत्रैव-ibid)।

आपदा प्रबंधन : मूलभूत आवश्यकताएँ–कोयले की खान में लगी आग से कोयला खानों और भूमि की सतह की संरचनाओं की बहुत क्षति होती है, और यह भूमि के धसकने और प्रदूषण से लोगों की सुरक्षा को सीधे ही प्रभावित करती है। प्रबंधन की विभिन्न प्रावस्थाओं के दौरान जिन सूचनाओं की आवश्यकता होती हैं, अब उनका विवेचन किया जाएगा।

- **तैयारी–**खान में लगी आग से प्रभावित क्षेत्रों का क्षेत्रीकरण, तैयारी का नकल अभ्यास मॉडल द्वारा संभव भूमि के धसकने और संबंधित प्रभाव, तथा संपत्ति/ऊर्जा की क्षति का आंकलन करने के अभ्यास के द्वारा किया जा सकता है।
- **चेतावनी/अनुमान–**कोयले की खान में लगी आग की ठीक समय पर मॉनीटरिंग करके उसके फैलने के क्षेत्र और गहराई का पूर्वानुमान, और उससे उत्पन्न प्रदूषण की मात्रा का अनुमान किया जा सकता है।
- **राहत–**प्रभावित क्षेत्र का रूपरेखण किया जा सकता है, आग के फैलाव को रोकने के तरीके निर्धारित किए जा सकते हैं, और प्रभावित जनसंख्या को सहायता उपलब्ध की जा सकती है।

- **पुनर्वास**—आग के फैलाव को नियंत्रित करने के लिए दीर्घ-कालीन उपायों को कार्यान्वित करना, स्थानीय लोगों में जागरूकता उत्पन्न करना, और प्रभावित लोगों को नए स्थान आबंटित करना पुनर्वास कार्यों में आता है।

निम्नलिखित अभिकरण भारत में कोयले की आग के प्रबंधन में शामिल हैं–

- कोल इंडिया लिमिटेड
- भारतीय खान विद्यालय
- भारतीय भू-सर्वेक्षण
- भारतीय स्पेस रिसर्च संगठन

आपदा की घटनाओं की मात्रा और क्षति पर प्राधिकृत सूचना का स्रोत उपलब्ध नहीं होता; इसलिए सेटेलाइट आंकड़ों का संभव उपयोग निम्नलिखित के लिए किया जा सकता है–

- थर्मल इन्फ्रारेड आंकड़ों से आग-प्रवण क्षेत्रों का अध्ययन। आई आर एस (IRS) दृश्य आंकड़ों से एलबिडो छवि जिसकी तुलना भूमि की वास्तविक स्थिति से की जा सकती है।
- उचित वायुमंडलीय संशोधन के बाद सेटेलाइट आंकड़ों से भू-पृष्ठ तापमान का जनन किया जा सकता है।
- एरियल (आकाशी) विस्तार का और अनुमानित गहराई का नक्शा बनाना और उसका पता लगाना।

इस तरह आपदा प्रबंधन पद्धति के बीच की दूरी को कम करने के लिए विस्तार और गहराई का अनुमान करने और उसकी मॉनीटरिंग के लिए उच्च प्रौद्योगिकी (सेटेलाइट/एरियल आंकड़े) का प्रचालनात्मक उपयोग, नए औजारों जैसे राडार (Synthetic Aperture Radar-SAR) का विकास, तेल के गिरने के संबंध में सही जानकारी का पता लगाने के लिए उसका प्रतिबिम्ब बनाना और ऊष्मीय असामान्यता का नक्शा बनाने का सुझाव दिए जाते हैं। इसके लिए प्रबंधन पद्धति में सुधार लाने की तत्काल आवश्यकता महसूस की गई है। इस संबंध में मॉनीटरिंग और तुरंत पता लगाना; और भूमि जहाज पर आधारित और सेटेलाइट अवलोकनों सहित निगरानी पद्धति का विकास किया जाना चाहिए।

दावानल

प्रश्न 1. वन आग के कारण एवं प्रभाव की व्याख्या कीजिए।

(जून-2020, प्र.सं-4)

अथवा

दावानल के विभिन्न कारणों और प्रभावों की चर्चा कीजिए।

अथवा

वन आग के कारण पर टिप्पणी कीजिए। **(फरवरी, 2021, प्र.सं-5(क))**

उत्तर– वनों की हानि और क्षति का प्रमुख कारण वनों में लगने वाली आग होती है। इन घटनाओं की आवृत्ति और उसके कारण वनों को होने वाली क्षति बढ़ रही है। ऐसे ही मनुष्य और पशुओं की बढ़ती हुई जनसंख्या के कारण वन संसाधनों पर बहुत दबाव बढ़ रहा है। वन के पारिस्थितिक तंत्र पर आग का प्रभाव विविध होता है। प्रत्यक्ष रूप से पेड़ों को नुकसान पहुँचाने के अतिरिक्त आग, वनों के पुर्नजनन और सूक्ष्म जलवायु, मिट्टी अपरदन और जंगल के जीवन, आदि पर प्रतिकूल प्रभाव डालती है। अधिकांश घटनाओं में, वन में लगने वाली आग वन की वनस्पति के ह्रास (retrogression) का कारण होती है। यह एक प्रमुख अपभ्रष्ट कारक है, जसे वन के बढ़ते हुए भंडार और उसके जनन को व्यापक रूप से क्षतिग्रस्त करता है, जिससे वह क्षेत्र अपरदन के लिए संवेदनशील हो जाता है। इसके व्यापक मात्रा में प्रतिकूल पारिस्थितिक, आर्थिक और सामाजिक प्रभाव होते हैं। हालाँकि आग से होने वाली ाति के सांख्यिकीय आंकडे पर्याप्त मात्रा में उपलब्ध नहीं हैं, परंतु फिर भी यह अनुमान किया जाता है कि वन में लगने वाली आग के प्रति अधोमुख वन क्षेत्रों का अनुपात (वार्षिक) कुछ राज्यों में 33 प्रतिशत से लेकर अन्य राज्यों में 90 प्रतिशत तक है। यू एन डी पी (United Nations Development Programme) और एफ.ए.ओ. (Food and Agricultural Organization) द्वारा महाराष्ट्र राज्य में चलाई गई परियोजना के अनुमान के अनुसार, वनों में लगने वाली आग से वार्षिक आर्थिक क्षति लगभग 9000 रुपए प्रति हैक्टेयर थी। यदि इस राशि को देश के कुल वन आच्छादित क्षेत्र से गुणा किया जाए तो बहुत बड़ी मात्रा बनती है। इसके अलावा वन

में लगी आग से हुई दूसरी हानियाँ जैसे कि पर्यावरण, वन जीवन, आदि हानियों की पूर्ति नहीं की जा सकती।

दावानल के कारण–दावानल के निम्नलिखित कारण हो सकते हैं–

आग लगने के लिए तीन घटक/अवयव ऑक्सीजन, ईंधन और ताप जरूरी होते हैं, जो वन में लगी आग के प्रबंधन में भी महत्त्वपूर्ण भूमिका निभाते हैं। आग जलने के लिए हवा में कम से कम 16 प्रतिशत ऑक्सीजन होनी चाहिए। ईंधन में, जैसे कि सूखे हुए पौधे, सूखी पत्तियाँ और घास, हरे और जीवित पौधे की अपेक्षा आग लगने की अधिक संभावना होती है क्योंकि उनमें पानी अथवा नमी कम मात्रा में पाई जाती है। बिजली गिरने से, पेड़ और घास पर जो ज्वाला उत्पन्न होती है वह वन में आग लगा सकती है। जब लोग लापरवाही से जलती हुई तीली फेंक देते हैं अथवा जली हुई आग को ऐसे ही छोड़ देते हैं, तब ऐसी स्थितियों में भी वन में आग लग जाती है।

अधिकांश घटनाओं में, वनों में आग का कारण मानव द्वारा प्रेरित गतिविधियाँ होती हैं। प्राकृतिक कारणों से दावानल की घटनाएँ बहुत कम होती है। प्राकृतिक घटनाएँ मुख्यत: बिजली के गिरने, ज्वालामुखी विस्फोट और बहुत कम स्थितियों में चट्टानों के घर्षण के कारण घटित हो सकती है। अधिकांशत: लगभग 90 प्रतिशत आग मनुष्य द्वारा ही लगती है। मनुष्य द्वारा लगाई गई आग की कुछ घटनाएँ किसी विशेष प्रयोजन (अग्निकांड) की दृष्टि से भी घटित होती हैं, परंतु आग लगने की अधिकांश घटनाएँ दुर्घटनाएँ ही होती हैं। भारत जैसे विकासशील देश में, वन में लगने वाली आग का यहाँ की गरीबी से गहरा संबंध है। भारत के लोग जो वनों में अथवा इन क्षेत्रों के आस-पास रहते हैं अपनी जीविका के लिए वनों पर ही निर्भर करते हैं। ये लोग जंगलों में वन-उत्पाद संचय करने के लिए अथवा कृषि प्रयोजनों के लिए वन भूमि को वृक्षहीन बनाने के लिए आग लगाते हैं। वन में लगने वाली आग में केवल 10 प्रतिशत आग विभिन्न प्राकृतिक प्रक्रियाओं, जैसे कि बिजली गिरने आदि से लगती है।

वनों में लगने वाली आग के मुख्य मानव-प्रेरित कारण निम्नलिखित सूची में दिए गए हैं–

- ठेकेदारों और स्थानीय ग्रामीणों द्वारा तेंदू पत्ती की बेहतर उपज और अन्य वन उत्पादों को इकट्ठा करने के लिए आग जलाना।
- ग्रामीणों द्वारा महुआ और साल के बीज सुविधानुसार इकट्ठा करने के लिए आग जलाना।
- पिकनिक करने वालों, ट्रैक पर जाने वालों, और गड़रियों द्वारा कैंप फायर भी मनुष्य द्वारा वन में आग लगने के प्रेरित कारण हैं।
- रेलवे इंजनों से निकली चिंगारी (जो कोयला ईंधन का उपयोग करते हैं) से भी वन में आग लग सकती है।
- जली हुई सिगरेट के और बीड़ी के ठूंठ अथवा माचिस की तिलियों को जंगल में लापरवाही से फेंकने से भी आग लगना एक महत्त्वपूर्ण कारण हैं।
- फसल की कटाई के बाद खेतों को लापरवाही से जलाना।
- रेजिन (resin) को इकट्ठा करने के मौसम में रेजिन प्रहस्तन में लापरवाही बरतने से वन में आग लग जाती है।

- सड़क-निर्माण में आग का उपयोग करने से भी आग लग सकती है।
- कई बार किसान जंगली जानवरों को दूर भगाने के लिए खेतों के पास आग जला लेते हैं। ये आग पास के जंगल में फैल सकती है।
- कभी-कभी वन में आग जानबूझकर अच्छी घास की वृद्धि के लिए, पेड़ों को गलत ढंग से गिराने के कार्य को छुपाने के लिए, और व्यक्तिगत दुश्मनी आदि के कारण लगाई जाती है।

वन में लगने वाली आग से पर्यावरण और संपत्ति को भारी नुकसान होता है। इस आग के पारिस्थितिकी, आर्थिक और सामाजिक प्रभाव लोगों दो दिन प्रतिदिन के जीवन को प्रभावित करती हैं।

मोटे तौर पर किए गए अनुमानों के अनुसार, देश में वनों में लगने वाली आग के कारण 440 करोड़ रुपए वार्षिक प्रत्यक्ष आर्थिक क्षति होती है। यह तथ्य अधिक क्षतिदायक है कि वन का पुनर्जनन लंबी अवधि लेता है अथवा बिल्कुल नहीं होता, क्योंकि यह भूमि दूसरे प्रयोजनों के लिए उपयोग की जाने लगती है।

दावानल के प्रभाव–वनों में लगने वाली आग हमेशा हानिकारक नहीं होती। छोटी और नियंत्रित वन में लगने वाली आग, वन की वृद्धि और विकास के लिए अनिवार्य होती है। वनपाल, वन के प्राकृतिक वातावरण के नवीकरण के प्रबंधन के लिए आग को एक साधन के रूप में इस्तेमाल करते हैं। वन प्रबंधक वन की इस आग को 'नियत आग' कहते हैं, जिसे वे प्रतिदिन पर्यवेक्षित और नियंत्रित करते हैं।

यद्यपि ऐसी नियंत्रित वनों में लगने वाली आग पारिस्थितिक तंत्र को लाभ पहुँचाती है, परंतु अनियंत्रित जंगल की आग पारिस्थितिक, आर्थिक, और सामाजिक पहलुओं पर व्यापक रूप से निम्नलिखित प्रतिकूल प्रभाव डालती है–

- मानव और पशुओं को नुकसान पहुँचता है। यद्यपि ऐसा बहुत कम होता है, परंतु कुछ स्थितियों में यदि आग तीव्रता से फैलती है (जब हवा तेज वेग से बहती है) तो जो लोग जंगल में काम कर रहे होते हैं या वहाँ निवास कर रहे होते हैं वे जंगल की आग में फँस जाते हैं और मारे जाते हैं।
- लकड़ी के अमूल्य स्रोतों और अन्य अल्प वन उत्पादों की क्षति।
- मिट्टी के अपरदन के परिणामस्वरूप, मिट्टी की उत्पादकता में कमी आना और अनुप्रवाह में बाढ़ आ जाना।
- वन के निकट रहने वाली जनजातियों और अन्य जनसंख्या के लिए जीविका की क्षति।
- जलग्रहण क्षेत्रों (catchment Areas) के अवकर्षण के परिणामस्वरूप पानी में कमी।
- जैव-विविधता की क्षति और पौधों और जंतुओं का विनाश होना।
- वन्य जीवन आवास की क्षति, और वन्य जीवन का अवक्षय होना।
- प्राकृतिक पुर्नजनन की क्षति और वन आच्छादित क्षेत्र तथा उत्पादन में कमी होना।
- कार्बन डाइऑक्साइड की पर्यावरण में वृद्धि, जो ग्लोबल वार्मिंग (भूमंडलीय तापमान में वृद्धि) के लिए सहयोग देता है।

- कार्बन सिंक (carbon sink) संसाधनों की क्षति होना।
- क्षेत्र की सूक्ष्म जलवायु का अपरूपण, जो जीवन-निर्वाह के लिए अस्वास्थ्यकर स्थितियाँ उत्पन्न कर देता है।
- मिट्टी के अपरदन से उत्पादन और मिट्टी की उत्पादकता पर प्रभाव पड़ता है।
- ओजोन परत का अवक्षय होना।
- स्वास्थ्य समस्याएँ उत्पन्न होना, जो रोगों का कारण बनती हैं।
- कृषि उत्पादन पर अप्रत्यक्ष प्रभाव : 65 मिलियन जनजातियाँ अपनी जीविका उपार्जन के लिए वन क्षेत्रों से गैर-लकड़ी वन उत्पाद का संग्रह करती हैं। इन जनजातियों की आजीविका पर दावानल से विपरीत प्रभाव पड़ता है।

प्रश्न 2. 'वन में लगने वाला (दावानल) के प्रबंधन के मूलत: तीन चरण– रोकथाम, संसूचन और अवमंदन - होते हैं।' व्याख्या कीजिए।

(जून-2017, प्र.सं.-5)

अथवा

दावानल को नियंत्रित करने के लिए रोकथाम, संसूचन और अवमंदन का वर्णन कीजिए। (जून-2018, प्र.सं.-4)

अथवा

दावानल प्रबंधन की दिशा में तैयारी और अनुक्रिया उपायों की व्याख्या कीजिए।

(जून-2019, प्र.सं.-4)

उत्तर– वनों की आग का मनुष्यों, पशुओं, वन्य जीवन, वन और वातावरण आदि पर पड़ने वाले प्रभाव को ध्यान में रखते हुए, यह अत्यधिक महत्त्वपूर्ण हो जाता है कि उसका प्रबंधन सुनियोजित और वैज्ञानिक तरीके से किया जाए। एक आदर्श आग प्रबंधन में मुख्यत: तीन क्रम होते हैं जैसे वनों की आग की रोकथाम, संसूचन और अवमंदन। इसकी रूपरेखा नीचे दी गई है–

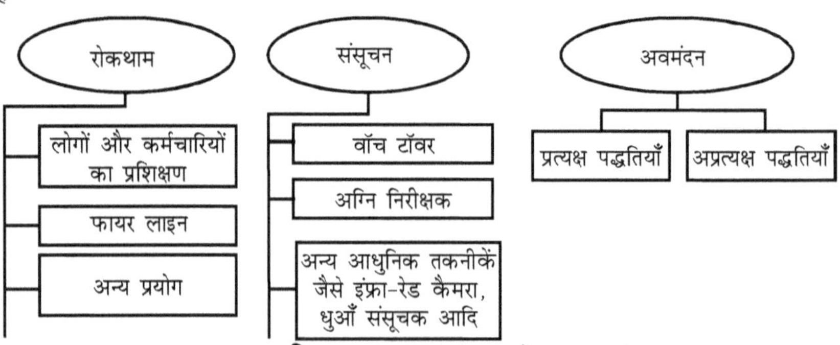

चित्र 7.1 : दावानल प्रबंधन

रोकथाम–जैसे कि उपचार से रोकथाम बेहतर होती है, इसलिए इस संदर्भ में यह अत्यधिक महत्त्वपूर्ण और आवश्यक है कि वनों में लगने वाली आग का प्रबंधन करने के लिए प्रभावित क्षेत्र में रोकथाम के उपाय किए जाने चाहिए। दावानल रेखा (Cutting of forest fire line) पुरानी और परंपरागत पद्धति है, जो जंगल में लगने वाली आग की रोकथाम के लिए बहुत सफल उपाय है। इस पद्धति में आग की सीमा रेखा बनाने के लिए वन में वनस्पति की एक पट्टी का क्षेत्र साफ कर दिया जाता है। यह उपाय आग के फैलाव को एक निश्चित सीमा तक रोकने में सहायता करता है और इस तरह आग के पैलाव को नियंत्रित करता है। आपदा प्रबंधन के लिए वन अधिकारी का प्रशिक्षण, और इसके बारे में लोगों को जागरूक करना। आपदा रोकथाम के ऐसे उपाय हैं, जो वनों में लगने वाली आग को रोकने में काफी सफल सिद्ध हो सकते हैं। वन में लगने वाली आग को रोकने के लिए स्थानीय लोगों को 'क्या करें' और 'क्या न करें' के बारे में शिक्षित करना बहुत महत्त्वपूर्ण है। स्थानीय लोगों को आग से होने वाली क्षति के बारे में जागरूक कना चाहिए, जो उनके स्वास्थ्य और वातावरण आदि को प्रभावित करती है। गाँववासियों के लिए जागरूकता संबंधी कार्यक्रम, पंचायत और खंड स्तर पर संचालित किए जाने चाहिए। प्लेकार्ड उचित स्थानों पर लगाए जाने चाहिए, और वन में लगने वाली आग के कारणों और क्षति को पैम्फलेटों पर उल्लिखित करके उनका वितरण किया जाना चाहिए। आग के बारे में कार्यक्रम का प्रसारण करने के लिए विभिन्न दृश्य श्रव्य साधन जैसे कि फिल्म शो, रेडियो, टी.वी. आदि का भी उपयोग किया जाना चाहिए। वन में लगने वाली आग पर विद्यालय और यहाँ तक कि कॉलेज के स्तर पर भी पाठ्यक्रमों में पाठ शामिल किए जाने चाहिए।

संसूचन—आग की रोकथाम के उपायों के अतिरिक्त यदि किसी वन में आग लगी हो तो उसके प्रबंधन में तुरंत किया जाने वाला पहला उपाय आग का संसूचन अर्थात् पता लगाना होता है कि आग कहाँ लगी है। वन में आग का पता लगाने के लिए, विकासशील देशों में प्रभावशाली रूप में विभिन्न परंपरागत पद्धतियाँ इस्तेमाल की जाती हैं। आग की घटनाओं के मौसम में आग पर निगरानी रखने वाले (Fire watcher) की नियुक्ति करना एक परंपरागत पद्धति है। यह पद्धति काफी प्रभावशाली है क्योंकि निगरानी करने वाला एक स्थानीय व्यक्ति होता है तथा गाँव वालों के साि उसके संबंध भी अच्छे होते हैं। आग लगने की स्थिति में उसे शीघ्र सूचना मिल जाती है और वह इस घटना की सूचना आगे वन अधिकारियों के पास पहुँचा देता है। वन में लगी आग के संसूचन के लिए प्रयुक्त दूसरी पद्धति, वॉचटावर का निर्माण करना है। यह टॉवर काफी ऊँचा बनाया जाता है ताकि उसका पता बहुत दूर से ही लगाया जा सके। इन परांपरागत पद्धतियों के अतिरिक्त वनों में आग के संसूचन के लिए अभी हाल ही में बहुत सी नई तकनीकों का विकास हो गया है। आधुनिक इन्फ्रा-रेड कैमरे (infrared cameras) का प्रयोग धुएँ के द्वारा अग्नि सिल का पता लगाने में आग बुझाने वालों की सहायता कर सकते हैं, और रात को वन में लगी आग का पता लगा सकते हैं।

हवाई जहाज जिसमें छोटे इन्फ्रा-रेड कैमरे लगे होते हैं, वह रात में भी जंगल में लगी आग और घने धुएँ का संसूचन कर सकते हैं, और आग बुझाने वालों को बता देते हैं कि गर्भस्थल किस जगह है। आग लगने का स्थल और उसकी दिशा का नक्शा बना दिया जाता है, और फिर वहाँ पर आग बुझाने वाले दस्ते को आग पर नियंत्रण करने के लिए भेजा जाता है।

अवमन्दन—संसूचन के बाद, वन में भड़की हुई आग का दमन करने के प्रयास किए जाते हैं। वन में लगी आग को बुझाने के लिए प्रत्यक्ष और अप्रत्यक्ष तरीके उपयोग किए जाते हैं।

प्रत्यक्ष पद्धति—छोटी, कम तीव्रता वाली आग के लिए आग बुझाने वाले अपने पानी के साथ आग, झाड़ियों, गंदगी और रसायन को ठंडा करते हैं तब आग के आस-पास (मिट्टी का उद्भासन करने के लिए) फायर लाइन को खुरचते हैं और वहाँ से ईंधन को हटा देते हैं। भारत में, परंपरागत रूप से आग को लठ्ठों और झाड़ियों का उपयोग करके बुझाया जाता है। यदि इस प्रयोजन के लिए मिट्टी अथवा धूल/रेत उपलब्ध हो तो वह भी प्रयुक्त की जाती है। विभिन्न औजार जैसे रैक, पुलास्की, फलास्क की, फावड़ा, आदि भी अग्नि शमन के लिए प्रयुक्त किए जाते हैं। परंतु पहाड़ी भू-भाग में यह देखा गया है कि इस प्रयोजन के लिए परंपरागत पद्धतिया अधिक इस्तेमाल की जाती हैं। वन विभाग द्वारा दिए गए औजार बहुत भारी होते हैं, इसलिए उनको आग के स्थल पर ले जाना, और वन अधिकारियों को इस क्षेत्र में आग बुझाने के लिए दिए जाने वाले प्रशिक्षण की कमी के कारण इन औजारों का प्रयोग सुविधाजनक नहीं होता। आग का दमन करने के लिए स्थानीय जनता की भूमिका बहुत महत्त्वपूर्ण होती है। यद्यपि संयुक्त वन प्रबंधन समितियों द्वारा लोगों को आग बुझाने में शामिल करने के प्रयास किए गए हैं, परंतु फिर भी इस दिशा में बहुत कुछ और करना बाकी है। स्थानीय जनता को यह विश्वास दिलाना चाहिए कि वनों को जीवित रखना उनके स्वयं के जीवित रहने के लिए बहुत आवश्यक है।

अप्रत्यक्ष पद्धति—बड़ी-बड़ी आग की घटनाओं के लिए आग बुझाने वाले आग के स्थान से कुछ दूरी तक फायर लाइन बना देते हैं और अग्नि स्थल और फायर लाइन के बीच के क्षेत्र में आग लगा देते हैं, जिससे लगी हुई आग को आगे बढ़ने के लिए और ईंधन नहीं मिल पाता। इस प्रकार रोधी-दावानल (Anti forest fire) को प्रारंभ करना भी आग का दमन करने का एक अप्रत्यक्ष तरीका है। इस पद्धति में वन में नियंत्रित आग लगाई जाती है जो वन में लगी मुख्य आग की विपरीत दिशा में फैल जाती है। जब दो आग एक साि मिल जाती है तो वह स्वत: ही मंद हो जाती है।

विकासशील देशों में वन में लगी हुई आग के संसूचन और उसे मंद करने के लिए हवाई जहाज और हेलीकॉप्टरों का उपयोग किया जाता है। यद्यपि यह पद्धति अधिक महंगी है, परंतु पहाड़ी क्षेत्रों में लगी आग को बुझाने के लिए यह बहुत प्रभावी होती है।

भारत के संविधान के अनुसार देश की केंद्र और राज्य सरकारें वानिकी (Forestry) के मुद्दों पर कानून बनाने के लिए प्राधिकृत हैं। वन नीति/कार्यक्रमों का कार्यान्वयन राज्य सरकार करती हैं इस तरह आग की रोकथाम, संसूचन और उसका अवमन्दन करने की गतिविधियों की जिम्मेदारी भी राज्य सरकार के वन विभाग की होती है। केंद्रीय सरकार का इस दिशा में मौलिक उत्तरदायित्व नीति निर्माण, योजना बनाना तथा वित्तीय व्यवस्था करना होता है। राज्यों में दावानल का प्रबंधन करने के लिए सामान्यत: कोई आपदा स्कंध अथवा विभाग नहीं होता। राज्यों में दावानल प्रबंधन की सभी प्रकार की गतिविधियाँ वन विभाग के नियमित स्टाफ द्वारा ही कार्यान्वित की जाती हैं दावानल के मौसम में, कुछ प्रभागों में, राज्य सरकार द्वारा विशेष प्रावधान के रूप में आग की निगरानी करने वालों (Fire watchers) की नियुक्ति की जाती है। केंद्रीय स्तर पर वन-संरक्षण और सुरक्षा के लिए पर्यावरण एवं वन मंत्रालय केंद्र अभिकरण (Nodal Agency) होता है। दावानल के प्रबंधन का कार्य मंत्रालय के वन सुरक्षा प्रभाग

(Forest Protection Division) द्वारा किया जाता है, जिसका अध्यक्ष मंत्रालय का उप-महानिरीक्षक (Deputy Inspector General of Forest) होता है। मंत्रालय, भारत में आधुनिक दावानल नियंत्रण पद्धति की नियोजित योजना का कार्यान्वयन कर रहा है, जिसके अंतर्गत राज्य सरकारों को आग की रोकथाम और उस पर नियंत्रण पाने के लिए वित्तीय सहायता प्रदान की जाती है। इस वित्तीय सहायता का उपयोग विभिन्न प्रकार के औजार जैसे हस्त औजार जैसे आग-रोधी कपड़े और अग्नि-शमन उपकरण, वायरलैस सेट, वॉच टॉवर का निर्माण, अग्नि खोजक, फायरलाइन बनाने और अग्नि-संघर्ष के लिए अनुसंधान, प्रशिक्षण और प्रचार-प्रसार के लिए किया जाता है।

सामुदायिक सहभागिता– भारत में ग्रामीण स्तर पर संयुक्त वन प्रबंधन समितियों (Joint Forest Management- JFM) का गठन किया गया है जो वन-आग से सुरक्षा और वन संरक्षण के कार्यों में समुदाय को सम्मिलित करने के उद्देश्य से बनाई गई है। देश में 7 मिलियन हैक्टेयर भूमि के क्षेत्र के लिए 35000 JFM समितियाँ बनाई गई हैं। इन समितियों को आग से वनों की सुरक्षा करने का भी उत्तरदायित्व दिया गया है।

अध्याय 8

तेल में आग लगना

प्रश्न 1. तेल में आग लगने के कारण और प्रभावों की चर्चा कीजिए।

अथवा

तेल में आग लगने के प्रभावों का वर्णन कीजिए। (जून-2017, प्र.सं.-6)

अथवा

तेल में आग लगने के कारणों की चर्चा कीजिए। (दिसम्बर-2017, प्र.सं-7)

अथवा

तेल में आग लगने के कारणों और प्रभावों पर एक टिप्पणी लिखिए। (दिसम्बर-2018, प्र.सं.-5)

उत्तर– आग तेज और अपने आप जलने वाली प्रक्रिया है, जो उष्मा का निष्कासन और विभिन्न तीव्रता में प्रकाश उत्पन्न करती है। ईंधन, ताप और ऑक्सीजन (हवा) के संयोजन से आग उत्पन्न होती है। जब ईंधन को दहन तापमान अर्थात् विशेष तापमान तक गर्म किया जाता है तो वह दहनित हो जाता है, और आग जलने लगती हैं यह तब तक जलता रहता है जब तक वहाँ का ईंधन खत्म नहीं हो जाता। आग का त्रिकोण विशेष रूप से इसे प्रदर्शित करता है। ज्वलन प्रक्रियाएँ उष्माक्षेपी होती हैं और विमुक्त हुई ताप की दर इतनी तीव्र होती है कि वह जलने की प्रतिक्रिया बराबर जारी रखती है। आग के जलने की घटना को जारी रहने के लिए, रूकावट रहित ज्वलन क्रम की प्रतिक्रिया की जरूरत होती है। आग को बुझाना, वास्तव में, इस प्रतिक्रिया के क्रम को तोड़ना है। यह ताप को वापस लेने से हो सकता है जैसे शीतलन ईंधन हटा लेने, और ऑक्सीजन को रोकने से घना धुआँ उत्पन्न हो सकता है। इस चेन प्रतिक्रिया की रासायनिक ज्वाला का रोधन करने से आग बुझाई जा सकती है। आग का त्रिकोण और आग बुझाने की पद्धतियाँ चित्र में दिखाई गई हैं।

विस्फोट सामान्यत: उन स्थितियों में होता है जहाँ ईंधन और ऑक्सीजन दहन से पूर्व बड़ी निकटता से एक-दूसरे के साथ मिश्रित हो जाते हैं। परिणामस्वरूप, इसमें जलने की प्रक्रिया बहुत तेजी से बिना ईंधन और ऑक्सीकारक को साथ लाए बढ़ती है। इसके विपरीत, आग उन

परिस्थितियों में लगती है जहाँ ईंधन और ऑक्सीकारक का मिश्रण दहन प्रक्रिया से स्वत: ही नियंत्रित होता है। प्रति इकाई आयतन पर जलने की क्रिया आग में बहुत कम होती है, और दाब तीव्रता से बढ़ जाता है, जो विस्फोट का लक्षण है, और उसका समागम नहीं होता।

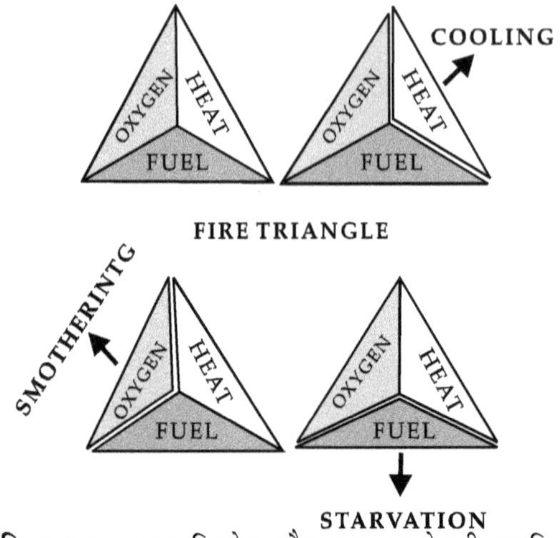

चित्र 8.1 : आग त्रिकोण और आग बुझाने की पद्धतियाँ

(1) पेट्रोलियम उत्पाद–अपरिष्कृत तेल बड़ी संख्या में हाइड्रोकार्बनों का मिश्रण है, और विभिन्न परिष्करण प्रक्रियाओं द्वारा इससे कई उपयोगी उत्पाद निकलते हैं। अपरिष्कृत तेल कई भागों में विखंडित किया जाता है जो आसवन टॉवर में हाइड्रोकार्बनों के एक समूह के क्वथनांक रेंज पर आधारित होता है। इन भागों को और संसाधित करके इनमें कुछ गुणधर्म विकसित किए जाते हैं, अशुद्धताएँ हटाई जाती हैं, अथवा फिर इनको दूसरे उपयोगी पदार्थों में विघटित किया जाता हैं इस प्रकार की प्रक्रियाएँ उत्प्रेरी पुनःरूपण, हाइड्रो-उपचारित, ऊष्मा-भंजन विलंबित कोकन, उत्प्रेरी भंजन, हाइड्रो-भंजन आदि होती हैं। हाइड्रो-उपचार और हाइड्रो-भंजन के प्रक्रमों में हाइड्रोजन का उपयोग उच्च तापमान और दाब के अंतर्गत किया जाता है। एल.पी.जी., नेफ्था मोटर स्पिरिट, विमान टरबाइन ईंधन (Aviation Turbine Fuel - ATF), उच्च किस्म का कैरोसीन, उच्च गति का डीजल (High Speed Diesel-HSD) स्नेहक तेल, ईंधन तेल, मोम, बिटुमैन और कोक आदि सब पेट्रोलियम उत्पाद होते हैं।

(2) संरोधन में कमी–पेट्रोलियम तेलों का संचालन और प्रक्रमण करते समय विभिन्न कारणों से उनके संरोधन में हानी हो सकती है, जो प्रमुख तेल की प्रकृति और वर्तमान सिीतियों पर निर्भर करते हुए आग अथवा विस्फोट की दुर्घटना का कारण बन सकती है। कुछ कारण जिनके कारण संरोधन में कमी हो जाती है, वह निम्नलिखित हैं–

(क) प्रक्रम का बिगड़ना जो पद्धति में दाब में वृद्धि कर देता है, और वायुमंडल में हाइड्रोकार्बन विमुक्त कर देता है।

(ख) प्रक्रम का बिगड़ जाना, जो वैसल्स (vessels) की तत्काल विफलता का कारण बनता है।

(ग) उच्च दाब पर पाइपों की विफलता।

(घ) राहत प्रणालियों की विफलता।

(ङ) गर्म हाइड्रोकार्बन वाष्प का आकस्मिक रिसाव होना, और द्रव का पाइप/उपस्कर से रिसाव।

(च) एल.पी.जी. का पाइप के फ्लैंज/पंप से रिसाव होना।

(छ) संग्रहण टैंक में से प्रचालन की गलतियों से उत्प्रवाह।

(3) पेट्रोलियम उत्पादों के आग से संबंधित गुणधर्म–ज्वलन तब संभव होता है जब वाष्प/गैस और हवा का मिश्रण ज्वलनशील रेंज में हो। निम्न ज्वलनशील सीमा (Lower Falmmable Limit-LFL) और उच्च ज्वलनशील सीमा (Upper Flammable Limit-UFL) ज्वलनशील रेंज का संकेत है। निम्न ज्वलनशील सीमा के नीचे मिश्रण जलने के लिए बहुत कमजोर होता है, और उच्च जवलनशील सीमा के ऊपर मिश्रण जलने के लिए बहुत अधिक होता है। पेट्रोलियम उत्पादों के लिए विशेष रूप से ज्वलनशील रेंज 1.5–10 प्रतिशत के बीच होती है।

आग तब लगती है जब ज्वलनशील मिश्रण का तापमान प्रज्वलन (flash) बिंदु से अधिक हो जाता है। पेट्रोलियम उत्पादों का वर्गीकरण उनके बंद कप ज्वलन बिंदु के अनुसार नीचे दिया गया है–

वर्ग 'ए' पेट्रोलियम–द्रव जिनका प्रज्वलन बिंदु 23° सेल्सियस से कम होता है।

वर्ग 'बी' पेट्रोलियम–द्रव जिनका प्रज्वलन बिंदु 23° सेल्सियस और उससे अधिक होता है, परंतु 65° सेल्सियस से कम होता है।

वर्ग 'सी' पेट्रोलियम–द्रव जिनका प्रज्वलन बिंदु 65° सेल्सियस होता है परंतु 93° सेल्सियस से कम होता है।

बहिष्कृत पेट्रोलियम–द्रव जिनका प्रज्वलन बिंदु 93° सेल्सियस और उससे अधिक होता है।

निम्न प्रज्वलन बिंदु हो तो आग की घटनाओं की अधिक संभावना होती है। इसलिए वर्ग 'ए' के पेट्रोलियम (मोटर स्पिरिट, नेफ्था) वर्ग 'सी' के पेट्रोलियम (ईंधन तेल) की अपेक्षा आग के प्रति अधिक संवेदनशील होते हैं।

पेट्रोलियम उत्पाद जब गर्म किए जाते हैं अथवा जब वह गर्म सतह के संपर्क में आते हैं तो स्वतः ही जल उठते हैं। हाइड्रोकार्बन का स्वतः ज्वलन तापमान (Auto-Ignition temperature-AIT) यौगिकों के प्रकार के अनुसार भिन्न-भिन्न होता है। यौगिक जितने हल्के होंगे उतना ही उनका उच्च स्वतः ज्वलन तापमान होगा। यह गुणगर्म उत्पादों को अधिक संवेदनशील बनाता है और पर्यावरण में किसी भी गर्म उत्पाद का रिसाव (जो स्वतः ज्वलन तापमान के ताप से अधिक होता है) आग लगा देता है। कुछ पेट्रोलियम उत्पादों के आग से संबंधित विशेष गुणधर्म नीचे दिए गए हैं–

अपरिष्कृत तेल और विभिन्न पेट्रोलियम उत्पादों में सल्फर होता है, जो प्रक्रमण के दौरान पाइपों/उपस्करों में पाइरोफोरिक आयरन का निर्माण करता है। इस प्रक्रिया की पद्धति में उपस्थितपाइरोफोरिक ज्वलन का स्रोत उस समय हो जाता है जब यह हवा के साथ, उपस्कर के अनुरक्षण के दौरान, संपर्क में आता है।

(4) ज्वलन के स्रोत–परिशोधन शाला (refinery) जैसी सुविधाओं में पेट्रोलियम उत्पादों के प्रहस्तन में ज्वलन के स्रोत अनेक होते हैं। कुछ प्रमुख स्रोत नीचे दिए गए हैं–

तालिका 8.1 : पेट्रोलियम उत्पादों के आग से संबंधित गुणधर्म

पदार्थ	क्वथनांक बिंदु ° सेल्सियस	ज्वलनशीलता सीमा प्रतिशत आयतन		प्रज्वलन बिंदु ° सेल्सियस	ज्वलन तापमान ° सेल्सियस
		निम्न	उच्च		
अपरिष्कृत तेल	-	1	7	20	अपरिष्कृत तेल की प्रकृति पर निर्भर
मैथेन	-161	5	15	-	538
प्रोपेन	-42	2.1	9.5	-156	470
ब्यूटेन	-10	1.9	8.5	-60	405
नेफ्था	35 से 205	1.1	5.9	-18	288
गैसोलीन	32 से 215	1.3	7.6	-43	257
ए.टी.एफ. अथवा एस.के.	145 से 300	1.3	8.0	38	210
एच.एस.डी.	150 से 400	0.6	7.5	32	256
ईंधन तेल	185 से 500	1	5	66	263

रासायनिक – दहन का ताप
पाइरोफोरिक आयरन सल्फाइड

विद्युत – आर्क और चिंगारी,
स्थैतिक बिजली, और बिजली गिरना

यांत्रिक – घर्षण
गर्म सतह

जोखिमी क्षेत्रों में ज्वलन को रोकने के लिए सभी प्रयास किए जाने चाहिए, जहाँ पेट्रोलियम उत्पादों का संग्रहण और प्रहस्तन किया जाता है।

निर्मुक्ति के प्रभाव–वायुमंडल में हाइड्रोकार्बन की विमुक्ति पर जो दृश्य मुक्त हुए पदार्थ की मात्रा ज्वलन स्रोत की स्थिति और वर्तमान वातावरणीय स्थितियों आदि की प्रकृति जैसे बहुत से कारकों पर निर्भर करता है। इसके कुछ संभव परिणाम निम्नलिखित हैं–

- कुन्ड (पूल) आग
- बहते द्रव की आग
- जेट ज्वाला/संस्फुर
- आग के गोले/क्वथनांक द्रव प्रसार वाष्प विस्फोट (Boiling Liquid Expanding Vapour Explosion-BLEVE)
- दमक आग

- विस्फोट/अबाधित वाष्प-बादल विस्फोट (Uncanfined Vapour Cloud explosion-UVCE)

द्रव हाइड्रोकार्बन के विमुक्त होने से लग सकती है, जबकि वाष्प की विमुक्ति से BLEVE, UVCE अथवा कुण्ड आग अथवा बहते द्रव में दमक आग लग जाती है। दाबयुक्त पद्धति से द्रव अथवा वाष्प का रिसाव होता है। जो जेट ज्वाला/धधक उत्पन्न करता है। इसे चित्र में एल.पी.जी. के विमुक्ति के उदाहरण के रूप में नीचे प्रदर्शित किया गया है।

(5) BLEVE और UVCE–उच्च वाष्प दबाव के उत्पादों के प्रहस्तन के संदर्भ में, दाबयुक्त द्रव जैसे एल.पी.जी. और एल.एन.जी. का क्रायोजनिक संग्रहण, BLEVE और UVCE की घटनाओं का बहुत महत्त्व होता है।

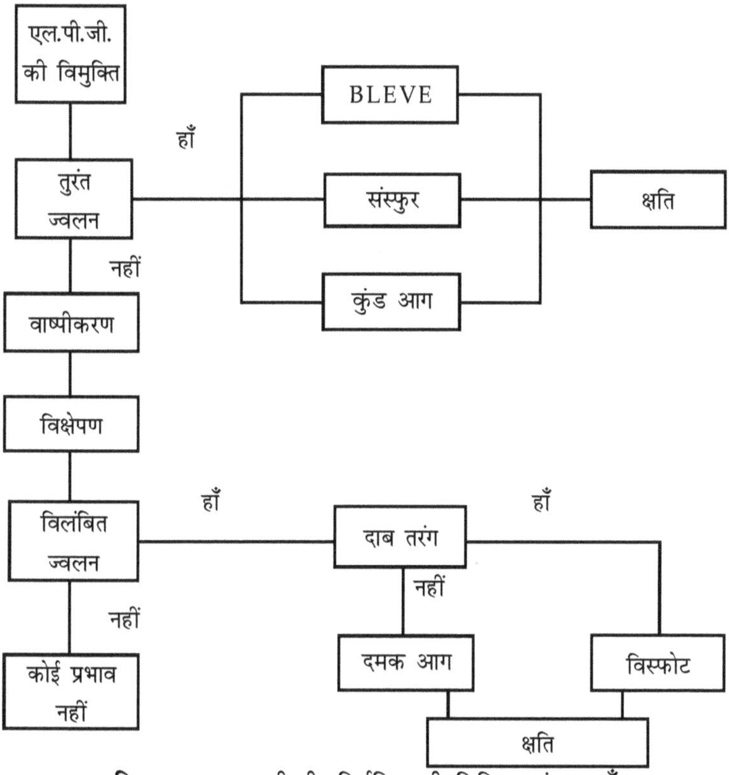

चित्र 8.2 : एल.पी.जी. निर्मुक्ति की विभिन्न संभावनाएँ

एल.पी.जी. संग्रहण वैसल, आग द्वारा बाहर से गर्म होने पर अधिक जोखिमी स्थिति-BLEVE (क्वथनांक द्रव प्रसार वाष्प विस्फोट) उत्पन्न कर सकती हैं विलबर वॉल्स नामक एक अमरीकी ने इस शब्द को सबसे पहले प्रयुक्त किया था। BLEVE को उस क्षण में एक प्रमुख वैसल विफलता के रूप में परिभाषित किया जा सकता है, जब उस वैसल का द्रव क्वथनांक बिंदु से अधिक तापमान का होता है। जब वैसल द्रव से भरा होता है तो अत्यधिक भीतरी दाब उत्पन्न हो सकता है अथवा द्रव का तापमान बढ़ सकता है और उस समय वैसल पर अपर्याप्त

दाब अथवा दाब निर्मुक्त होने की कोई भी युक्ति नहीं होती अथवा यदि युक्ति हो भी तो यह काम नहीं करती है। यह घटना सामान्यत: तब होती है जब नीचे आग के कारण ज्वाला के फैलने से भीतर का सूखा शैल का भाग अति तापित हो जाता है और यहाँ तक कि प्रचालन दाब पर विफल हो जाता है। गीले भाग में, द्रव ताप को कम कर देता है और धातु की सतह का तापमान प्रबल रूप में नहीं बढ़ पाता है। आधान में फटाव भी उस समय हो सकता है जब पास ही स्थित आधान के BLEVE से निकलकर कोई भी क्षेपणीय वस्तु उस आधान में घुस जाती है। आधान की विफलता के मामले में, आग का गोला निकलता है। इससे आधान कई टुकड़ों में टूट जाता है, और जो ऊर्जा इससे निकलती है उसके बल से यह टुकड़े दूर-दूर तक जा कर गिर सकते हैं अर्थात् विस्तार होने वाली गैस से मुक्त होते हैं। BLEVE के कारण, वायुमंडल में उच्च ताप तरंग उत्पन्न होती है, जो पर्याप्त दूरी पर स्थित संपत्ति को भी नष्ट कर सकती है।

UVCE, अबाधित वाष्प-बादल विस्फोट होता है। जब वायुमंडल में कोई भी ज्वलनशील पदार्थ निर्मुक्त होता है, वह हवा के साथ मिल जाता है और एक मिश्रण बनाता है अर्थात् वह या तो पूरी तरह गिर जाता है। यदि इस मिश्रण को जलने का कोई भी स्रोत प्राप्त हो पाता है तो वह विमुक्त हुए पदार्थ की मात्रा और निश्चित अनुपात में हवा के मिश्रण पर निर्भर करते हुए या तो आग में प्रज्वलित हो जाता है या फिर विस्फोट कर देता है। इस प्रकार से घटित विस्फोट को UVCE कहा जाता है। वाष्प बादल विस्फोट गैस-वायु मिश्रण की तीव्र दहन होता है और जिसके परिणामस्वरूप दाब तरंग उत्पन्न होती है।

(6) ताप तरंग के लक्षण–जब भारी ईंधन तेल अथवा अपरिष्कृत तेल जलते हैं तो सतह पर उच्च घनत्व और निम्न क्वथनांक के हाइड्रोकार्बन जलते हैं। जब यह जलते हैं तो उच्च क्वथनांक के हाइड्रोकार्बन जलने वाली सतह के नीचे गर्म तेल की परत बनाकर नीचे डूब जाते हैं। यह गर्म तेल की परत टैंक के तल की ओर तेल के प्रकार पर निर्भर करने की दर से बढ़ती है। अधिकांश अपरिष्कृत तेलों में, यह दर प्रतिघंटा 30 सेंटीमीटर से 50 सेंटीमीटर तक होती हैं यह ताप तरंग कहलाती है और इसका तापमान 150° सेल्सियस से 300° सेल्सियस तक होता है। सामान्यत: यदि तेल भारी होगा तो ताप तरंग की गति धीमी होगी।

परिष्कृत तेलों जैसे मोटर स्परिट, कैरोसीन, डीजल, तेल, ग्रीस के तेल आदि में ताप तरंग नहीं बनती क्योंकि जलने वाली सतह के नीचे परिष्कृत तेलों की क्वथनांक रेंज कम होती है।

बॉयलओवर (Boilover)–ताप तरंग, जो भारी अथवा अपरिष्कृत तेलों में विकसित होती है, जब टैंक के तल में तेल की सतह के नीचे पानी के संपर्क में आती है तो पानी की ऊपरी तह को एकदम भाप में बदल देती है। जैसे ही पानी भाप में बदलता जाता है, उसका आयतन 17,00 गुणा बढ़ जाता है। जब तक यह भाप बड़े-बड़े बुलबुलों में सतह पर विभाजित नहीं हो जाती तब तक वह तेल में ही बनी रहती है और झाग उत्पन्न करती है। यह भाप भरा झाग आयतन में जल्दी-जल्दी बढ़ता जाता है, और यह टैंक के बाहर जलते हुए तेल की तरंग को बाहर फेंकता है। इससे जलता हुआ तेल निकलता है, और फिर गिरता है और जो टैंक की डाइक (dyke) दीवार से दूर तक फैल जाता है।

स्लोपओवर (तेल का छलकना)–यह स्लोपओवर, बॉयलओवर की तरह तेल का उद्गार बलशाली नहीं होता है। यह टैंक का उत्प्रवाह (टैंक में से पदार्थ का बाहर निकलना) होता है। यह तब होता है जब जलते हुए तेल के विस्कोस रूप में होने और उसका तापमान पानी के क्वथनांक से अधिक होने की स्थिति में, तेल की गर्म सतह का पानी की धारा के साथ संपर्क होता है। पानी पहले ताप तरंग में डूब जाता है, और फिर भाप में विस्तारित हो जाता है। बाहर निकलते समय, यह भाग झाग बना देती है, जो ताप तरंग में गर्म तेल को टैंक के मुँह तक भरने (ullage) की तुलना में अधिक धारिता में विस्तारित कर देती है और इस तरह टैंक के ऊपर से झाग का स्लिपओवर उत्पन्न हो जाता है।

तेल में लगी आग के प्रभाव–वायुमंडल में हाइड्रोकार्बन के निर्मुक्त होने से और उसे ज्वलन का स्रोत मिल जाने से आग लग जाती है अथवा विस्फोट हो जाता है अथवा वह हवा के साथ मिलकर तनु (dilute) हो जाता है और अंत में निम्न ज्वलनशीलता की सीमा के भी नीचे पहुँच जाता है। अलग-अलग घटनाओं में इसके भिन्न-भिन्न क्षतिकारक प्रभाव होते हैं। इसमें हुई क्षति दो प्रकार की होती है। एक तो ऊष्मा विकिरण और दूसरी अति-दाब।

(1) थर्मल विकिरण–कुण्ड आग, जेट ज्वाला अथवा आग के पुँज से हुए थर्मल विकिरण से मनुष्यों की त्वचा में विभिन्न डिग्री के दुग्ध (burn) हो जाते हैं। यह विकिरण पास रखे हुए उपस्करों, और यहाँ तक की मौजूद पेड़-पौधों को भी नुकसान पहुँचा देता है। आग के कारण हुआ थर्मल विकिरण निम्नलिखित कारकों पर निर्भर करता है–

(क) आग के लक्षण-ज्वाला का निकास, लंबाई और आकार।

(ख) ज्वाला की सतह का फ्लक्स-विकिरणकृत ताप के भाग के समान।

(ग) ज्वाला/लक्ष्य की ज्यामिति-लक्ष्य पर निष्कासित विकिरण की घटना का अनुपात।

(घ) वायुमंडलीय संचरण-जलवाष्प, कार्बन डाइऑक्साइड और धूल आदि द्वारा हुए अवशोषण और फैलाव के कारण थर्मल विकिरण का क्षीणन।

(ङ) ज्वाला स्पिल ओवर-हवा की दिशा में जलते कुंड से बाहर निकली ज्वाला के आधार की गति।

दूर के लक्ष्य पर अधिकतम ईंसिडेंट (incident) विकिरण (I) का अनुमान निम्नलिखित रूप में किया गया है।

$$I = (Q \times F \times \tau)/(4 \times \pi \times d^2)$$

यहाँ – Q = कुल निर्मुक्त हुआ ताप

F = विकिरत ताप का भाग

τ = वायुमंडलीय ट्राँसमिट्ंस

d = लक्ष्य के स्रोत स्थल से दूरी (m)

इस संबंध में विस्तृत परिकलन कार्य-विधि, पेट्रोलियम उद्योग में इंस्टीट्यूट ऑफ पेट्रोलियम मोडेल कोड ऑफ सेफ प्रेक्टिस के भाग 9 और ARIRP 521 में दिया गया है। थर्मल विकिरण की तीव्रता के आधार पर हुई क्षति के प्रभाव नीचे दिए गए हैं–

तालिका 8.2 : थर्मल विकिरण तीव्रता के आधार पर क्षति के प्रभाव

ईंसीडेंट विकिरण तीव्रता (kW/M^2)	क्षति का प्रकार
62.0	लकड़ी का स्वतः ही जलना शुरू होगा
32.0	थर्मल-संरक्षित टैंकों का अधिकतम फ्लक्स स्तर
12.5	लकड़ी के दहन और प्लास्टिक के पिघलने के लिए आवश्यक न्यूनतम ऊर्जा
8.0	गैर-विद्युत रोधी टैंकों के लिए अधिकतम ताप फ्लक्स
4.5	कार्मिक को दर्द उत्पन्न करने के लिए पर्याप्त, यदि वह 20 सेकेंड में अपने को ढक नहीं लेता तो उसके पहली डिग्री के बर्न होने की संभावना होती है।

उच्च दाब स्रोत से निर्मुक्त होने पर, विकिरण से एक प्रशुब्ध (turbulent) जेट बन जाता है। जलने पर यह टार्च अथवा जेट ज्वाला उत्पन्न करेगा। ऐसी ज्वाला की ताप तीव्रता बहुत अधिक $300kW/m^2$ के रेंज में होती है और जो पाइपों, संरचनाओं और उपस्करों को काट देती है। इससे बहुत ही व्यापक क्षति होती है।

ओवर प्रेशर (अति दाब)–तेल-सुविधाओं में विस्फोट घटित होने की स्थिति में, जो ब्लास्ट तरंग निकलती है वह उपस्करों संरचनाओं और पाइपों तथा मनुष्यों को बहुत नुकसान पहुँचाती है। संग्रहण टैंक, भवन और संरचनाएँ अति दाब के निम्न स्तर को ही सह सकती है। अति दाब के कारण भवन और संरचनाएँ ढह जाती हैं, जिससे मनुष्य बहुत प्रभावित होते हैं।

वाष्प बादल के विस्फोटों पर जानकारी की वर्तमान स्थिति में बहुत सी कमियाँ हैं, और इस संबंध में कोई भी संतोषजनक सैद्धांतिक आदर्श (मॉडल) पूर्ण रूप से संतोषजनक नहीं है। व्यावहारिक दृष्टिकोणों में सैद्धांतिक और अनुभव से प्राप्त जानकारी को मिलाकर ही आगे बढ़ने की प्रवृत्ति रहती है। TNT तुल्य मॉडल को वाष्प बादल विस्फोट को मॉडल करने के लिए प्रयुक्त किया जाता है, यद्यपि वाष्प बादल विस्फोट और TNT विस्फोटों के लक्षण भिन्न-भिन्न होते हैं। वाष्प बादल विस्फोट से निकली ऊर्जा का हिसाब सामान्यतः पराभव (yield) कारक और दहन के ताप के उत्पाद के रूप से लगाया जाता है। निम्नलिखित तालिका ब्लास्ट अति दाब के क्षतिकारी प्रभावों को प्रदर्शित करती है–

BLEVE से हुई क्षति–BLEVE निम्नलिखित से संबद्ध होता है–

- अग्नि पुँज का, अत्यधिक तीव्र ताप विकिरण के साथ बनना;
- द्रव के ऊपर वाष्प के विस्तार के कारण दाब तरंग का उत्पन्न होना; और
- ऊर्जा द्वारा वैसल के टुकड़ों का पर्याप्त दूरी तर फैल जाना, यह वाष्प विस्तार का होने से निर्मुक्त होते हैं।

इस आग के पुँज में जो भी व्यक्ति होगा वह मर कर कोयला बन जाएगा, और संपत्ति को भारी नुकसान होगा। यह आग का पुँज कई सैकड़ों वर्ग मीटर के क्षेत्र पर फैल सकता है। इससे होने वाले ताप विकिरण और दाब की तरंग के प्रभाव के बारे में ऊपर बताया जा चुका है। यदि

बड़ी मात्रा में ज्वलनशील सामग्री इसमें शामिल होती है, तो विकिरण ताप अधिकांश ज्वलनशील सामग्री को जला देने के लिए पर्याप्त होता है और अपनी ज्वाला के पुँज में घनी आबादी के क्षेत्रों और भवनों को खींच लेता है। आधान के टुकड़े आग के लिए आदर्श स्थितियों में 3.5 कि.मी. की दूरी तर उड़कर जा सकते हैं। मैक्सिकों नगर में घटी एल.पी.जी. में लगी आग से आधान/सिलिन्डर के टुकड़े 1200 मीटर की दूरी तक जा कर गिरे थे। ऐसे टुकड़ों की प्रारंभिक गति (वेग) 150-200 मीटर/प्रति सेकेंड के रेंज में बहुत अधिक होती है। यह वेग इस्पात में घुसकर छेद कर देने के लिए पर्याप्त होता है, और पास में स्थित आधान के द्वितीयक BLEVE की ओर ले जा सकता है।

विस्फोट के कारण हुई क्षति–सामान्यत: UVCE के प्रत्यक्ष ब्लास्ट प्रभाव से लोगों की मृत्यु नहीं होती है। केवल इसके द्वितीयक और तृतीयक प्रभावों से घातक चोटें लग सकती हैं। UVCE के दौरान उत्पन्न उच्च दाब केवल सैकेंड के एक ही भाग तक रहता है। परंतु इसके परिणामस्वरूप निकली दाब तरंग से, वाष्प बादल के बाहर की भी संपत्ति को काफी नुकसान पहुँच सकता है।

इस वाष्प बादल के अंदर जो भी व्यक्ति होगा वह जलकर राख हो जाएगा और सारी संपत्ति नष्ट हो जाएगी। परंतु वाष्प बादल के बाहर का ऊष्मा भार इतनी अल्प-अवधि के लिए होगा जो कोई महत्त्वपूर्ण क्षति को संभव नहीं कर पाएगा।

तालिका 8.3 : ब्लास्ट अतिदाब के क्षतिकारी प्रभाव

ब्लास्ट अति दाब (psi)	**क्षतिकारी प्रभाव**
5.0	प्रमुख संरचनात्मक क्षति (भवन के अंदर के और अन्य भवनों में रहने वाले लोगों के लिए घातक) होने का अनुमान किया गया है।
3.0	तेल संग्रहण टैंक विफलता
2.5	कर्णपट (eardrum) की क्षति
2.0	इससे हुई क्षति मरम्मत की जा सकती है, दाब वैसल ठीक रहते हैं और हल्की संरचनाएँ टूट सकती है।
1.0	खिड़कियाँ टूट सकती है, जिससे चोट लग सकती है।

प्रश्न 2. तेल उद्योग जगत में अपनाई गई अग्नि सुरक्षा प्रणाली पर एक टिप्पणी लिखिए। (जून-2018, प्र.सं.-5)

उत्तर– इस संबंध में उच्च जोखिम के कारण पेट्रोलियम प्रक्रमण और प्रहस्तन सुविधाओं को डिजाइन करने में बहुत अधिक सावधानी बरती जानी चाहिए, और केवल प्रमाणित प्रौद्योगिकी का ही अनुपालन करके मजबूत इंजीनियरिंग पद्धतियों के इस्तेमाल से निर्माण किया जाना चाहिए। साथ ही निर्माण और प्रचालन कार्य पर्याप्त रूप से प्रशिक्षित और सक्षम व्यक्तियों द्वारा किया जाना चाहिए। इन सभी उपायों के बाद भी भयंकर विफलताएँ जीवन को भारी क्षति और संपत्ति को बहुत नुकसान पहुँचा सकती हैं जो पूरे विश्व में पेट्रोलियम उद्योग में अक्सर घटती रहती हैं।

इन तेल-सुविधाओं में सुरक्षा की व्यवस्था, सुविधाओं में शामिल खतरों पर आधारित होती है। इस संबंध में मात्रात्मक जोखिम विश्लेषण यह सुनिश्चित करने के लिए किया गया है कि खतरे का स्तर क्या है उसके प्रभाव की, ताकि दूरी का पता लगाया जा सके और उसके अनुसार प्रभावी तैयारी की योजनाएँ बनाई जा सकें। तेल उद्योगों में अपनाई गई कुछ सामान्य सुरक्षा व्यवस्थाएँ निम्नलिखित हैं–

- दाब-युक्त-आग-जल व्यवस्था जिसमें हाइड्रेन्ट होते हैं और संपूर्ण सुविधाओं में मॉनीटर लगे होते हैं। आग के लिए जल संग्रहण और उसे पम्प द्वारा निकालने की धारिता बड़ी मात्रा में लगी आग के 4 घंटे तक बुझाने के लिए पर्याप्त होनी चाहिए।
- संग्रहण टैंकों के लिए, आगजल की रिंग जो शैल शीतलन के लिए होती है और अर्ध-जड़ित (semi-fixed) झाग उडेलन व्यवस्था से युक्त होती है, आग बुझाने के लिए उपलब्ध की जाती है। प्लव छत टैंकों के मामले में, झाग व्यवस्था रिम सील क्षेत्र से जुड़ी होती है और स्थिर कक्ष टैंक के लिए वाष्प स्थल से जुड़ी होती है। जल फुहारक व्यवस्था/छिड़काव यंत्र भी संवेदनशील क्षेत्र जैसे कॉलम, भरण सोपानी मंच (gantries) और गर्म पम्प में भी उपलब्ध किए जाते हैं।
- ऊँची संरचनाओं में तेल प्रहस्तन की व्यवस्थाओं में एलीवेटिड जल सहित फोम मॉनीटर लगाए जाते हैं।
- स्वचालित सक्रिय जल छिड़काव सुविधाएँ जो द्रवित पेट्रोलियम गैस (एल.पी.जी.) जैसे हल्के हाइड्रोकार्बन की संग्रहण और प्रहस्तन सुविधाओं में लगाई जाती है, क्योंकि उनमें उच्च संभव जोखिम शामिल रहता है।

निष्क्रिय आग सुरक्षा व्यवस्थाएँ जैसे संरचनाओं/उपस्करों का आग रोधन और सुविधाओं/उपस्करों के बीच पर्याप्त सुरक्षा दूरी राष्ट्रीय और अंतर्राष्ट्रीय प्रतिमानों के अनुसार रखी जाती है। इससे लगी हुई आग को आगे बढ़ने में सहायता नहीं मिलती है, और आग बुझाने की व्यवस्था को चालू करने के लिए पर्याप्त समय मिल जाता है। तेल उद्योग अब उच्च आयतन के लंबे रेंज के जल सहित फोम मॉनीटर (2000 GPM) आग बुझाने के लिए अपना रहा है। रिमोट से चलने वाला हाइड्रोलिक प्लेटफार्म (स्नॉरकेल) भी ऊँची संरचनाओं की प्रभावी सुरक्षा के लिए अपनाए जा रहे हैं। बड़े व्यास के संग्रहण टैंकों (40m व्यास से अधिक व्यास वाले) के लिए, रिम सील आग को बुझाने के लिए स्वचल सक्रिय फोम बाढ़ सुविधा अधिक शक्तिशाली होते हैं, यह धीरे-धीरे अपनाए जा रहे हैं।

हाइड्रोजन और हाइड्रोकार्बन गैस संसूचक हल्के हाइड्रोकार्बन का प्रहस्तन करने वाली सभी सुविधाओं में प्रारंभिक संसूचन करने के लिए लगाए गए हैं। इसी तरह से ताप और धुआँ संसूचकों का भी व्यापक रूप से उपयोग किया जा रहा है। शीघ्र संचार करने के लिए सतर्कता घंटी वाले, वॉकी-टॉकी तंत्र आदि भी उपयोग किए जा रहे हैं।

BLEVE/वाष्प बादल विस्फोट से उस संरचना/अथवा उपस्कर को क्षति हो सकती है जो और अतिरिक्त हाइड्रोकार्बन निर्मुक्त करता है। ऐसे मामले सामने आए हैं जहाँ विस्फोटों की दाब तरंगों से नियंत्रण कक्षों में क्षति पहुँची है। इसे रोकने के लिए प्रक्रम नियंत्रण कक्षों का निर्माण ब्लास्ट रोधी पदार्थ/सामग्री से किया जाना चाहिए। एक बार यदि ऐसी घटना घट जाए तो मुसीबत

प्रबल हो जाती हैं। विस्फोट से होने वाली क्षति को बीच की दूरियों को बढ़ाने में सीमित किया जा सकता है, परंतु अनेक बार ऐसा संभव नहीं होता क्योंकि कार्य करने के लिए स्थान ही उपलब्ध नहीं रहता। इसके अतिरिक्त जलने के स्रोत को ढूँढने से पूर्व ही वाष्प पर्याप्त दूरी तक यात्रा कर सकती है। संग्रहण सुविधाओं के आस-पास क्वथनांक द्रव के गिरने की उपस्थिति के लिए इम्पाउंडिंग/डाइकिंग प्रयुक्त की जाती है। स्थिति पर निर्भर करते हुए जोखिमी और गंभीर सुविधाओं में सुरक्षा के लिए भौतिक रोधक जैसे ब्लास्ट-रोधी-दीवार बनाई जाती है। अनेक मामलों में जल फुहारक का उपयोग भी वाष्प बादल के LFL को कम करने के लिए किया जाता है।

चूँकि BLEVE के आपदायी प्रभाव का सामना करना लगभग असंभव होता है, इसलिए इसे रोकना ही एक उपलब्ध विकल्प होता है। इस संबंध में एल.पी.जी. संग्रहण के लिए कुछ सुरक्षा प्रावधान नीचे दिए गए हैं–

- आपातकालीन स्थिति में शीघ्र पृथक्करण के लिए रिमोट से चलने वाले वॉल्ब की व्यवस्था।
- 10.2 एल पी एम (LPM) प्रति वर्ग मीटर वाले स्वचल-जल-फुहारक की व्यवस्था।
- आधारी संरचनाओं की आग रोधिता व्यवस्था।
- व्यापक गैस संसूचन पद्धति की व्यवस्था।

प्रक्रमण सुविधाओं में, आग बुझाने की सेवा के लिए फोम अग्नि टेंडर, फोम नर्सर्स, DCP टेंडर-चल-मॉनीटर आदि चल-अग्नि-शमन उपस्कर पर्याप्त संख्या में उपलब्ध होने चाहिए। आग लगने की स्थिति में, अग्नि-शमन रसायनों की पर्याप्त मात्रा तुरंत पहुँचाने के लिए संग्रहित की जानी चाहिए।

सभी अग्नि-शमन और सुरक्षा उपस्करों का निरीक्षण किया जाना चाहिए और सका नियमित रख-रखाव किया जाना चाहिए ताकि वह हमेशा चालू करने की स्थिति में रह सकें।

यह आवश्यक है कि अन्य प्रक्रमण संयंत्रों के साथ आपसी सहायता व्यवस्था कायम रखी जानी चाहिए ताकि आपसी सहायता व्यवस्था के अनुसार कार्य करके कोई प्रमुख आग की घटना/विस्फोट घटने की स्थिति में अतिरिक्त सहायता सुविधापूर्ण हो सके।

बॉयलओवर और स्लोपओवर के लिए सावधानी–ताप तरंग की नीचे की ओर हुई प्रगति को टैंक की शैल के बिंदु के रंग और टैंक शैल को जल की धारा से परीक्षण करने के द्वारा ज्ञात किया जा सकता है। यदि टैंक में आग बुझाने का कण साधारण जल स्तर के ऊपर ताप तरंग 1.5 मीटर तक के बिंदु तक पहुँचने के पहले ही विफल हो गया है तो उस क्षेत्र में काम कर रहे कार्मिकों को एकदम वहाँ से हटा दिया जाना चाहिए। बॉयल ओवर के लिए चेतावनी, वास्तविक बॉयल ओवर होने से पूर्व तुरंत जलने वाली ज्वाला की ऊँचाई और ज्वाला चमकीलेपन में वृद्धि होने के आधार पर मालूम किया जा सकता है चेतावनी दी जा सकती है। नालियों अथवा तटबंध बनाने के लिए उपाय किए जाने चाहिए, ताकि तेल जो बाहर निकलता है उसे उचित प्रणालियों में प्रवाहित किया जा सके।

स्लोपओवर की चेतावनी भाप बनने के कारण हवा की दिशा में टैंक के ऊपर उठने वाले धुएँ के हल्के रंग से मालूम होती है। एक तरह की आवाज, तेल के गीलेपन का संकेत देती

है। स्लोप ओवर की घटना में टैंक से बाहर निकलने वाले तेल के ज्वलन को बुझाने के लिए उपाय किए जाने चाहिए।

प्रश्न 3. तेल में आग लगने से संबंधित आपदा प्रबंधन हेतु अनुक्रिया उपायों पर प्रकाश डालिए।

उत्तर– पेट्रोलियम सुविधाओं में आग को तुरंत बुझाया जाना चाहिए अन्यथा यह बहुत अधिक तीव्रता से सक्रिय हो जाती है और प्रबंधन से बेकाबू हो जाती है। आग बुझाने के स्टेशनों में केंद्रीयकृत नियंत्रण कक्ष में 24 घंटे सक्षम व्यावसायिक रूप से प्रशिक्षित कार्मिक और त्याग से पूर्ण अग्नि शमन कार्मिक मौजूद होने चाहिए और उनके पास आधुनिक संचार व्यवस्था के उपकरण जैसे वॉकी-टॉकी और पेजर आदि उपलब्ध होने चाहिए ताकि किसी भी आपातकालीन स्थिति में वे तुरंत कार्य कर सकें। इन सुविधाओं में सभी स्थानों पर आग की चेतावनी की घंटियाँ लगी होनी चाहिए और साइरन का उपयोग परिसर के अंदर और बाहर कार्मिकों को सतर्क करने के लिए किया जाता है। आपदा प्रबंधन के लिए संयंत्र और सुरक्षा कार्मिकों को भी प्रशिक्षित किया जाना चाहिए; हालाँकि, आपातकाल के दौरान अग्नि शमन/बचाव कार्य में सरकार द्वारा सहायता दी जाती है।

यदि कभी एल.पी.जी. युक्त अथवा ऐसी ही किसी पदार्थ से भरे दाब वैसल में आग लग जाती है तो द्रव के स्तर के ऊपर का भाग की सतह में जल फुहार से ठंडा रखा जाता है। फिर भी BLEVE किसी भी समय घट सकता है। वास्तविक घटनाओं में BLEVE के घटने का समय, आग लगने के 5 मिनट से लेकर 20 घंटे के बीच में किसी भी समय विभिन्नता में हो सकता है। इसलिए आग के स्थान से लोगों को तुरंत दूर करना/स्थान खाली कराना, और आग बुझाने के सभी कार्य समन्वित एंग से किए जाने चाहिए।

प्रचालन तथा अन्य संबंधित पहलूओं के लिए सावधानी बरतने के लिए, और महत्त्वपूर्ण कार्मिकों की तुरंत नियुक्ति से पूर्व आपातकाल प्रबंधन योजनाओं का अभ्यास आवश्यक है।

प्रश्न 4. तेल में आग लगने से घटित भूतपूर्व आपदाओं का वर्णन कीजिए।

उत्तर– एल.पी.जी. सुविधाओं में एक तो मैक्सिको और दूसरा भारत में घटित दो प्रमुख आपदाओं का विवरण नीचे दिया जा रहा है ताकि किसी पूर्व चेतावनी के बिना सामाजिक आधारभूत संरचना पर पड़े भार को समझा जा सके। इस प्रकार, इन घटनाओं के कारण हुई व्यापक क्षति को पूर्ण रूप से समझा जा सकेगा।

(1) एक गंभीर आपदा 19 नवम्बर, 1984 को सुबह लगभग 5.42 पर मैक्सिको शहर के सैनजॉन एल.पी.जी. तेल संग्रहण और प्रेषण सुविधा में घटी थी जो कि औद्योगिक गतिविधि के कारण घटित हुई थी। इस घटना में अनेक विस्फोट एक के बाद एक घटित हुए, जिससे आग लग गई थी और 500 लोगों की मृत्यु हो गई थी तथा 7,200 लोगों को चोटें आईं थीं, जिसमें से 144 व्यक्ति अस्पताल में मर गए थे। 39,000 लोग बेघर हो गए अथवा उनको सुरक्षित स्थान पर ले जाया गया था।

यह आपदा पेमैक्स नामक संगठन के एल.पी.जी. थोक-संग्रहण और वितरण डिपो में घटित हुई थी। इस सुविधा में 6 होर्टन स्फीयर्स और 48 बुलेट थे। आपदा के समय कुल एल.पी.जी.

की संख्या 11,000m^3 थी। पास के दो संस्थापन, जिनमें बोतल में बंद एल.पी.जी. का वितरण होता था, उसमें भी बहुत नुकसान हुआ था।

ऐसा लगता है कि परिशोधनशाला से एल.पी.जी. लाते समय एक पाइपलाइन (8") में संग्रहण स्थान के पास से रिसाव हो गया था। इससे एक वाष्प बादल बन गया जो रिसाव-स्थल से 100 मीटर दूर भूमि पर संस्फुर होने लगा। इससे एक विस्फोट हुआ जो मैक्सिको शहर के विश्वविद्यालय के भूकंपमापी पर जो 30 कि.मी. दूर स्थित था रिकार्ड हो गया। ज्वाला के प्रज्वलन से स्फीयर्स और बुलेट फट गए और परिणामस्वरूप BLEVE हो गया। इसश्रृंखला में विस्फोट हुए थे और आग के पुँज निकले थे। 48 बुलेटों में से केवल 4 ही अपने आधार पर स्थिर रह सके थे। चार स्फीयर्स फट गए थे और शेष केवल दो स्फीयर्स ही विस्फोटित नहीं हुए थे परंतु उनकी आधार देने वाली टेक के आकुंचन (buckling) से वे ढह गए थे। इसके टुकड़े बड़ी संख्या में पर्याप्त दूरी तक उड़कर चले गए थे। एक सिलिंडर तो 1200 मीटर की दूरी तक उड़कर चला गया था और स्फीयर्स के कुछ भाग 400 मीटर की दूरी तक उड़कर पहुँच गए थे। 300 मीटर के दायरे में जो घर स्थित थे वे पूरी तरह नष्ट हो गए थे।

आग बुझाने के लिए जल की क्षमता अपर्याप्त थी, और पम्प-गृह-संग्रहण वैसल्स से 50 मीटर दूर स्थित था। स्फीयर्स के लिए जल-फुहार-सुविधा में उपलब्ध नहीं कराई गई थी और जो आधार थे वे आग रोधी नहीं थे। स्फीयर्स और बुलेट बहुत पास-पास रखे गए थे।

(2) भारत में 14.9.97 को एक बहुत बड़ी आग/विस्फोट की घटना प्रातः 6.40 पर एल. पी.जी. संग्रहण सुविधा में घटी, जिसमें 60 लोग मर गए थे और 27 एल.पी.जी. संगहण टैंक नष्ट हो गए थे, 15 संग्रहण क्षेत्र में पम्प क्षेत्र में तथा टर्मिनल में बहुत नुकसान हुआ था।

इस दुर्घटना में एल.पी.जी. संग्रहण सुविधा परिशोधनशाला का एक भाग थी। पोर्ट पर खड़े टैंकर से एल.पी.जी. को उतारा जा रहा था और लाइन-फिल वाटर होर्टन स्फीयर की तरफ चला गया था। स्फीयर से पानी का निकास हो गया था और निकास के दौरान कुछ कठिनाई महसूस की गई थी। उसके बाद भी एल.पी.जी. को उतारने की क्रिया जारी थी। यह देखा गया था कि वाष्प बादल उस स्फीयर के पास बन गया था जहाँ लाइन-फिल वॉटर पहुँच गया था। यह वाष्प बादल काफी बड़ा था और उसी समय प्रक्रमण इकाई में एक छोटी सी आग लग गई थी। कैंटीन में आग की खुली ज्वाला अथवा इकाई में छोटी-सी आग से दहन स्रोत उत्पन्न हो गया होगा। इससे शुरू में ज्वलन हुआ फिर उसके बाद बड़ा विस्फोट हो गया।

इससे एल.पी.जी. स्फीयर्स और संयोजित पाइप बुरी तरह प्रभावित हो गए थे। पास में स्थित उत्पाद से भरे टैंकों में आग लग गई थी। भवन और वह भवन जहाँ अग्नि शमन केंद्र स्थित था, ढह गए थे। विस्फोट से पहले पूरा अग्नि शमन केंद्र आग की लपटों के वाष्प-बादल में समा गया था और इसलिए आग बुझाने के टेंडर काम के लिए शुरू नहीं किए जा सके थे। ऊपर विवेचित किए गए सभी अग्नि शमन और सुरक्षा उपाय वहाँ पर उपलब्ध थे, परंतु वह काम में नहीं लाए जा सकते थे क्योंकि विस्फोट संवेदनशील क्षेत्र में हुआ था और उससे वह क्षेत्र प्रभावित हो गया था। चूँकि यह घटना प्रातः काल में अग्नि घटी थी इसलिए अग्नि स्थल पर बहुत कम कार्मिक/लोग उपस्थित थे अन्यथा बहुत लोग मर जाते।

वायु प्रदूषण

प्रश्न 1. वायु प्रदूषकों को उनके मूल उद्‌गम, संघटन और पदार्थ की अवस्था के आधार पर वर्गीकृत कीजिए। (दिसम्बर-2017, प्र.सं.-4)

अथवा

वायु प्रदूषण से आप क्या समझते हैं? यह प्रदूषण किन कारणों से फैलता है?

अथवा

वायु के प्रदूषित होने के कारणों का वर्णन कीजिए।

अथवा

भारत में होने वाले वायु प्रदूषण की परिस्थिति का वर्णन कीजिए।

उत्तर– सभी वायु प्रदूषक अपने मूल उद्‌गम, रासायनिक संघटन और पदार्थ की अवस्था के अनुसार वर्गीकृत किए जाते हैं। स्पष्टता के लिए इस वर्गीकरण को वायु प्रदूषण पैरामीटर चर्चा के लिए प्रयुक्त किया जाएगा।

उद्‌गम–उद्‌गम के अनुसार, प्रदूषकों को प्राथमिक अथवा द्वितीयक (गौंण) संदूषक माना जाता है। प्राथमिक प्रदूषक जैसे सल्फर ऑक्साइड (Sox), नाइट्रोजन ऑक्साइड (NO), और हाइड्रोकार्बन (HC) होते हैं। ये वायुमंडल में प्रत्यक्ष रूप से उत्सर्जित (emit) होते हैं और उसी रूप में पाए जाते हैं जिसमें उत्सर्जित हुए थे। द्वितीय प्रदूषक जैसे ओजोन (O_3) और परॉक्सीऐसिटिल नाइट्रेट (PAN) वायुमंडल में प्रकाश रसायनिक अभिक्रिया द्वारा बनते हैं।

रासायनिक संघटन–प्रदूषक, चाहे वे प्राथमिक हों अथवा द्वितीयक उनको आगे उनके रासायनिक संघटन के अनुसार कार्बनिक अथवा अकार्बनिक यौगिकों में वर्गीकृत किया जा सकता है। कार्बनिक यौगिकों में कार्बन और हाइड्रोकार्बन होते हैं और उनमें कुछ तत्त्व भी जैसे ऑक्सीजन, नाइट्रोजन, फॉस्फोरस और सल्फर होते हैं। हाइड्रोकार्बन अथवा कार्बनिक यौगिकों में केवल कार्बन और हाइड्रोजन होता है। प्रदूषित वायुमंडल में पाए जाने वाले अकार्बनिक यौगिकों में कार्बन मोनोऑक्साइड (CO), कार्बनडाइऑक्साइड (CO_2), कार्बोनेट, सल्फर ऑक्साइड, नाइट्रोजन ऑक्साइड, ओजोन, हाइड्रोजन, फ्लुओराइड और हाइड्रोजन क्लोराइड शामिल होते हैं।

पदार्थ की अवस्था–प्रदूषकों को आगे कणीय अथवा गैसीय पदार्थों के रूप में वर्गीकृत किया जा सकता है। निम्नलिखित तालिका में प्रदूषकों का वर्गीकरण प्रदर्शित किया गया है–

तालिका 9.1 : प्रदूषकों का वर्गीकरण

प्रमुख प्रदूषक	उप-प्रदूषक	उप-वर्ग के विशेष सदस्य
कणीय पदार्थ	ठोस	धूल, धुँआ, धूम, फ्लाई, एश, कोहरा, फुहार आदि।
गैसीय ब्यूटेन	हाइड्रोकार्बन	हैक्सेन, बेन्जीन, एथिलीन, मेथैन, ब्यूटाडाइन आदि।
कार्बनिक	ऐल्डीहाइड और कीटोन, अन्य कार्बनिक	फार्मल्डीहाइड, ऐसीटोन, क्लोरीनकृत, हाइड्रोकार्बन, एल्कोहॉल कार्बनमोनोऑक्साइड, कार्बन डाइऑक्साइड
अकार्बनिक	कार्बन के ऑक्साइड सल्फर के ऑक्साइड नाइट्रोजन के ऑक्साइड अन्य अकार्बनिक पदार्थ	सल्फर डाइऑक्साइड, सल्फर ट्राइऑक्साइड, नाइट्रोजन डाइऑक्साइड, नाइट्रिक ऑक्साइड, हाइड्रोजन सल्फाइड, हाइड्रोजन फ्लूओराइड, अमोनिया।

कणीय पदार्थ–वायु की गुणवत्ता के पैरामीटर दो व्यापक श्रेणियों में विभाजित होते हैं। कणीय पदार्थ जो द्रव अथवा ठोस हो सकता है, और दूसरा गैसीय पदार्थ। कणीय पदार्थ कोई भी विक्षेपित ठोस, ठोस अथवा द्रव रूप में हो सकता है, जिसमें इनके अलग समूह एक अकेले छोटे अणु (लगभग 0.002 μm) से बड़े हो सकते हैं परंतु लगभग 500 μm छोटे होते हैं। कणीय पदार्थों को वर्गीकरण और उसके बारे में चर्चा उनके भौतिक, रासायनिक अथवा जैविक लक्षणों के अनुसार की जा सकती है। भौतिक लक्षणों में उनका साइज, रूपण तरीका, जमने के गुणधर्म और प्रकाशिक गुण होते हैं। रासायनिक लक्षणों में उनका कार्बनिक अथवा अकार्बनिक संघटन और जैविक लक्षण जो जीवाणु, वाइरस और बीजाणु (spore) आदि के रूप में (वर्गीकरण से संबंधित होते हैं) शामिल होते हैं।

सल्फर के ऑक्साइड–सल्फर के ऑक्साइड (SOx) संभवत: सबसे अधिक व्यापक रूप से फैले हुए हैं और सभी मानवजनिक वायु प्रदूषकों में से सबसे अधिक विस्तार से अध्ययन किए गए हैं। इनमें 6 विभिन्न गैसीय यौगिक शामिल हैं जैसे सल्फर मोनोऑक्साइड (SO), सल्फर डाइऑक्साइड (SO_2), सल्फर ट्राइऑक्साइड (SO_3), सल्फर टेट्राऑक्साइड (SO_4), सल्फर सिक्वीऑक्साइड (S_2O_3) और सल्फर हेप्टोऑक्साइड (S_2O_3)। सल्फर डाइऑक्साइड और सल्फर ट्राइऑक्साइड, सल्फर के दो ऑक्साइड हैं जो वायु प्रदूषण के अध्ययन में सबसे अधिक महत्त्वपूर्ण हैं। सल्फर डाइऑक्साइड रंगहीन, अज्वलनशील और गैर विस्फोटी गैस होती है जिसकी गंध दम घुटाने वाली होती है। इसके स्वाद की अवसीमा (threshold) $784 g/m^3$ (0.3ppm) होती है और गंध की अवसीमा $1306 g/m^3$ (0.5 ppm) होती है।

यह अनुमान किया जाता है कि SO_2 औसतन 2-4 दिनों तक वायुवाहित रहती है। इस दौरान यह अधिक से अधिक 1000 कि.मी. तक जा सकती है। इस तरह SO_2 के प्रदूषण की समस्या स्थानीय न होकर क्षेत्रीय और कभी-कभी अंतर्राष्ट्रीय भी होती है।

नाइट्रोजन के ऑक्साइड–नाइट्रोजन के ऑक्साइड दूसरे महत्त्वपूर्ण वायुमंडलीय संदूषक होते हैं, जो सल्फर डाइऑक्साइड के बाद बहुत से नगरों में वायुमंडल को काफी मात्रा में प्रदूषित करते हैं। सामान्यत: उद्योगों द्वारा नाइट्रोजन ऑक्साइड से सबसे अधिक प्रदूषण होता है, जो इसे उत्पन्न करते हैं और निर्माणकारी प्रक्रियाओं में उपयोग भी करते हैं। अगला प्रदूषण में

योगदान देने वाला क्षेत्र यातायात का क्षेत्र है, और उसके बाद पावर संयंत्र आते हैं। नाइट्रोजन के ऑक्साइड में 6 गैसीय यौगिक होते हैं जैसे नाइट्रिक ऑक्साइड (NO), नाइट्रोजन डाइऑक्साइड (NO_2), नाइट्रोजन ऑक्साइड (N_2O), नाइट्रोजन स्क्वीऑक्साइड (N_2O_3), नाइट्रोजन टेट्राऑक्साइड (N_2O_4), और नाइट्रोजन पेन्टाऑक्साइड (N_2O_5)। नाइट्रिक ऑक्साइड (NO) और नाइट्रोजन डाइऑक्साइड (NO_2), नाइट्रोजन की दो ऐसी ऑक्साइड हैं, जो वायु प्रदूषण के प्राथमिक महत्त्व की है।

उच्च तापमान पर, नाइट्रोजन और ऑक्सीजन वायु में एक-दूसरे के साथ प्रतिक्रिया करके नाइट्रिक ऑक्साइड बनाते हैं। NO आगे जाकर वायुमंडल में ऑक्सीकृत होकर नाइट्रोजन डाइऑक्साइड बनाती है। NO पानी में घुलकर HNO_3 बनाती है। पर्यावरणीय HNO_3 जलवाष्प के N_2O_5 के साथ प्रतिक्रिया करके बनता है, जो ओजोन द्वारा NO_2 के ऑक्सीकरण से उत्पन्न होते हैं। नाइट्रोजन की सभी ऑक्साइडों में से नाइट्रस ऑक्साइड (N_2O), क्षोभमंडल (troposphere) में सबसे अधिक स्थायी होती है (10 कि.मी. पर 4000 दिन, अनुमानित जीवन काल); फिर भी यह उच्च स्तर पर प्रकाश-वियोजित (photodissociated) (40 कि. मी. पर 20 दिन का अनुमानित जीवन काल) हो सकती है। NO_2 का वायुमंडल में ठहरने का वास्तविक समय लगभग 2 माह होता है क्योंकि यह वर्षा होने पर नाइट्रेट के रूप में तीव्रता से बह जाती है। नाइट्रिक ऑक्साइड भी बादल गरजने के दौरान वायुमंडल में संश्लेषित हो जाती है।

ओजोन (प्रकाशरासायनिक ऑक्सीकारक)–तेज धूप में प्रकाश में हाइड्रोकार्बन और NOx का अधिक निष्कासन होता है जो वायुमंडल में रासायनिक प्रतिक्रिया को संभव करता है, और जिससे प्रकाशरासायनिक ऑक्सीकारक उत्पन्न होते हैं। प्रकाश-रासायनिक प्रक्रियाएँ जटिल होती हैं। यह कई घंटों तक जारी रहती हैं और ओजोन (O_3), नाइट्रोजन डाइऑक्साइड (NO_2), परॉक्सीऐसीटिल नाइट्रेट (PAN) और विभिन्न किस्म के गैसीय यौगिक और बहुत बारीक कणीय पदार्थ बनाती है। ओजोन, सबसे शक्तिशाली प्रकाशरासायनिक ऑक्सीकारक है, जो मापने और पहचान करने के लिए पर्याप्त रूप से स्थायी रहता है।

ओजोन समतापमंडल (stratosphere) में पर्याप्त मात्रा में प्राकृतिक स्थितियों के अंतर्गत होता है प्रकाशरासायनिक वायु प्रदूषण उन स्थानों में सबसे अधिक होता है जहाँ मोटर वाहन बहुत मात्रा में चलते हैं और जहाँ प्रतिलोपी (inversion) स्थितियाँ मौजूद रहती हैं। प्रकाश रासायनिक धूमकोहरा (smog), नाइट्रोजन ऑक्साइड और हाइड्रोकार्बन के ऑक्सीकरण से बन जाता है। यह मालूम हुआ है कि प्रकाशरासायनिक धूमकोहरा बनने के दौरान क्षोभमंडल (निम्न वायुमंडल) में ओजोन और ऑक्सीकरण पदार्थ की मात्रा में पर्याप्त वृद्धि हो जाती है।

क्षोभमंडल में ओजोन रात में पर्याप्त मात्रा में नहीं पाई जाती है, परंतु दिन में यह बनना शुरू हो जाती है। यह तथ्य स्पष्ट रूप में यह संकेत देते हैं कि सूर्य प्रकाश में ओजोन का प्रकाशरासायनिक रूपण अथवा ऑक्सीकारकों का अशुद्धताओं से रूपण होता है।

क्षोभमंडल में सबसे महत्त्वपूर्ण ओजोन प्रतिक्रिया में NO_2 शामिल होता है, जो निम्नलिखित है।

$$NO_2 \longrightarrow NO + O$$

$$O_2 + O \longrightarrow O_3$$

$$O_3 + NO \longrightarrow NO_2 + O_2$$

इस रह कोई भी गतिविधि जो वायुमंडलीय नाइट्रोजन डाइऑक्साइड की सांद्रता को बढ़ाती है वह अधिक ओजोन को उत्पन्न करेगी। यह विशेषत: नाइट्रोजन ऑक्साइड युक्त प्रदूषित वायुमंडल में होता है। क्षोभमंडल में ओजोन के ठहरने की अवधि एक से लेकर 2 माह तक होती है।

कार्बन के ऑक्साइड–कार्बन डाइऑक्साइड और कार्बन मोनोऑक्साइड प्रमुख वायु प्रदूषक हैं। इन प्रदूषकों का मानवजनिक मुख्य स्रोत जीवाश्म (fossil) ईंधन है। वनों की आग और ज्वालामुखी इन प्रदूषणों के प्राकृतिक स्रोत हैं। जीवाश्म ईंधनों के संपूर्ण दहन (combustion) के दौरान ईंधन में कार्बन परमाणु ऑक्सीजन अणुओं के साथ संयोजित होकर CO_2 बनाते हैं। वायु में CO_2 के उच्च स्तर मनुष्यों के लिए साँस लेने में कठिनाई उत्पन्न करते हैं।

दहन की प्रक्रिया पूरी तरह समाप्त नहीं होती, और अपूर्ण दहन तब होता रहता है, जब ऑक्सीजन की पूर्ति अपर्याप्त होती है, दहन तापमान बहुत कम होता है अथवा जब दहन कक्ष में उसके ठहरने का समय बहुत कम होता है। कार्बन मोनोऑक्साइड अपूर्ण दहन का उत्पाद है। यह पूर्णत: दृश्य नहीं होती, और यह रंगहीन, गंधहीन और स्वादहीन गैस होती है।

लगभग 70 प्रतिशत कार्बन मोनोऑक्साइड का निष्कासन मोटर वाहनों के क्षेत्र से होता है। यह प्रकाश रासायनिक धूम कोहरे का भी प्रमुख घटक है।

प्रश्न 2. वायु प्रदूषण के स्रोतों की चर्चा कीजिए। (दिसम्बर-2018, प्र.सं.-6)

अथवा

प्राकृतिक अथवा मानव निर्मित स्रोत से आप क्या समझते हैं?

उत्तर– वायु प्रदूषण के स्रोतों को मोटे-तौर पर निम्न रूपों में वर्गीकृत किया जा सकता है–

- प्राकृतिक स्रोत; और
- मानवजनिक (मानव-निर्मित) स्रोत

(1) प्राकृतिक स्रोत–वायु प्रदूषण के प्राकृतिक स्रोत, प्राकृतिक रूप में उत्पन्न होते हैं। चूँकि मनुष्य प्रकृति पर नियंत्रण नहीं कर सकता इसलिए प्राकृतिक स्रोतों से हुआ वायु प्रदूषण भी नियंत्रित नहीं हो सकता। कुछ प्राकृतिक स्रोत नीचे दिए गए हैं–

(क) ज्वालामुखी उद्गार–यह कणीय पदार्थ, धूल, फ्लाई-ऐश जिसके साथ सल्फर डाइऑक्साइड (SO2) जैसी गैस होती है, जैसे प्रदूषक निष्कासित करता है।

(ख) परागण प्रक्रिया–यह प्रक्रिया पौधों द्वारा वायु के साथ होती है। इस मामले में पराग कण वायु द्वारा प्रदूषक के रूप में फैल जाते हैं।

(ग) मरुस्थल तूफान अथवा आँधी तूफान–मरुस्थलों, शुष्क और अर्ध-शुष्क क्षेत्रों में रेत और धूल के कण वायु द्वारा प्रदूषकों के रूप में फैल जाते हैं। यह मिट्टी में नमी की अनुपस्थिति के कारण होता है।

(घ) दावानल–यह आग वन में पौधों अथवा घास के परस्पर घर्षण अथवा वन में बिजली गिरने के कारण होती है। इस आग से निकले प्रदूषक कार्बन मोनोऑक्साइड (CO), कार्बन डाइऑक्साइड (CO_2), कणीय पदार्थ, हाइड्रोकार्बन (HC) और नाइट्रोजन के ऑक्साइड (NO_2) आदि होते हैं।

(2) मानवजनिक स्रोत–मनुष्य द्वारा की जाने वाली गतिविधियों से हुआ वायु प्रदूषण मानवजनिक प्रदूषण कहलाता है, इसे आगे स्थिर स्रोत और चल स्रोतों में वर्गीकृत किया जाता है।

(क) स्थिर स्रोत–विभिन्न स्थिर स्रोतों में औद्योगिक और व्यावसायिक प्रक्रम होते हैं, जैसे ताप पावर का जनन (विद्युत), स्थिर इंजन, घरों में तापन, भोजन पकाना, कूड़ा करकट ज्वलन, भस्मीकरण और विलायकों/ऐयरोसोल का उपयोग।

(ख) चल स्रोत–

(i) **लाइन स्रोत**–राजमार्ग पर चलने वाले वाहन, रेलगाड़ी और चैनल बसें।

(ii) **क्षेत्र स्रोत**–रेलवे यार्ड, बंदरगाह के जहाज, जंक्शन और हवाई अड्डे।

प्रश्न 3. वायु प्रदूषण के विभिन्न प्रभावों का वर्णन कीजिए।

अथवा

'प्रमुख वायु प्रदूषक मानव स्वास्थ्य और पारिस्थितिकी पर प्रत्यक्ष एवं अप्रत्यक्ष प्रभाव डाल सकते हैं।' विस्तृत वर्णन कीजिए। (जून-2020, प्र.सं.-6)

अथवा

वायु प्रदूषण के पारिस्थितिकीय प्रभावों की चर्चा कीजिए।

(जून-2019, प्र.सं.-6)

अथवा

वायु प्रदूषण का मानव स्वास्थ्य पर पड़ने वाले प्रभावों का वर्णन कीजिए।

उत्तर– मानव और वातावरण पर प्रमुख वायु प्रदूषकों के प्रत्यक्ष और अप्रत्यक्ष प्रभाव हो सकते हैं–

- **स्वास्थ्य पर प्रभाव**–श्वसन तंत्र में बेचैनी, आँख अथवा अन्य तंत्रों में बेचैनी, गंभीर आविषालु तंत्रीय प्रभाव, उत्परिवर्तजनी (mutagenic) अथवा कैंसरजनी क्रियाएँ, और संक्रमण के प्रति रोग प्रतिरक्षा क्रियाविधियों पर प्रतिकूल प्रभाव।
- **पारिस्थितिक प्रभाव**–पदार्थ का गंदा होना, संक्षरण, कृषि उत्पादकता की हानि, मिट्टी और जल का अम्लीकरण, वन हानि, ग्रीनहाउस प्रभाव, धूमकोहरे का बनना आदि।

इनमें से कुछ प्रभाव तुरंत दिखाई देते हैं और आपेक्षित रूप से सरलता से मालूम किए जा सकते हैं। उदाहरण के लिए, डीजल के धुएँ की गंध और अन्य प्रभाव कुछ ही अवधि में दिखाई दे सकते हैं परंतु मोटरवाहनों से निष्कासित सूक्ष्म प्रदूषण इन प्रभावों की तुलना में हमेशा स्पष्ट नहीं हो पाता। कुछ प्रभावों को दिखाई देने में बहुत लंबा समय लगता है तथा निष्कासन के स्रोत से साधारण संपर्क स्थापित करना बहुत कठिन और जटिल हो जाता है; जैसा कि बहुत से कैंसरजन्य प्रदूषकों के मामले में होता है। इनमें से कुछ प्रदूषक बहुत सी जटिल वायुमंडलीय समस्याओं में शामिल है जैसे कि प्रकाशरासायनिक धूमकोहरा, अम्ल वर्षण और ग्रीनहाउस प्रभाव।

अभी हाल ही तक, अलग-अलग प्रदूषकों द्वारा वायु प्रदूषण समस्याओं पर ध्यान केंद्रित होने लगा है। फिर भी, अब यह विचार प्रमाणित हो रहा है कि अलग-अलग प्रदूषकों के

संयोजन से अधिक समस्या हो सकती है। उदाहरण के लिए जर्मनी के न खत्म होने वाले जंगल की सावधानीपूर्वक समीक्षा करने पर यह संकेत मिलता है कि यह अम्लीय वर्षा और प्रकाशरासायनिक प्रतिक्रिया उत्पादों, तथा SO_2 और NO_2 के प्रत्यक्ष प्रभावों दोनों के युतिप्रभावी (synergistic) प्रभावों के कारण हो सकता है। दूसरे अध्ययनों से यह मालूम हुआ है कि SO_2 और NO_2 के संयोजन के प्रभाव इनके अलग-अलग प्रभावों की तुलना में बहुत अधिक गंभीर होते हैं। यह भी देखा गया है कि SO_2 के उच्च स्तर और उसके साथ कणीय पदार्थों के प्रदूषकों की उपस्थिति का संबंध श्वसन रोगों से मृत्यु दरों में वृद्धि से है। इसलिए इन प्रदूषकों के प्रभावों पर अलग से ध्यान देते समय यह गलत परिणाम निकलेगा कि नियंत्रण उपायों की प्रभावी लागत की आपेक्षिक और पूरी आवश्यकताओं पर ध्यान दिया जाना चाहिए।

स्वास्थ्य पर प्रभाव–

कार्बन मोनोऑक्साइड–इस गैस के आविषालु गुणधर्म इसकी मनुष्य के रक्त में पाए जाने वाली हीमोग्लोबिन के साथ प्रतिक्रिया करने की योग्यता के कारण हैं जो प्रतिक्रिया के बाद कार्बोक्सीहीमोग्लोबिन (COHb) उत्पन्न करता है। कार्बन मोनोऑक्साइड में ऑक्सीजन की तुलना में हीमोग्लोबिन के साथ प्रतिक्रिया करने के लिए अधिक झुकाव होता है और यह शरीर में कार्बन मोनोऑक्साइड की वायुमंडल में कम सांद्रता होने पर भी पहले ही अवशोषित हो जाती है। अवशोषण की मात्रा वायुमंडल में कार्बन मोनोऑक्साइड की सांद्रता पर और उद्भासन की अवधि तथा व्यक्ति की गतिविधि पर निर्भर करती है। कार्बन मोनोऑक्साइड के आविषालु प्रभाव जो रक्त में कार्बोक्सीहीमोग्लोबिन के प्रतिशत से मापे गए हैं, नीचे तालिका में दिए गए हैं–

जब व्यक्ति का कार्बनडाइऑक्साइड की घातक मात्रा में उद्भासन होना बंद हो जाता है तो कार्बोक्सीहीमोग्लोबिन का रक्त के अंश में धीरे-धीरे घटना प्रारंभ हो जाता है (50%, 3 या 4 घंटे में) क्योंकि कार्बन मोनोऑक्साइड साँस द्वारा बाहर निष्कासित होती है। तालिका में कार्बोक्सीहीमोग्लोबिन (COHb) प्रतिशत की विभिन्न सांद्रताओं से उत्पन्न संकेत और लक्षण प्रदर्शित किए गए हैं–

तालिका 9.2 : मानव स्वास्थ्य पर CO के प्रभाव

COHb (% में)	एक औसत व्यक्ति पर इसके संकेत और लक्षण
1 से कम	कोई संकेत अथवा लक्षण नहीं
1-2	माथे में तनाव, हल्का सिर दर्द, त्वचा की रुधिर वाहिकाओं का फैलना
2-3	सिर दर्द और कनपट्टियों का दुखना
3-4	तीव्र सिर दर्द, कमजोरी, नींद आना, आँखों से कम दिखना, मचली, उल्टी और फिर मृत्यु
4-5	सिनकोप (syncope) पल्स रेट में वृद्धि, कोमा, बीच-बीच में मिर्गी आना और चेन-स्ट्रोक (आघात), श्वसन में कठिनाई, हृदय की क्रिया एवं श्वसन की दर का मंद होना और फिर मृत्यु।
5-6	कमजोर पल्स, मंद श्वसन, श्वसन में विफलता और कुछ घंटों में ही मृत्यु।
6 से अधिक	कुछ ही मिनटों में मृत्यु।

कार्बन मोनोऑक्साइड व्यक्ति की कार चलाने की योग्यता को प्रभावित करती है और मनुष्य के शरीर में ऑक्सीजन वहन में कमी कर देती है। पहले से हृदय और फेफड़ों के रोगों से ग्रस्त व्यक्तियों के लिए यह गंभीर समस्याएँ उत्पन्न कर सकती है। यह गर्भवती महिलाओं के गर्भस्थ शिशु पर भी हानिकारक प्रभाव डालती है।

नाइट्रोजन के ऑक्साइड–NO_2 की आविषालुता NO की आविषालुता से बहुत अधिक होती है। औद्योगिक उद्भासन के लिए NO और NO_2 में अनुमत सांद्रता 25ppm और 5ppm क्रमशः है। नगर के मार्गों में इसका सामान्य स्तर इन मानों का 1 प्रतिशत से कम है। इसलिए मनुष्य के स्वास्थ्य पर इनके प्रभावों के बारे में बहुत कम जानकारी उपलब्ध हो सकी है।

अध्ययन यह बताते हैं कि मनुष्य पर NO_2 का प्रभाव श्वसन संदूषण की संवेदनशीलता में वृद्धि कर देता है, इसे अस्थमा के रोगियों में वायु के लिए रास्तों के रोधन में वृद्धि और फेफड़ों की क्रिया में मंदी से जोड़ा जाता है। NO_2 में कम अवधि के अनावरण से स्कूल के बच्चों में विभिन्न प्रकार की श्वसन की समस्याएँ जैसे खाँसी और गला खराब होने के मामले सामने आए थे। जो सामान्य वायु गुणवत्ता मानकों की तुलना में विशेष रूप से NO_2 के उच्च सांद्रता में पाए गए थे, इस गैस में लगातार कम स्तरों तक अनावरण के प्रभावों की संभवता, चिंता का विषय बनी हुई है।

प्रकाश रासायनिक ऑक्सीकारक–ओजोन, NO_2 और PAN उच्च सक्रिय ऑक्सीकरण रसायन हैं जो इस प्रकार के वायु प्रदूषण के कारण अधिक हानियों और क्षतियों को उत्पन्न कर देते हैं। महीन कणीय पदार्थ, जो मुख्यतः नाइट्रेट और सल्फेट के होते हैं, एक बहुत बड़ी मुसीबत का कारण है। यह मनुष्य की दृष्टि को पर्याप्त मात्रा में कम कर देता है। आँखों में जलन उत्पन्न करने का दूसरा कारण PAN और आंशिक रूप से कुछ अन्य रसायन होते हैं जैसे फार्मल्डीहाइड और ऐक्रोलीन, यह भी महत्त्वपूर्ण प्रभाव उत्पन्न करते हैं।

भीतरी ओजोन अत्यधिक आविषालु मानी जाती है, विश्व स्वास्थ्य संगठन (WHO) के अनुसार, ऐसे काफी प्रमाण उपलब्ध हो गए हैं कि ये मनुष्यों में बहुत से प्रतिकूल प्रभावों को उत्पन्न करने का कारण है। अध्ययन बताते हैं कि बहुत से लोगों में कम स्तर पर ओजोन में अनावरण से प्रतिकूल प्रभाव होते हैं जैसे आँखों में जलन, खाँसी, छाती में बेचैनी, सिर दर्द, श्वसन की बीमारी, अस्थमा के आघातों में वृद्धि और फेफड़ों के कार्य में मंदी, भीतरी ओजोन बंद क्षेत्रों में, जैसे वातानुकूलन के लिए सील बंद किए गए भवनों में, अधिक प्रभावी होती है।

सीसा (लेड)–सीसा या तो मुँह से अथवा नाक से साँस लेने के द्वारा मनुष्य के शरीर में जाता है। शरीर में मुँह से ग्रहण किया गया सीसा कम अवशोषित होता है बजाय नाक से साँस लेने के द्वारा। इसके अवशोषण की दर इसकी रासायनिक संरचना पर निर्भर करती है। वाष्पशील कार्बनिक सीसे के यौगिक जो पेट्रोल में डाले जाते हैं वह दहन के अकार्बनिक कणीय उत्पादों की अपेक्षा अधिक तीव्रता से अवशोषित हो जाते हैं। उच्च सांद्रता में सीसे के द्वारा हुई विषालुता को काफी समय पहले ही पहचान लिया गया है। सीसे की विषालुता का आम रूप जठर आंत्रीय तंत्र (gastro intestinal system) के विक्षोभ हैं जो सीसा कॉलिक, अत्यधिक थकान, लगातार सिर दर्द, भूख नहीं लगना, मचली और माँसपेशी में दर्द के रूप में जाने जाते हैं।

आविषालुता विज्ञान में किए गए अध्ययन यह प्रदर्शित करते हैं कि शरीर के तीन तंत्र सीसे की विषालुता के प्रति बहुत संवेदनशील होते हैं जैसे रक्त निर्माण तंत्र, तंत्रिका तंत्र और गुर्दे का तंत्र। सीसे की विषालुता से जनन – अंत:ग्रंथि, हृदय वाहिका और जठर आंत्रीय कार्यों में बाधा आती है बच्चों में यह उनके एंजाइम तंत्र को प्रभावित करता है।

हाइड्रोकार्बन–इनका मनुष्यों पर प्रभाव कैंसरजन्य होता है, और ये आम-तौर पर सभी प्रकार के हाइड्रोकार्बन ईंधनों के अपूर्ण दहन से निकले धुएँ से होता है।

अध्ययन बताते हैं कि मनुष्य के स्वास्थ्य पर विशेष कार्बनिक यौगिक जैसे ऐल्डीहाइड, पॉलीसाइक्लिक ऐरोमैटिक यौगिक, बेन्जीन के प्रतिकूल प्रभाव होते हैं। परंतु आण्विक हाइड्रोकार्बन आपेक्षिक रूप से अविषालु नहीं होते हैं, यद्यपि उनसे आँखों की जलन, खाँसी आना, छींक आना और (मद्य) पीने की स्थिति जैसे लक्षणों के अवांछनीय प्रभाव होते हैं। बेन्जीन मनुष्यों में ल्यूकीमिया का कैंसर उत्पन्न करती है।

सल्फर के ऑक्साइड–सल्फर डाइऑक्साइड से श्वसन नली की श्लेष्मा झिल्ली (mucous membrance) में जलन होती है और यह चिरस्थायी श्वसन संबंधी रोग विशेषकर ब्रॉकाइटिस उत्पन्न करते हैं। SO_2 के 1ppm (2600 g/m3) में उद्‌भासन से श्वसन नली में वायु जाने के मार्ग अवरोधित हो जाते हैं अक्सर SO_2 बारीक कणों की सतह पर अवशोषित हो जाती है और फेफड़ों में अंदर तक चली जाती है। धूल भरे वायुमंडल में SO_2 विशेष रूप से हानिकारक होती है क्योंकि कणीय पदार्थ SO_2 और सल्फ्यूरिक अम्ल के अणु के साथ सीलिया (रोओं), जो बालों की तरह होते हैं उनको प्रभावित कर देते हैं। कणीय पदार्थ सामान्यत: SO_2 की सांद्रित मात्रा को अपने साथ ले जाते हैं और इस जलन देने वाले पदार्थ को नाजुक फेफड़ों के उत्तकों में सीधे ही लंबी अवधि तक संपर्क में रखते हैं।

कणीय पदार्थ–कणीय पदार्थ गैस निर्वात (exhaust) तथा फ्लू (flu) गैसों के साथ निष्कासित होते हैं। कणीय पदार्थ अपने आप में आविषालु हो सकता है अथवा आविषालु (कैंसरजन्य अंश) लेश (trace) पदार्थों को लेकर चल सकते हैं जिनको वह अपनी सतह पर अवशोषित कर लेते हैं।

श्वसन प्रतिरक्षा की विफलता और सफलता के लिए मनुष्य द्वारा श्वास में ग्रहण किए गए कण के साइज का बहुत महत्त्व होता है। लगभग 40 प्रतिशत कणीय पदार्थ 1-2 साइज का होता है जो श्वास नली और कूपिका (alveoli) में रह सकता है जैसा कि चित्र में भी दिखाया गया है। यह मालूम किया गया है कि कणीय पदार्थ रोगों को बढ़ाते हैं जैसे ब्रॉन्काइटिस, अस्थमा (दमा) और इनफ्लूएंजा। डीजल के कणीय पदार्थों की समस्या गंभीर होती है क्योंकि ये कैंसरजन्य होते हैं। डीजल की गैस में अनावरित हुए व्यक्ति में दूसरे मनुष्यों की अपेक्षा कैंसर 42 प्रतिशत अधिक संभावना के साथ विकसित होता है।

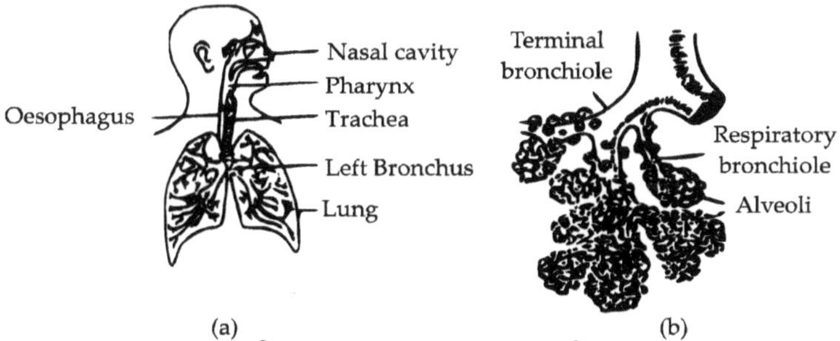

चित्र 9.1 : मानव श्वसन नली

पारिस्थितिक प्रभाव–

सड़कों के किनारे के प्रदूषक–भारी यातायात की सड़क के पास स्थित वनस्पति, सीमेंट उद्योगों और थर्मल पावर संयंत्रों के आस-पास लगे पेड़-पौधों पर वायु जनित प्रदूषकों के उच्च सांद्रता का बहुत प्रभाव पड़ता है। केंद्रीय प्रदूषण नियंत्रण बोर्ड द्वारा किए गए अध्ययन के अनुसार यह मालूम हुआ है कि सड़क के किनारे स्थित पौधों की झाड़ियों पर सीसे के प्रदूषण का सबसे अधिक प्रभाव पड़ता है।

टमाटरों के पौधे बहुत संवेदनशील होते हैं और यह पाया गया है कि वह सड़क के किनारे NOx की सांद्रता से क्षतिग्रस्त हो जाते हैं, और कणीय पदार्थ के गिरने से वनस्पति काली और धूल भरी हो जाती है। सड़क की सतह बारिश में बह जाती है और उसमें उच्च मात्रा में ठोस सीसे, तेल और बिटुमेन प्रदूषक निलंबित स्थिति में होते हैं। इनमें पास ही स्थित जल को गंभीर रूप से प्रभावित करने की शक्ति होती है।

ओजोन–ओजोन गैसीय प्रदूषकों में अनन्य हैं। निम्न क्षोभमंडल (पृथ्वी की सतह के पास) में उसकी उच्च सांद्रता मनुष्य के स्वास्थ्य और पारिस्थितिक तंत्र के लिए हानिकारक होती है जबकि समतापमंडल में उसकी निम्न सांद्रता हमारे अस्तित्व के लिए हानिकारक है।

ओजोन की उच्च सांद्रता निम्न क्षोभमंडल में पौधों की प्रजातियों को हानि पहुँचाती है। इस संबंध में सुझाव दिया गया है कि वन के स्वास्थ्य को क्षीण करने में ओजोन सबसे बड़ा कारक है। उसके मानव स्वास्थ्य पर बहुत से प्रभाव हो सकते हैं, और यह फसल के उत्पादन को भी प्रभावित कर सकती है।

अम्ल वर्षा–अम्ल वर्षा अथवा अम्ल विक्षेप का प्रमुख पूर्वगामी बर्फ के रूप में सल्फर डाइऑक्साइड (So_2) और नाइट्रोजन ऑक्साइड (Nox) है। यातायात वाहनों द्वारा निष्कासित अंशदान छव्द के रूप में होता है। यह रसायन, वर्षा के पानी और वायु में उपस्थित अन्य रसायनों के साथ प्रतिक्रिया करते हैं और सल्फ्यूरिक ऐसिड, नाइट्रिक एसिड और अन्य प्रदूषक जैसे सल्फेट और नाइट्रेट बनाते हैं। यह अम्लीय प्रदूषक वायुमंडल में ऊपर को फैलते हैं और वायु द्वारा ऊपर ले जाए जाते हैं तथा अंत में जमीन पर एसिड (अम्ल) वर्षा, कोहरा अथवा बर्फ के रूप में गिर जाते हैं। अम्ल वर्षा की संक्षारी प्रवृत्ति बहुत से रूपों में क्षति, विशेषकर पौधों के जीवन को, पहुँचाती है।

अम्ल वर्षा से हुई क्षति संपूर्ण विश्व में होती है। कोयले के जलने और पावर संयंत्रों से वायुमंडल में 70 प्रतिशत सल्फर डाइऑक्साइड निकलती है, जिससे अम्ल वर्षा होती है। अम्ल वर्षा के प्रमुख कारण निम्नलिखित हैं–

- अम्ल वर्षा मिट्टी के पोषकों को घुला देती है और बहा देती है, यह पोषक पौधों के लिए बहुत जरूरी होते हैं। यह प्राकृतिक तरीके से ऐलुमिनियम और मर्करी जैसे आविषालु पदार्थों को भी घुला देती है और इन पदार्थों को जल को प्रदूषित करने अथवा पौधों को विषालु बनाने के लिए विमुक्त कर देती है।
- यह पेड़ों को उनकी पत्तियों के मोमी लेपन में छेद करने के द्वारा अधिक प्रत्यक्ष रूप से प्रभावित करती है, जिससे उनमें भूरे मृत बिंदु हो जाते हैं जो पौधों के प्रकाश संश्लेषण को प्रभावित करते हैं। ऊँचे स्थानों में सप्रूस (spruce) और फर (fir) के जंगलों पर इनका बहुत अधिक खतरा रहता है।
- अम्ल वर्षा जो भूमि पर पहुँचती है और बहकर नदी, झील और गीली भूमि में जाती है तथा उनके जल को अम्लीय बना देती है। यह जलीय पारिस्थितिकी तंत्र में पौधों और पशुओं को प्रभावित करती है।
- अम्ल वर्षा और शुष्क अम्ल निक्षेप, भवनों, स्वचल वाहनों और अन्य संरचनाओं को क्षतिग्रस्त करते हैं, जो पत्थर और धातु से बनी होती है। अम्ल वर्षा पदार्थ को संक्षारित कर देती है और विस्तृत क्षति पहुँचाती है और ऐतिहासिक भवनों का नाश कर देती है। उदाहरण के लिए भारत में स्थित ताजमहल और ग्रीस (यूनान) में स्थित पैरथिनॉन अम्ल वर्षा से ही प्रभावित हुए हैं।

ग्रीनहाउस प्रभाव–पिछली कुछ शताब्दियों के दौरान मानव गतिविधियों ने वायुमंडल को उस हद तक प्रदूषित कर दिया है कि इसका प्रभाव हमारी जलवायु को गंभीरता से प्रभावित करने लगा है। कार्बन डाइऑक्साइड पूर्व औद्योगिक काल से वायुमंडल में 31 प्रतिशत तक बढ़ गई है जिससे निचले वायुमंडल में अधिक ताप अवधारित हो जाता है। यह प्रमाणित किया जा चुका है कि कार्बनडाइऑक्साइड के स्तरों में वृद्धि हो रही है। बहुत से देशों ने जलवायु परिवर्तन पर यूनाइटेड नेशंस फ्रेमवर्ककोनवेंशन ऑन क्लामेंट चेंज (UNFCC) के अधीन ग्रीनहाउस गैसों को कम करने के लिए हस्ताक्षर किए गए हैं। फिर भी, वर्तमान अंतर्राष्ट्रीय समझौते समुद्र तल में हुई वृद्धि और जलवायु में होने वाले महत्त्वपूर्ण परिवर्तनों को रोकने के लिए अभी तक पर्याप्त नहीं है।

जीवाश्म ईंधन (fossil fuel) उपभोग, कृषि, वनोन्मूलन और वर्तमान में भूमि का उपयोग करने की रीतियों से CO_2 बनती है। इस लागातर रूप से बनने वाली CO_2 से पृथ्वी की सतह के तापमान में महत्त्वपूर्ण वृद्धि होगी जो, आर्कटिक हिम के पैक को एकदम पिघला देगी। यदि इस तापन की प्रवृत्ति की पुष्टि की जाए और इसे CO_2 बनने से जोड़ा जाए तो वैश्विक कार्य जैसे पुनः वन उगाना अन्तिमतः कार्यान्वित किया जाना पड़ेगा ताकि CO_2 को वायुमंडल से हटाया जा सके। वास्तव में स्थिति ऐसी ही है।

क्षोभमंडल में CO_2 की मात्रा $1.8 \mu g/m^3$ प्रतिवर्ष की दर से बढ़ रही है और यह वह क्रिया है जो विपरीत नहीं हो सकती। इसके अतिरिक्त, यह वृद्धि बराबरी की मात्रा में

वायुमंडलीय ऑक्सीजन (O_2) को कम कर रही है। वर्तमान में वायुमंडल में 700 बिलियन टन कार्बन CO_2 के रूप में मौजूद है। प्रत्येक वर्ष इस आंकड़े में 2.3 बिलियन टन अर्थात् 3 प्रतिशत की वृद्धि प्रत्येक दशक में हो जाती है।

सौर ऊर्जा का लगभग 75 प्रतिशत भाग पृथ्वी पर पहुँचता है जो पृथ्वी की सतह पर अवशोषित हो जाता है और उसके तापमान को बढ़ा देता है। बाकी शेष ऊर्जा वायुमंडल में विकसित हो जाती है। इसमें से कुछ ताप ग्रीनहाउस गैसों (GHGs) द्वारा अधिकांशत कार्बन डाइऑक्साइड द्वारा अवधारित हो जाती है। चूँकि कार्बन डाइऑक्साइड विभिन्न मानव गतिविधियों द्वारा निर्मुक्त हो जाती है, इस कारण इसमें तेजी से वृद्धि होती है। यही ग्लोबल वार्मिंग (Global Warming) का कारण भी होता है।

यदि ग्लोबल वार्मिंग जारी रहे तो इसके प्रभाव के बारे में अभी वर्तमान में कुछ अनिश्चितताएँ हैं। यदि यह वर्तमान प्रवृत्तियाँ जारी रहेंगी तो यह क्या हानिकारक प्रभाव डालेंगी इसमें कोई संदेह नहीं है, परंतु संदेह सिर्फ इसमें है कि वह कहाँ और कब होंगी और उनका परिमाण क्या होगा।

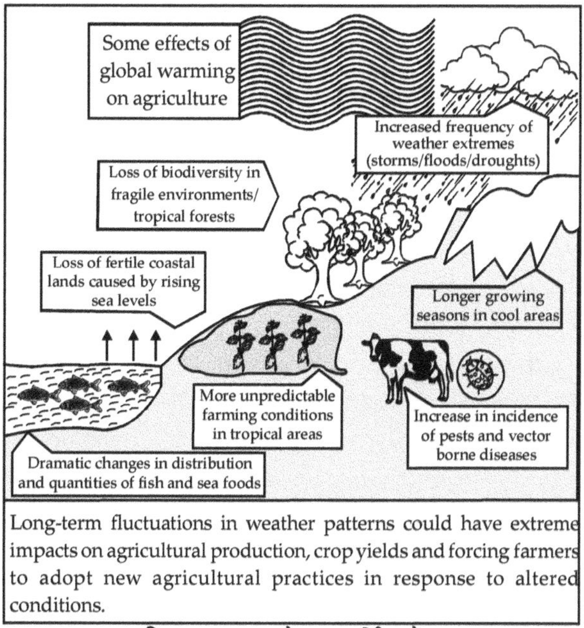

चित्र 9.2 : ग्लोबल वार्मिंग के प्रभाव

प्रश्न 4. वायु गुणवत्ता सुनिश्चित करने के तरीकों का उल्लेख कीजिए।

(जून-2017, प्र.सं.-7)

उत्तर– जल की भाँति, वायु केंद्रीय स्थान पर शुद्ध नहीं की जा सकती और फिर उपयोग के लिए पुनः वितरित नहीं की जा सकती है। इसलिए, उसकी सुरक्षा के लिए अत्यधिक सावधानी रखी जानी चाहिए। वायु प्रदूषण निम्नलिखित महत्त्वपूर्ण उपायों से नियंत्रित किया जा सकता है–

- औद्योगिक क्षेत्रों का क्षेत्र निर्धारण करके, उपयुक्त योजना-निर्माण करना;
- वायु प्रदूषकों के व्यापक विश्लेषण के लिए उचित स्टैक डिजाइन तैयार करना;
- कच्ची सामग्री, ईंधन के प्रकार और निर्माण-प्रक्रिया आदि में परिवर्तन द्वारा वायु प्रदूषण की रोकथाम करना;
- नियंत्रण उपस्करों के उपयोग जैसे सेटलिंग चेम्बर, चक्रवात, विद्युत स्थैतिक अवक्षेपक, घर्षक आदि से उत्सर्जन में कमी करना; और
- पर्याप्त कानून और वायु की गुणवत्ता के मानक बनाना।

योजना-निर्माण अवस्था में ही क्षेत्र निर्धारण से वायु प्रदूषण पर प्रभावी रूप में नियंत्रण किया जा सकता है। इस संबंध में क्षेत्र निर्धारण मैक्रो बड़े (राष्ट्रीय स्तर) और माइक्रो (छोटे) शहरों के स्तर पर किया जा सकता है। केंद्रीय प्रदूषण नियंत्रण बोर्ड (CPCB), जो भारत सरकार के पर्यावरण एवं वन मंत्रालय के अधीन है, इसने विभिन्न प्रकार के उद्योगों की स्थापना करने के लिए राष्ट्रीय स्तर पर क्षेत्र निर्धारण एटलस विकसित की है। यह एटलस कई कारकों को ध्यान में रखते हुए तैयार किया गया है जैसे प्राकृतिक संसाधनों की उपलब्धता, जल, ऊर्जा और मौसम विज्ञान पैरामीटर जैसे वायु का वेग, दिशा, ऊँचाई और विपरीत परत आदि।

स्टैक की ऊँचाई और व्यास यदि उचित डिजाइन के बनाए गए हों तो वह आस-पास के क्षेत्रों में वायु प्रदूषण को कम करने में महत्त्वपूर्ण सहायता पहुँचा सकते हैं। विपरीत परत के ऊपर की स्टैक ऊँचाई से प्रदूषक वायु के बड़े आयतन में फैल जाते हैं। वायु में प्रदूषकों का तनुकरण इनके वायु में मिलने की ऊँचाई, वायु की दिशा और वेग, वायुमंडलीय तापमान और निष्कासित गैस के तापमान पर निर्भर करता है। इस विचारधारा में कमी यह है कि प्रदूषण जनन के पास के क्षेत्र के लिए लघु-अवधि के मापन अच्छे होते हैं। फिर भी जो ऊपर बताया जाता है वही नीचे आता है का सिद्धांत ठीक है। अम्ल वर्षा वायु प्रदूषण समस्या का उल्लिखित उदाहरण है, जो स्थानीय सीमा को पार कर जाता है।

वैकल्पिक ऊर्जा जैसे सौर, द्रवचालित और भूतापीय ऊर्जा परंपरागत जीवाश्म ईंधन के दहन से उत्पन्न प्रदूषण पर्याप्त मात्रा में समाप्त करेगा। सीसा रहित पेट्रोल (असीसाकृत) स्वचल वाहनों से सीसे का उत्सर्जन कर सकता है। निम्न सल्फर अंश के कोयले और तेल से SO_2 का उत्सर्जन कम होगा। संक्षोदन से पूर्व कोयले को धोने की क्रिया फ्लाई ऐश के उत्सर्जन में पर्याप्त मात्रा में कमी करती है। निर्माण प्रक्रिया में परिवर्तन करने से भी वायु प्रदूषण कम होता है जैसे इस्पात उद्योग में खुली भट्टी के बदले विद्युत भट्टी का इस्तेमाल करना। पेट्रोलियम परिशोधनशालाओं में संग्रहण टैंकों को प्लव छत आच्छद के साथ तैयार करने से संग्रहण टैंकों में पेट्रोल भरने के दौरान हाइड्रोकार्बन की क्षति कम हो जाती है। निर्वात टोपी और नलियाँ न केवल अस्थायी वायु प्रदूषण को कम करेंगी परंतु मूल्यवान धोलकों की रिकवरी में भी सहायता पहुँचाएगी।

वायु प्रदूषण पर नियंत्रण करने की सबसे प्रभावी रणनीति स्रोत पर ही इसके उत्सर्जन को रोकना है। अनेक प्रकार की वायु को साफ करने वाली युक्तियाँ प्रदूषकों को वायुमंडल में उनके उत्सर्जन से पूर्व ही संचित अथवा अवधारित कर लेती है। प्रदूषण नियंत्रण उपस्करों को सामान्यत: निम्नलिखित वर्गों में वर्गीकृत किया जा सकता है।

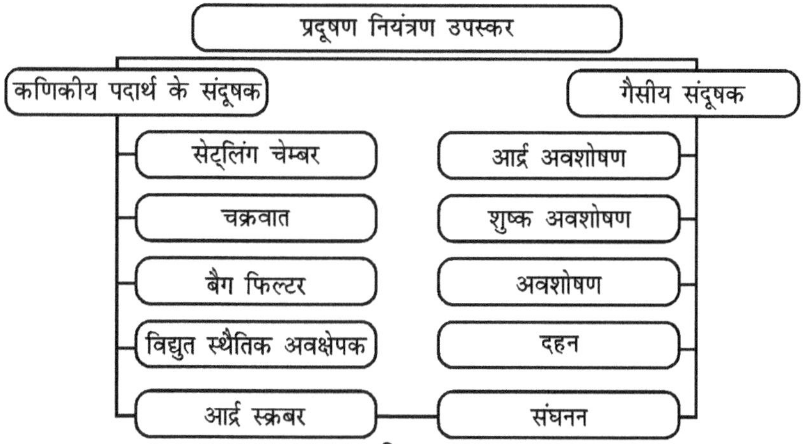

चित्र 9.3

वायु प्रदूषण 1990 के दशक के मध्य तक एक स्थानीय समस्या के रूप में समझा जाता था। जबकि, आज यह विश्व स्तर पर एक अंतर्राष्ट्रीय समस्या के रूप में माना जाने लगा है। वायु के गुणवत्ता नियम और मार्गदर्शी सिद्धांत लगातार समीक्षा के अंतर्गत रहते हैं, और उनमें अक्सर रूपांतरण होता रहता है। इस संबंध में तीन आधारभूत मार्गदर्शी सिद्धांत हैं, जैसे प्रभाव सीमा के मान, उत्सर्जन मानक और परिवेश वायु गुणवत्ता के मानक।

प्रभाव सीमा मान (Threshold Limit Values-TLV) विशिष्ट वायु प्रदूषकों पर केंद्रित है जो इसके कारण और मानव स्वास्थ्य पर इसके संबंधों को पहचानते हैं। ये प्राथमिक तौर पर व्यावसायिक मार्गदर्शन के रूप में कार्य करते हैं। प्रभाव सीमा मान विशेषत आठ घंटे/पाँच दिन/सप्ताह के लिए अनावरण के आधार पर स्थापित किए गए हैं। उत्सर्जन मानक स्थायी और चल दोनों स्रोतों जैसे विद्युत संयंत्र, भस्मक, तेल परिशोधनशालाएँ, निर्माण संयंत्रों से स्टैक उत्सर्जन, स्वचल वाहनों आदि प्रमुख वायु प्रदूषण जनित्रों (generator) पर केंद्रित है।

परिवेश वायु गुणवत्ता मानक बाहरी वायुमंडलीय प्रदूषकों के लिए सीमा निर्धारित करते हैं। उनका उद्देश्य मनुष्य के स्वास्थ्य, आराम ओर उनकी संपत्ति पर वायु प्रदूषणों के समग्र प्रतिकूल प्रभावों को न्यूनतम करना है। उनमें अनावरण का समय 24 घंटे/दिन, 7 दिन/सप्ताह होता है। परिवेश वायु गुणवत्ता मानकों का निर्धारण किन्हीं विशेष क्षेत्रों के लिए होता है। ये क्षेत्र मौसम विज्ञान स्थिति और सामाजिक कारकों के आधार पर पहचाने जाते हैं।

परिवेश वायु गुणवत्ता मानक—वायु प्रदूषण नगरीय क्षेत्रों में दिन ब दिन बढ़ता हुआ वायुमंडलीय मुद्दा है। तीव्रगति से बढ़ती हुई वाहनों की संख्या और औद्योगिक विकास के कारण प्रमुख नगरों में वायु की गुणवत्ता को क्षतिग्रस्त करके उसे क्षीण करने के द्वारा निश्चित ही वायु प्रदूषण को बढ़ावा मिला है। ग्रामीण वायु से गुणवत्ता अपरिष्कृत ईंधन जैसे लकड़ी, गोबर के उपले आदि के जलने से निकले हुए धुएँ से प्रभावित होती है। भारत के राष्ट्रीय परिवेश वायु गुणवत्ता मानकों को निम्नलिखित तालिका में उजागर किया गया है—

तालिका 9.3 : राष्ट्रीय परिवेश वायु गुणवत्ता मानक

प्रदूषक	औसत (दिया गया समय)	परिवेश वायु में सांद्रता		
		औद्योगिक क्षेत्र	आवासीय ग्रामीण एवं अन्य क्षेत्र	संवेदनशील क्षेत्र
सल्फर डाइऑक्साइड	वार्षिक 24 घंटे	80μg/m^3 120μg/m^3	60μg/m^3 80μg/m^3	15μg/m^3 30μg/m^3
नाइट्रोजन के ऑक्साइड	वार्षिक 24 घंटे	80 μg/m^3 120μg/m^3	60μg/m^3 80μg/m^3	15μg/m^3 30μg/m^3
निलंबित कणीय पदार्थ	वार्षिक 24 घंटे	360μg/m^3 500μg/m^3	140μg/m^3 200μg/m^3	70μg/m^3 100μg/m^3
श्वसनीय कणीय पदार्थ (10mm से कम)	वार्षिक 24 घंटे	120μg/m^3 150μg/m^3	60μg/m^3 100μg/m^3	50μg/m^3 75μg/m^3
सीसा	वार्षिक 24 घंटे	1.0μg/m^3 1.5μg/m^3	0.75μg/m^3 1.00μg/m^3	0.50μg/m^3 0.75μg/m^3
कार्बन मोनोऑक्साइड	8 घंटे 1 घंटा	5.0μg/m^3 10.0μg/m^3	2.00μg/m^3 4.00μg/m^3	2.0μg/m^3 2.0μg/m^3

जल प्रदूषण

प्रश्न 1. जल संसाधन से क्या तात्पर्य है? भारत के जल संसाधनों तथा नदी द्रोणियों का वर्णन कीजिए।

उत्तर– वर्षा के पानी का लगभग 85 प्रतिशत भाग सीधा ही समुद्र में गिरता है। इसकी थोड़ी सी मात्रा जो पृथ्वी पर वर्षण से आती है, झीलों और कुओं को भर देती है और नदियों में पानी का प्रवाह बनाए रखती है। प्रत्येक 50,000 ग्राम समुद्र के पानी के लिए, केवल 1 ग्राम ताजा जल मनुष्य के लिए उपलब्ध होता है, जो बहुत कम है और यह इसलिए पानी को एक मूल्यवान वस्तु बना देता है।

पृथ्वी की सतह पर तीन चौथाई भाग पानी का है। पानी का कुल अनुमानित आयतन 1400 मिलियन km^3 आँका गया है, जो पूरी पृथ्वी को 300 मीटर गहराई तक पानी में डुबो सकता है। इसका लगभग 97.3 प्रतिशत भाग महासागर में है। इसका शेष 2.7 प्रतिशत पानी ताजा होता है, परंतु इसमें से 2.14 प्रतिशत पानी ध्रुव क्षेत्रों में जमा हुआ है। इस तरह झीलों और नदियों का पानी, पर्यावरण, मिट्टी और पौधों की नमी; और समस्त भूमिगत जल कुल पानी का केवल 0.5 प्रतिशत के लगभग है (अर्थात् द्रव स्थिति में ताजा पानी) और जो भू-जल के रूप में 98 प्रतिशत से अधिक है। इसमें से आधा 1000 मी. से अधिक पानी भू-सतह के नीचे हो सकता है, और इस तरह झीलों और नदियों में केवल 0.1 प्रतिशत पानी होता है। यह आश्चर्य की बात है कि समुद्र का खारा पानी इस पृथ्वी पर ताजे जल का अन्तिमत: स्रोत होगा।

भारत के जल संसाधन–पूरे भारत में वार्षिक औसत वर्षा 105 से.मी. होता है, जो 50 वर्षों की अवधि में 3000 वर्षा के रिकार्ड केंद्रों से भी अधिक केंद्रों से प्राप्त दैनिक आकड़ों के आधार पर परिकलित की गई है। यह तुलनीय आकार के एक देश के लिए विश्व के किसी भी भाग में सबसे अधिक है। वर्षण के द्वारा, भारत के हिमपात को सम्मिलित करके 4000 km^3 जल प्राप्त होता है, इसमें से तीन चौथाई हिस्सा केवल मानसून के दौरान प्राप्त होता है। इसकी काफी मात्रा वाष्पीकरण और वाष्पोत्सर्जन (evapotranspiration) की प्रक्रिया से नष्ट हो जाती है, और इसकी केवल आधी मात्रा भूमि पर मानव के उपयोग के लिए बच जाती है।

वाष्पोत्सर्जन से हुई जल की क्षति को निकालकर, देश की सतह पर पानी के बहाव को 1880 km^3 रूप में आँका गया है। स्थलाकृतिक, जलीय और अन्य दबावों के कारण यह आकलन किया गया है कि विकास की परंपरागत पद्धतियों द्वारा केवल 700km^3 सतह जल को ही लाभपूर्ण उपयोग में लिया जा सकता है।

वार्षिक आपूरणी (replcnishable) भूमि जल संसाधन 600 km^3 के लगभग आँके गए हैं जिसका वार्षिक ही देश में जल-उपयोग की योजना बना रहे हैं, जिसके लिए भूमि पर जल के दीर्घ-अवधि तक ठहरने के लिए बाँध बनाने और बराज (Barrages) निर्माण करने में इंजीनियरी अनुसंधानों का उपयोग कर रहे हैं।

नदी द्रोणियाँ–हमारे पूरे देश में नदियों का जाल बिछा हुआ है। भारत में 14 प्रमुख नदियों की द्रोणियाँ हैं जो कुल निकास क्षेत्र के 83 प्रतिशत भाग को घेरे हुए हैं और सतह पर प्रवाहित होने वाले जल के 85 प्रतिशत भाग में योगदान देती हैं, जिसमें देश की 80 प्रतिशत जनसंख्या निवास करती है। ये महत्त्वपूर्ण नदियाँ ब्रह्मपुत्र, गंगा, सिंधु, गोदावरी, कृष्णा, महानदी, नर्मदा, कावेरी, ब्राह्मीणी, ताप्ती, माही, सुवर्णरेखा, पेनार और साबरमती हैं। भारतीय नदियों के लिए जल निकास द्रोणियों पर आधारित तीन प्रमुख श्रेणियों को तालिका में दर्शाया गया है।

तालिका 10.1: भारत के जल संसाधनों का अनुमानित वितरण

वर्गीकरण	**मात्रा मिलियन हेक्टेयर मीटर (Mham)**
कुल अवक्षेपण	400
तुरंत वाष्पीकरण	70
मिट्टी में अंतःस्त्रवण	215
मिट्टी की आर्द्रता	165
भौम जल	50
भूपृष्ठ जल	115

तालिका 10.2: भारत की नदियों की द्रोणियों का वर्गीकरण

श्रेणी	**द्रोणी क्षेत्र (km^2)**	**द्रोणी की (संख्या)**	**कुल जल निकास क्षेत्र का प्रतिशत %**	**प्रवाह योगदान का प्रतिशत %**	**द्रोणी में निवास करने वाली जनसंख्या का प्रतिशत %**
प्रमुख	20,000 से अधिक	14	83	85	80
मध्यम	2000 और 20,000 के बीच	44	8	7	20
छोटी और मरुस्थल	2000 से कम	55	9	8	–

मरुस्थल में कुछ नदियाँ हैं, जो कुछ दूरी तक बहती है और फिर मरुस्थल में लुप्त हो जाती हैं। पूरी तरह से शुष्क क्षेत्रों में वाष्पीकरण वर्षा के बराबर होता है और इसलिए सतह पर कोई प्रवाह नहीं होता। मध्यम और छोटी नदियों की द्रोणी तटीय नदियाँ हैं। पूर्वी तट और केरल के भाग में पर्वत और समुद्र के बीच की भूस्थल की चौड़ाई लगभग 100 कि.मी. है। जबकि पश्चिमी तट की सारी नदियाँ बहुत छोटी हैं, क्योंकि समुद्र और पर्वत के बीच के भूस्थल की चौड़ाई 10 से 40 कि.मी. से भी कम है।

भारत की नदियों की द्रोणियों का नक्शा देखने से कुछ रूचिपूर्ण लक्षण मालूम होते हैं। ब्रह्मपुत्र, सिंधु, गंगा और गोदावरी नदियाँ देश के आधे से ज्यादा भाग में फैली हुई हैं। इन नदियों की बड़ी और छोटी दोनों द्रोणियों से समुद्रों में विसर्जित हुई मात्रा में भारी अंतर देखने को मिलता है, और यह अंतर एक क्षेत्र से दूसरे क्षेत्र में भिन्न-भिन्न होता है। किन्हीं अपवादों को छोड़कर, सभी मध्यम और छोटी नदियों की द्रोणी का उद्‌गम तटीय पर्वतों से होता है और इसलिए इनमें तीव्रता से जल प्रवाह और पहाड़ी क्षेत्रों में वर्षा के पानी का नदी में गिरना आम लक्षण होता है और जब यह नदियाँ मैदानों में पहुँचती हैं तूफानी हो जाती हैं। अधिकांश नगर और उद्योग मैदानों में स्थित हैं। ऐसे स्रोतों से उपचारित और अपचारित जल का विसर्जन ऐसी स्थिति उत्पन्न कर देगा कि एक बार जब प्रदूषक नदी में विसर्जित हो जाता है तो यह शुष्क मौसम में पेन्डुलम की तरह दोलित होता रहेगा। मानसून के मौसम में जब वर्षा का जल नीचे नदी में प्रवाहित होता है तो नदी में विसर्जित हुए प्रदूषक जल उत्प्रवाह से बह जाते हैं।

सभी बड़ी नदियों की द्रोणी में पानी हमेशा नहीं बहता है। केवल 14 प्रमुख द्रोणियों में से 4 द्रोणियाँ उस क्षेत्र में स्थित हैं जहाँ अत्यधिक वर्षा होती है अर्थात् ब्रह्मपुत्र, गंगा, महानदी, ब्राह्मीणी की द्रोणियों में 0.47 मिलियन घन मीटर प्रति km^2 का न्यूनतम वार्षिक औसत जल विसर्जन होता है और यह हमेशा होता रहता है।

अन्य 6 द्रोणियाँ (कृष्णा, सिंधु, गोदावरी, नर्मदा और सुवर्णरेखा) मध्यम वर्षा वाले क्षेत्रों में स्थित है और उनका प्रति km^2 पर 0.26 मिलियन घन मीटर न्यूनतम वार्षिक औसत जल विसर्जन होता है और शेष चार (कावेरी, माही, साबरमती, पेनार) कम वर्षा वाले क्षेत्र में स्थित हैं और उनका वार्षिक औसत विसर्जन प्रति km^2 पर 0.06 और 0.24 के बीच होता है। इस तरह बहुत सी बड़ी नदियों की द्रोणियाँ गर्मी के मौसम में सूख जाती हैं और उनमें विसर्जित हुए अपशिष्ट जल के तनुकरण के लिए उपलब्ध जल नहीं छोड़ती हैं।

प्रश्न 2. जल प्रदूषण से आप क्या समझते हैं? इसके कारणों का उल्लेख कीजिए।

उत्तर– प्रदूषण शब्द लैटिन शब्द पालूटिओनेम (POLLUTIONEM) से व्युत्पन्न हुआ है, जिसका अर्थ दूषण (defilement) होता है। जब से मनुष्य ने पृथ्वी पर कदम रखा, प्राकृतिक तंत्र मं जल संसाधन का सबसे अधिक शोषण हुआ है। जल पुँजों का प्रदूषण धीरे-धीरे, तीव्र गति से बढ़ने वाली जनसंख्या, औद्योगिक प्रसार, नगरीकरण, बढ़ते हुए निर्वाह-स्तर और मानव गतिविधियों के व्यापक दायरे के कारण बढ़ रहा है। यह अनुमान किया गया है कि निकट भविष्य में शुद्ध और स्वच्छ जल विशेषकर घनी आबादी के क्षेत्रों और औद्योगिक क्षेत्रों में सामान्य जीवन-निर्वाह को कायम रखने के लिए अपर्याप्त होगा।

भू-जल, नदी, समुद्र, झीलों, तालाबों और झरनों के संदूषण की संवेदनशीलता समय बीतने के साथ-साथ बढ़ रही है। हमारे देश की बहुत सी नदियों में जलमल, औद्योगिक बहि:स्रावों, घरेलू और कृषि अपशिष्ट की भारी मात्रा उड़ेली जाती है, जिसमें साधारण पोषकों से लेकर उच्च प्रकार के आविषालु जोखिमी रासायन उपस्थित रहते हैं।

भारत की सभी बड़ी 14 नदियों को जल प्रदूषण की गंभीर समस्या का सामना करना पड़ रहा है। अधिकांश बड़ी नदियाँ केवल खुले सीवर की तरह हैं जो केवल जलमल, बहि:स्रावों और विषालु कीटनाशक तथा अन्य अपशिष्ट उत्पाद डालने योग्य हैं। कश्मीर में स्थित डल और नागिन झीलें गाद जमने के साथ बड़े अपशिष्ट तालाब बनती जा रही हैं और वे अत्यधिक शैवाल वृद्धि के कारण अवरुद्ध हो गई हैं।

साहित्य में जल प्रदूषण की अनेक परिभाषाएँ उपलब्ध हैं, जिनमें से कुछ नीचे दी गई हैं–

(1) बाहरी पदार्थ, जो प्राकृतिक अथवा मानवजनिक स्रोतों से उत्पन्न होते हैं, जलपूर्ति को संदूषित कर देते हैं और वे जीवन के लिए हानिकारक हो सकते हैं क्योंकि वे आविषालु होते हैं, जल का सामान्य ऑक्सीजन स्तर कम हो जाता है, सौंदर्यपरक दृष्टि से अनुपयोगी होता है और महामारी के रोगों को फैलाता है (विश्व स्वास्थ्य संगठन)।

(2) पानी प्रदूषित होता है यदि वह मनुष्य के लिए वर्तमान अथवा भविष्य में उपयोग करने के लिए पर्याप्त रूप में उच्च गुणवत्ता का नहीं होता। (राष्ट्रीय जल आयोग)

(3) जल प्रदूषण का अर्थ जल में विषालु पदार्थों की मौजूदगी है जो उसकी गुणवत्ता को क्षीण करती है और उसकी उपयोगिता को क्षति पहुँचाती है अथवा जोखिमी बनाती है (संयुक्त राज्य जन स्वास्थ्य सेवा)।

इस तरह जल प्रदूषण; सिंचाई, कृषि, उद्योग और सार्वजनिक जलपूर्ति और जलीय जीवन के लिए जल के सामान्य उपयोग में रूकावट डालता है। अब इस समस्या को न केवल जन स्वास्थ्य के संदर्भ में देखा जाता है, परंतु जल संरक्षण, सौंदर्यपरकता तथा प्राकृतिक सौंदर्य और संसाधनों के परिरक्षण के रूप में भी देखा जा रहा है।

जल प्रदूषण मुख्यत: प्राकृतिक और मानवजनिक प्रक्रमों के कारण होता है, निम्नलिखित को नीचे निर्दिष्ट किया गया है–

(1) प्राकृतिक प्रक्रम–अपघटित (decomposed) वनस्पति, जंतु और सड़े हुए उत्पादों से जल संसाधनों का संदूषण होता है। यह सभी प्रक्रम एक-दूसरे पर निर्भर करते हैं, और प्राकृतिक पर्यावरण को क्षति पहुँचाते हैं। उदाहरण के लिए यदि जल में ऑर्गेनिक अपशिष्ट डाल दिया जाए तो वह न केवल रासायनिक संरचना को प्रभावित करेगा परंतु उसकी गंध, रंग और उसके जैविक गुणधर्मों को भी प्रभावित करेगा।

(2) मानवजनिक प्रक्रम–इसमें उद्योगों, कृषि, नगर और घरों के अपशिष्ट, रेडियोसक्रिय पदार्थ, खनन संसाधन और पीड़कनाशी और उर्वरक शामिल होते हैं। ये प्रदूषक जल में लगातार उड़ेले जाते हैं और उसे इस सीमा तक नुकसान पहुँचाते हैं कि वह जीवित समुदायों द्वारा उपयोग के लिए अयोग्य हो जाते हैं।

प्रश्न 3. जल प्रदूषण के विभिन्न लक्षणों का उल्लेख कीजिए।

अथवा

जल के रासायनिक लक्षण क्या हैं? (जून-2017, प्र.सं.-8)

अथवा

जल के भौतिक लक्षणों की व्याख्या कीजिए। (दिसम्बर-2017, प्र.सं.-5)

उत्तर– पृथ्वी पर उपलब्ध उत्तम विलायकों (solvents) में से एक होने के कारण जल शुद्ध अवस्था में विरले ही पाया जाता है। प्रकृति में जल एकदम शुद्ध स्थिति में वाष्पीकरण अवस्था में होता है, क्योंकि संघनन की क्रिया में साधारणतः एक सतह अथवा न्यूक्लियस की जरूरत होती है, इसलिए जल में संघनन के बाद ही अशुद्धता आ सकती है। जलीय चक्र में, जल वायुमंडल, मिट्टी और भूमि पर अन्य पदार्थों तथा भूमिगत पदार्थों के संपर्क में आता है। इस संपर्क के दौरान जल में अनेक अशुद्धियाँ आ जाती हैं। एक विशेष स्थान के जल लक्षण इस तरह अवधि, उसके संपर्क में आने वाले, पदार्थ का प्रकार और मात्रा पर निर्भर करते हैं। मानव की गतिविधियों के द्वारा जल में अशुद्धियाँ औद्योगिक और घरेलू अपशिष्ट पानी में डालने तथा कृषि और अन्य रासायनिक संदूषकों के कारण होती हैं। इस तरह जल की गुणवत्ता की परिभाषा जल के प्रयोजित उपयोग और उसमें घुली हुई और निलंबित अशुद्धताओं की मात्रा के योग से होती है। इस संबंध में अनेक पैरामीटर विकसित किए गए हैं जो कुछ चुने हुए जल उपयोगों में विभिन्न अशुद्धताओं के प्रभाव को मात्रात्मक रूप से बताते हैं। इस संबंध में विश्लेषणीय कार्यविधियाँ भी विकसित की गई हैं जो मात्रात्मक रूप से इन पैरामीटरों का मापन करती हैं। इन पैरामीटरों का संक्षिप्त विवरण नीचे दिया गया है।

भौतिक लक्षण–भौतिक लक्षण वे हैं जो दृष्टि, स्पर्श, स्वाद अथवा गंध के प्रति अनुक्रिया करते हैं। निलंबित ठोस पदार्थ, धुँधलापन, रंग, स्वाद और तापमान इस श्रेणी में आते हैं।

ठोस पदार्थ पानी में घुले और निलंबित दोनों ही रूपों में हो सकते हैं। संपूर्ण जलीय चक्र में जल में संचित अशुद्धताएँ दोनों ही रूपों, घुली हुई और निलंबित अवस्था में हो सकती है। निलंबित पदार्थ में आण्विक आकार से बड़े कण जल में पाए जाते हैं जो तरणशील (buoyant) और विस्कोसी बलों के साथ जल में रहते हैं। इसका आकार 10^{-1} और 10^{-3} मि. मी. होता है। घुले हुए पदार्थ में आयन अथवा अणु होते हैं जो जल की आण्विक संरचना में (आकार 10^{-6} और 10^{-8} और के बीच) होते हैं। कोलॉइड (colloids) छोटे कण होते हैं जो घुले हुए और निलंबित कणों (आकार 10^{-3} और 10^{-6} मि.मी. के बीच) में होते हैं।

यद्यपि कुछ घुले हुए ठोस पदार्थ भौतिक संवेदों से देखे जा सकते हैं, वे उचित रूप से रासायनिक लक्षणों की श्रेणी में आते है।

निलंबित ठोस–जल में निलंबित ठोस अकार्बनिक और/अथवा कार्बनिक कण अथवा अमिश्रणीय (immiscible) द्रवों के रूप में हो सकते हैं। अकार्बनिक ठोस जैसे चिकनी मिट्टी, गाद और अन्य मिट्टी के संघटक और कार्बनिक पदार्थ जैसे जंतु अपशिष्ट, पौधों के रेशें और जैविक ठोस भू-जल में आमतौर पर पाए जाते हैं। ये सभी पदार्थ प्राकृतिक संदूषक होते हैं जो जल की क्रिया के कारण भूमि पर जल में प्रवाहित होते रहते हैं। भू-जल में निलंबित पदार्थ नहीं होते क्योंकि मिट्टी में छनने की क्षमता होती है।

अन्य निलंबित पदार्थ मानव द्वारा जल के उपयोग के कारण जल में आते हैं। घरेलू अपशिष्ट जल में साधारणतः बड़ी मात्रा में निलंबित ठोस होते हैं जो प्रकृति में अधिकांशतः कार्बनिक होते हैं। औद्योगिक बहिःस्रावों में कार्बनिक और अकार्बनिक प्रकृति की निलंबित अशुद्धताएँ व्यापक भिन्नता में हो सकती है। अमिश्रणीय द्रव जैसे तेल और ग्रीज अक्सर अपशिष्ट जल के संघटक होते हैं। यह रूप से गंदे दिखते हैं और रासायनिक और जैव प्रदूषकों के लिए अवशोषण स्थल उपलब्ध कराते हैं। निलंबित कार्बनिक ठोस पदार्थ जैव रूप से क्षीण हो सकते हैं जिससे आपत्तिजनक-उत्पाद उत्पन्न होते हैं। जैव रूप से सक्रिय निलंबित ठोस पदार्थों में रोग उत्पन्न करने वाले जीवाणु हो सकते हैं।

घुले हुए ठोस पदार्थ–प्राकृतिक जल में घुले हुए ठोस पदार्थ मुख्यतः बाइकार्बोनेट, कार्बोनेट, सल्फेट, आयरन के लेश के साथ पोटेशियम, क्लोराइड्स, कैल्शियम के फॉस्फेट, मैग्नीशियम नाइट्रेट, मैंगनीज और अन्य खनिज होते हैं। जल में घुले हुए ठोस पदार्थों की मात्रा सिंचाई, औद्योगिक उपयोग और पीने के पानी के लिए जल की उपयुक्तता निर्धारित करने के लिए महत्त्वपूर्ण रूप से ध्यान में रखी जाती है। सामान्यतः ऐसा जल जिसमें घुले हुए ठोस पदार्थों की मात्रा 500 mg/l से कम होती है, वह पीने के लिए उपयोगी होता है। अधिक मात्रा में जल में घुले हुए ठोस पदार्थ मानव शरीर की शारीरिक क्रियाओं को नुकसान पहुँचा सकते हैं। सिंचाई के लिए जल में घुले हुए ठोस पदार्थों का एक महत्त्वपूर्ण मापदंड होता है क्योंकि ये ठोस पदार्थ धीरे-धीरे संचयित होते रहते हैं और मिट्टी का लवणीकरण करते रहते हैं, जिससे कृषि भूमि अनुत्पादी हो जाती है।

औद्योगिक जल में ये घुले हुए ठोस पदार्थ अनेक कारणों से अवांछनीय होते हैं। ये पपड़ी बनाने वाले होते हैं। बायलरों में झाग उत्पन्न करते हैं, संक्षारण में वृद्धि करते हैं और अनेक तैयार उत्पादों के रंग और स्वाद को प्रभावित करते हैं।

आविलता–यह वह परिघटना है जो छोटे-छोटे कणों द्वारा अकस्मात प्रकाश के बिखरने से संबंधित है। यह मुख्यतः जल में अघुलनशील पदार्थों की उपस्थिति के कारण होती है। अघुलनशील पदार्थों में निलंबित और कोलॉइडेल पदार्थ होती हैं। ये पदार्थ गाद, चिकनी मिट्टी, कार्बनिक और अकार्बनिक पदार्थों के बहुत बारीक कण, प्लवक (plankton) और सूक्ष्मदर्शी जीवाणु होते हैं। ऐसे कणों के आकार व्यास में 10 मि.मी. से 0.1 मि.मी. के लगभग आकारों में भिन्न-भिन्न होती हैं। यद्यपि यह साधारणतः स्वीकृत है कि निलंबित पदार्थ वह अंश (fraction) है जो 0.45 मि.मी. की छेद के छन्ने (filter) में से पार नहीं हो सकेगा। यह मौसमीय रूप से, जल में जैव गतिविधि और मिट्टी के कणों को सतह पर से बहा ले जाने के अनुसार भिन्न हो सकता है। भारी वर्षा भी जल की आविलता में (Turbidity) घंटे के अनुसार विभिन्नता ला सकती है। किसी दिए गए नदी के केंद्र पर आविलता अक्सर जल में कुल निलंबित ठोस पदार्थों से संबंधित होती है।

आविलता, एक महत्त्वपूर्ण पैरामीटर है, जो जल में प्रकाश की उपलब्धता को सीधे ही प्रभावित करता है और यह जल में प्रकाश संश्लेषण की गतिविधि का मुख्य कारक है।

रंग–रंग, जल का एक दूसरा पैरामीटर है जो जल में प्रकाश के वेधन को निर्धारित करता है। यह जल में संदूषण का दृश्य प्रमाण भी उपलब्ध करता है, और जल के उपयोग के लिए

स्वीकार्यता निर्धारित करता है। जल का दृश्य रंग, स्वत: जल द्वारा अवशोषित न होने वाली विभिन्न तरंग लंबाइयों का परिणाम होता है क्योंकि उसमें घुले हुए और कणीय पदार्थ मौजूद रहते हैं। जल के वास्तविक और आभासी दोनों रंगों को मापा जाना संभव होता है। प्राकृतिक खनिज जैसे फैरिक हाइड्रॉक्साइड और कार्बनिक पदार्थ जैसे ह्यूमिक ऐसिड जल को उसका वास्तविक रंग प्रदान करते हैं। जल का आभासी रंग कणीय पदार्थ, और निलंबित कणीय पदार्थों पर प्रकाश का परावर्तन और अपवर्तन (reflection) के कारण होता है। प्रदूषित जल में इसलिए काफी प्रभावी आभासी रंग होता है।

पानी के रंगों का मापन, पोटैशियम क्लोरोप्लेटिनेट और क्लोराइड के रूप में क्रिस्टलीय कोबाल्ट द्वारा श्रृंखला में जल के नमूनों को तनु करने के बाद उनकी तुलना के द्वारा मापा जा सकता है। इस इकाई (Unit) को प्लेटिनम-कोबाल्ट इकाई कहा जाता है, जो I mg/lit, Pt आधारित होती है।

गंध—जल में गंध साधारणत: उसमें वाष्पशील कार्बनिक यौगिकों जैसे पादप प्लवक (phytoplankton), जलीय पौधे अथवा सड़ने वाले कार्बनिक पदार्थों के कारण होती है। औद्योगिक बहि:स्रावों और जल-मल से भी जल में गंध हो सकती है। कार्बनिक यौगिक और अकार्बनिक रसायन, तेल और गैस भी जल को गंध दे सकते हैं।

साधारणत: जल की गंध सामान्य से अधिक जैविक गतिविधि की जल में उपस्थिति बताती है और यह पीने के जल की उपयुक्तता को जाँचने का साधारण तरीका है क्योंकि मनुष्य को सूँघने का ज्ञान, मानव स्वाद के ज्ञान की अपेक्षा पदार्थों की कम सांद्रता के प्रति अति संवेदनशील होता है। उष्णकटिबंधीय जलवायु, जल के उत्पादों का उपापचय और सड़न उत्पन्न करने के कारण गंध की दर और मात्रा बढ़ाने में वृद्धि करती है। विभिन्न pH भी रासायनिक प्रतिक्रियाओं की दर को प्रभावित करके जल में गंध उत्पन्न कर सकते हैं।

गंध का मापन, कई बार नमूने को गंधरहित जल के साथ तनु करने के द्वारा जो कम से कम निश्चित रूप से अनुभव करने वाली (perceptible) गंध उत्पन्न करे, के द्वारा किया जा सकता है। इस पद्धति को अवसीमा गंध संख्या (Threshold Odour Number-TON) के रूप में जाना जाता है। हालाँकि यह अनुमान, विभिन्न व्यक्तियों की वस्तुपरक्तता से प्रभावित हो सकता है।

स्वाद—स्वाद हमेशा गंध से जुड़ा होता है। इसलिए गंधों का अध्ययन करने के दौरान जो निष्कर्ष निकाले गए हैं, वे स्वाद के लिए भी अच्छे हैं। फिर भी कुछ मामलों में गंध स्वाद के साथ संबंधित नहीं होती है। जल में घुले हुए खनिज पदार्थ स्वाद उत्पन्न करते हैं, परंतु गंध नहीं। उदाहरण के लिए जल में तीखा/कड़वा स्वाद उसमें आयरन, मैंगनीज, ऐलुमिनियम सल्फेट अथवा अत्यधिक चूना उपस्थित होने के कारण होता है। जल जिनमें लवण अंश असाधारण रूप से पाए जाते हैं, का स्वाद खारा होता है। जल में घुली हुए गैसें और खनिज उसे साधारणत: पीने योग्य बनाते हैं। यह बताया गया है कि अधिक पीने योग्य जल वह होता है जिसमें नाइट्रेट और कार्बनिक ऐसिड पाए जाते हैं।

तापमान—भूपृष्ठ (सतह) जल का तापमान जल में जैव गतिविधियों को नियंत्रित करता है। तापमान का प्रभाव अधिकांश रासायनिक क्रियाओं पर प्रबल होता है जो प्राकृतिक जल में होती हैं। जल में गैसों की घुलनशीलता पर भी तापमान का अधिक प्रभाव होता है।

जल में व्यापक रूप से विविध जैव प्रजातियाँ होती हैं। निम्न तापमान पर जैव गतिविधियाँ मंद हो जाती हैं। यदि तापमान बढ़ता है तो जैव गतिविधियाँ भी बढ़ती जाती हैं। तापमान में 10° से. की वृद्धि जल में जैव गतिविधियों को दुगुना करने के लिए पर्याप्त होती है। तापमान में परिवर्तन प्रत्यक्ष या परोक्ष रूप से रसायनों की घुलनशीलता और प्रतिक्रिया दर को प्रभावित करते हैं। अधिकांश रासायनिक प्रतिक्रियाएँ जिसमें ठोस पदार्थों की स्थिति अघुलनशील रूप में होती हैं वह तापमान वृद्धि के साथ त्वरित हो जाती है। दूसरी ओर, जल में गैसों की घुलनशीलता बढ़े हुए तापमान में कम हो जाती है। जल-पुंजों में कार्बनिक पदार्थों के जैव ऑक्सीकरण, घुली हुई ऑक्सीजन की पर्याप्त पूर्ति पर निर्भर करता है। जल में ऑक्सीजन की घुलनशीलता में कमी अवांछनीय होती है।

तापमान जल के अन्य भौतिक गुणधर्मों को भी प्रभावित करता है। हम जानते हैं कि जल की विस्कोसता (viscosity) तापमान में कमी के साथ बढ़ती है। जल का अधिकतम घनत्व 40° से. पर होता है और यह घनत्व तापमान के दोनों तरफ घटता है जो, द्रवों की एक विशेष परिघटना है। तापमान और घनत्व के बीच का संबंध झीलों और जलाशयों के स्थिरीकरण के लिए उत्तरदायी है।

रासायनिक लक्षण–जल विश्वव्यापी विलायक माना जाता है और इसके रासायनिक पैरामीटर जल की घुलनशीलता की क्षमता से संबंधित होते हैं। जल गुणवत्ता प्रबंधन में क्षारीयता, कठोरता, फ्लुओराइड, धातु और कार्बनिक पोषक मुख्य रासायनिक पैरामीटर होते हैं।

क्षारीयता–क्षारीयता को जल में उन आयनों की मात्रा के रूप में परिभाषित किया जाता है जो प्रतिक्रिया करके हाइड्रोजन आयन को उदासीन कर देते हैं। इसलिए क्षारीयता जल की उस क्षमता को मापती है जो अम्लों को उदासीन करती है। प्राकृतिक जल तंत्र में क्षारीयता के संघटक CO_3, HCO_3, OH, $HSiO_3$, HPO_4 और HS हैं। ये यौगिक मिट्टी और वायुमंडल में खनिज पदार्थों की अघुलनशीलता का परिणाम होते हैं। फॉस्फेट भी अपशिष्ट जल विसर्जन में डिटर्लेंट और कृषि से उर्वरक और कीटाणुनाशकों के अपमार्जकों से उत्पन्न होते हैं। हाइड्रोजन सल्फाइड और अमोनिया कार्बनिक पदार्थ के सूक्ष्मजीव विघटन के उप-उत्पाद हैं।

क्षारीयता के सबसे अधिक सामान्य घटक बाइकार्बोनेट, कार्बोनेट और हाइड्रॉक्साइड होते हैं। उनके खनिज मूल के अलावा, वे पदार्थ वायुमंडल के घटक और ऑर्गेनिक पदार्थ के सूक्ष्मजीव अपघटन के उत्पाद, कार्बन डाइऑक्साइड से उत्पन्न हो सकते हैं। ये अभिक्रियाएँ निम्न प्रकार हैं–

संघटक CO_3, HCO_3, OH, $HSiO_3$, HPO_4 और HS हैं। ये यौगिक मिट्टी और वायुमंडल में खनिज पदार्थों की अघुलनशीलता का परिणाम होते हैं। फॉस्फेट भी अपशिष्ट जल विसर्जन में डिटर्लेंट और कृषि से उर्वरक और कीटाणुनाशकों के अपमार्जकों से उत्पन्न होते हैं। हाइड्रोजन सल्फाइड और अमोनिया कार्बनिक पदार्थ के सूक्ष्मजीव विघटन के उप-उत्पाद हैं।

क्षारीयता के सबसे अधिक सामान्य घटक बाइकार्बोनेट, कार्बोनेट और हाइड्रॉक्साइड होते हैं। उनके खनिज मूल के अलावा, वे पदार्थ वायुमंडल के घटक और ऑर्गेनिक पदार्थ के सूक्ष्मजीव अपघटन के उत्पाद, कार्बन डाइऑक्साइड से उत्पन्न हो सकते हैं। ये अभिक्रियाएँ निम्न प्रकार हैं–

$CO_2 + H_2O = H_2CO_3$ (घुली हुई CO_2 और कार्बोनिक ऐसिड)

$H_2CO_3 = H^+ + HCO_3^-$

कठोरता–कठोरता साबुन द्वारा उत्पन्न झाग को नष्ट करने अथवा कम करने की क्षमता है। जल में यह कठोरता लवणों की उपस्थिति के कारण होती है जो प्रदूषण के कारण अथवा मिट्टी और अन्य भौगोलिक संरचनाओं के कारण पानी के संपर्क में आ जाते हैं। कैल्सियम और मैग्नीशियम जल को कठोर बनाते है। आयरन, ऐलुमिनियम, मैंगनीज, स्ट्रोन्शियम और जिंक भी जल को कठोर बनाते हैं, परंतु बहुत कम अथवा नगण्य मात्रा में। कुल कठोरता शब्द इस बात की ओर संकेत करता है कि जल में कैल्सियम और मैग्नीशियम आयनों की सांद्रता कितनी है और यह कैल्सियम कार्बोनेट के रूप में अभिव्यक्त किया जाता है।

कठोरता को परंपरागत रूप से अस्थायी कठोरता और स्थायी कठोरता के रूप में परिभाषित किया जाता है। कठोरता का वह भाग जो जल को लंबे समय तक उबालने के बाद खत्म हो जाता है अस्थायी कठोरता कहलाता है और यह मुख्यत: कैल्सियम और मैग्नीशियम के बाइकार्बोनेट के द्वारा होता है, जो अंतिमत: पानी को उबालने पर कार्बन-डाइऑक्साइड की क्षति के कारण अवक्षेपित हो जाते हैं। जल की वह कठोरता जो उसे उबालने के बाद भी उसमें कायम रहती है, स्थायी कठोरता कहलाती है।

पानी की कठोरता भौगोलिक रूपण की प्रकृति को बताती है जिसके साथ जल संपर्क में रहता है। सामान्यत: भूपृष्ठ जल, भू-जल की अपेक्षा, मृदु (soft) होता है। जल को उसकी कठोरता के आधार पर निम्न रूप में वर्गीकृत किया जाता है–

0-75	मृदु
75-150	मध्यम रूप से कठोर
150-300	कठोर
>300	बहुत कठोर

यद्यपि जल की कठोरता का मानव के स्वास्थ्य पर कोई खतरनाक प्रभाव नहीं होता, परंतु इससे साबुन के उपभोग में वृद्धि होती है और साथ ही भोजन पकाने में भी समय अधिक लगता है। औद्योगिक उपयोग में शल्कन, स्वाद और रंगाई में बाधा के कारण कठोर जल प्रतिबंधित होता है।

फ्लुओराइड–सभी प्राकृतिक जल में फ्लुओराइड पाया जाता है। इसका औद्योगिक जल में बहुत कम महत्त्व होता है, परंतु जब यह 1 से 1.5 मि.ग्रा./लिटर की सांद्रता में पानी में होता है तो दाँतों को सड़ने से बचाता है। फिर भी इसकी, जल में इससे अधिक मात्रा में उपस्थिति खतरनाक हो सकती है और दाँतों व हड्डियों की फ्लूजी (floozies) का कारण हो सकती है। ऐसे पानी को पीने से पहले फ्लुओराइड रहित बनाना पड़ता है। हमारे देश में कई क्षेत्र ऐसे हैं जहाँ भू-जल में फ्लुओराइड अधिक मात्रा में पाया जाता है। यह जल स्थानीय लोगों द्वारा उपयोग में लाया जा रहा है, क्योंकि पीने के पानी का कोई दूसरा स्रोत उपलब्ध नहीं है। ऐसे क्षेत्रों में लोगों में फ्लुओरोसिस रोग आम-तौर पर पाया जाता है। जल में फ्लुओराइड के अंश को क्लोरीमेट्रीक अथवा आयन मीटर से मापा जाता है।

धातु–जलीय जीवन को आधार देने के लिए जलाशयों की क्षमता तथा अन्य उपयोगों के लिए उसकी उपयुक्तता जल में उपस्थित अनेक लेश तत्त्वों पर निर्भर करती है। कुछ धातु,

उदाहरण के लिए, मैंगनीज, जिंक और कॉपर जो लेश मात्रा में (जल में) मौजूद होते हैं ये जीवन के लिए महत्त्वपूर्ण होते हैं क्योंकि यह शरीर के अनेक शारीरिक कार्यों को विनियमित करते हैं। यद्यपि, यही धातुएँ अधिक मात्रा में पानी में मौजूद रहने से जलीय पारिस्थितिकी और मनुष्य के स्वास्थ्य को गंभीर आविषालुता से प्रभावित करती हैं। विश्व के अनेक भागों में भारी धातुओं द्वारा हुआ जल प्रदूषण जो मानवजनिक होता है, गंभीर पारिस्थितिकी समस्याएँ उत्पन्न करता है। यह स्थिति धातुओं के लिए प्राकृतिक निष्कासन प्रक्रियाओं की कमी से और भी अधिक बढ़ जाती है। इस तरह, धातु जीवजात को शामिल करते हुए वातावरण के एक हिस्से से दूसरे हिस्से में स्थानांतरित होते हैं और अक्सर खतरनाक प्रभाव उत्पन्न करते हैं। जीवजात में धातुओं का पर्याप्त संचयन खाद्य श्रृंखला के स्थानांतर से होता है, जो मानव के लिए आविषालुता के अधिक खतरे उत्पन्न करता है। धातुओं के इस संचयन और अवशोषण से, जल की तलछट में धातुओं की सांद्रता ऊपर के जल की अपेक्षा अधिक होती है जो प्रदूषण की दूसरी समस्याएँ उत्पन्न करती है। जल में धातुओं की आविषालुता किसी भी धातु के आयन की ऑक्सीकरण की मात्रा पर एक साथ उस रूप में जिसमें वह उत्पन्न होता है, निर्भर करती है। नियमानुसार, धातु का आयनिक रूप अधिक आविषालु होता है। फिर भी आविषालुता कम हो जाती है यदि आयन प्राकृतिक कार्बनिक पदार्थ के साथ जटिल सम्मिश्रण में होता है। परंतु निश्चित स्थितियों के अंतर्गत, प्राकृतिक जल में धातु-कार्बनिक, निम्न आण्विक यौगिकों के बनने से असंयोजित रूपों की अपेक्षा अधिक आविषालुता प्रदर्शित करते हैं। इसका एक उदाहरण जलीय सूक्ष्म जीवाणुओं द्वारा अकार्बनिक मर्करी से मर्करी का उच्च आविषालु ऐल्किल व्युत्पन्न (derivative) (मेथिल मर्करी) है। 1950 के दशक में जापान में मीनामाटा रोग होने की घटना घटी थी जो मेथिल मर्करी द्वारा संदूषित मछली को खाने से हुई थी। इस तथ्य पर ध्यान दिया जाना है कि प्राकृतिक जल में धातु घुले हुए, कालाइडेल और निलंबित रूपों में हो सकते हैं।

कार्बनिक पदार्थ–अधिकांश ताजे जल में कार्बनिक पदार्थ होता है। इसका स्थानिक (autochthonous (जलाशय में ही उत्पन्न होने वाला) अथवा अपरस्थानिक (allochthonous) (बाहर से डाला गया) उद्गम का होता है। कार्बनिक पदार्थ का मापन कुल कार्बनिक कार्बन (Total Organic Carban-TOC) के रूप में किया जाता है। इसे रासायनिक अथवा जैव रूप से उसके ऑक्सीकरण के लिए आवश्यक ऑक्सीजन के संदर्भ में भी मापा जा सकता है। वह पद्धति जिसमें जैव ऑक्सीकरण होता है उसे जैव-रासायनिक ऑक्सीजन माँग (Biochemical Oxygen Demand-BOD) और जिसमें रासायनिक ऑक्सीकरण होता है, उसे रसायन ऑक्सीजन माँग (Chemical Oxygen Demand-COD) कहा जाता है। BOD और COD परंपरागत पैरामीटर है जो प्राकृतिक जल में कार्बनिक पदार्थ अथवा प्रदूषण विसर्जन के मापन के लिए विश्व में उपयोग में लाए जाते हैं, जिससे उसकी ऑक्सीजन ग्रहण करने की शक्ति का मूल्यांकन किया जाता है। जल अपनी घुलनशीलता के अनुसार केवल सीमित मात्रा में ऑक्सीजन ग्रहण कर सकता है। जल में कार्बनिक पदार्थ के विसर्जन के बाद कार्बनिक पदार्थ का सबसे अधिक महत्त्वपूर्ण प्रभाव उसमें ऑक्सीजन का ह्रास (depletion) होता है। इसलिए BOD और COD जल प्रदूषण के विनियमन और नियंत्रण उपायों के लिए महत्त्वपूर्ण पैरामीटर है।

कार्बनिक पदार्थ को दो समूहों में श्रेणीबद्ध किया जा सकता है अर्थात् प्राकृतिक और संश्लेषित। प्राकृतिक कार्बनिक पदार्थ सामान्यतः केवल ऑक्सीजन का ह्रास करता है जबकि संश्लेषित कार्बनिक पदार्थ आविषालु प्रभाव उत्पन्न करता है जो बहुत ही गंभीर प्रकृति के हो सकते हैं।

बहुत से विभिन्न हजारों कार्बनिक यौगिक जलाशयों में मानव-गतिविधियों के कारण पहुँचते हैं। प्रत्येक अलग-अलग यौगिक की मॉनीटरिंग करना संभव नहीं है। जबकि यह संभव है कि कार्बनिक प्रदूषणों को उनकी उपस्थिति, आविषालुता और अन्य गुणधर्मों के आधार पर प्राथमिकता के अनुसार चुना जा सकता है। खनिज तेल, पेट्रोलियम उत्पाद, फीनॉल, पीड़कनाशी, पॉलीक्लोरीनीकृत बाइफेनिल (PCBs) और ऐसे यौगिकों के कुछ उदाहरण हैं। यद्यपि इन यौगिकों को सार्वत्रिक रूप से इसलिए मॉनीटर नहीं किया जाता कि उनकी मात्रा ज्ञात करने के लिए अत्याधुनिक उपकरणों और प्रशिक्षित कार्मिकों की आवश्यकता होती है। इसलिए उनका मूल्यांकन आविषालुता के संदर्भ में सारांश पैरामीटर के रूप में किया जाता है। इनमें से बहुत से यौगिक अत्यधिक आविषालु हैं और प्रकृति में कभी-कभी कैंसरजन्य और उत्परिवर्तजनी होते हैं। कुछ चुने हुए यौगिकों को गैस क्रोमेटोग्राफी पद्धति द्वारा मापा जाता है।

सूक्ष्मजीवी प्रदूषण—जल की स्वास्थ्यकारी गुणवत्ता का आकलन करने का सबसे संवेदी और विशिष्ट तरीका है कि जल में मल (faecal) सूचक जीवों का परीक्षण करना। मल सूचक जीवाणु का अर्थपूर्ण परिणाम देने के लिए कुछ मापदंड पूरे करने होते हैं। यह मानव और गर्म खून वाले जंतुओं के मल में अधिक संख्या में सार्वाकि रूप में मौजूद होने चाहिए और शीघ्रता से सरल पद्धतियों द्वारा पता लगाए जा सकने वाले होने चाहिए, और ये प्राकृतिक जल में न तो बढ़े और न ही सवर्धनकर्त्ता हों। सूचक प्रजातियों के लिए यह अनिवार्य है कि उनका जल में स्थायित्व और जल के उपचार में उनको हटाए जाने की डिग्री जलजन्य रोगाणुओं के समान हो। मल प्रदूषण का प्रमुख सूचक एशरेशिया कोलॉई और मल स्ट्रेप्टोकोकाई जीवाणु है। ऊपर बताए गए आदर्श मल सूचक के लिए मापदंड किसी भी एक जीवाणु द्वारा पूरे नहीं होते, फिर भी बहुत से ई. कोलॉई के मामले में पूरे हो जाते हैं, और उससे कम ताप सहिष्णु कोलीफार्म समूह के जीवाणु द्वारा पूरे होते हैं। मल स्ट्रेप्टोकोकाई कुछ मापदंड पूरा करते हैं, जो यद्यपि ई. कोलॉई की तरह नहीं होते, और वे संपूरक सूचकों के रूप में प्रयुक्त किए जा सकते हैं।

सामान्य रूप से मल संदूषण बताने के लिए जीवाणुओं की संख्या के आकलन के लिए बहु नली तनुकरण तकनीक द्वारा (जो जीवाणुओं को ठीक संभव संख्या (MPN) बताती है) या झिल्ली छनन (MF) पद्धति (जो जीवाणुओं की सीधी गणना बताती है) द्वारा मानक परीक्षण किया जाता है।

प्रश्न 4. जल की गुणवत्ता बदलने वाले कारकों का वर्णन कीजिए।

अथवा

जल गुणवत्ता से क्या तात्पर्य है?

अथवा

जल गुणवत्ता मापदंड पर टिप्पणी कीजिए। (जून-2019, प्र.सं.-10 (क))

उत्तर– जल गुणवत्ता मापदंड वैज्ञानिक तर्क आधार है जिस पर जल गुणवत्ता की उपयुक्तता के लिए उसके निर्दिष्ट उपयोग के अनुसार निर्णय लिए जाते हैं। जल गुणवत्ता मापदंड जल संघटकों की सांद्रता निर्दिष्ट करते हैं, यदि ये अधिक न हो, तो यह आशा की जाती है कि यह निर्दिष्ट उपयोग के लिए उपयुक्त हैं। ऐसे मापदंड वैज्ञानिक तथ्यों से व्युत्पन्न होते हैं जो उन प्रयोगों द्वारा अथवा स्थल अवलोकनों से प्राप्त किए जाते हैं, जो निश्चित समय के अंतर्गत विनियमित पर्यावरण की स्थितियों के अंतर्गत नियत उद्दीपन अथवा पदार्थ के प्रति जीवाणु की अनुक्रिया को मालूम करते हैं।

यह ध्यान में रखा जाना चाहिए कि जल गुणवत्ता के मापदंड किसी एक नियत पारिस्थितिक तंत्र में सभी जीवाणुओं को सभी समय जीने और जनने के लिए समान मात्रा में सुरक्षा उपलब्ध नहीं कराते। ये न केवल अनिवार्य और महत्त्वपूर्ण जल तथा जल के प्रत्यक्ष उपयोगकर्त्ता को सुरक्षा प्रदान करने के लिए है, परंतु उन्हें जीवन की सुरक्षा प्रदान करते हैं जो जल में अपने अस्तित्व के लिए जीते हैं और जो इस जीवन को चलाने के लिए पानी का उपयोग करते हैं जैसे मछली।

घरेलू जलपूर्ति के लिए मापदंडों में मानव स्वास्थ्य की सुरक्षा के लिए उपलब्ध आंकड़ों को शामिल किया जाता है। ऐसे मान जो मापदंड स्तरों में भिन्न होते हैं, वे जलीय जीवन की सुरक्षा के लिए अनिवार्य होते हैं। जैसा कि मनुष्य की जनसंख्या में, किसी भी दिए गए उद्दीपन (stimuli) के प्रति समान प्रजाति के व्यक्तियों में शारीरिक विभिन्नता रहती है। जलीय जीवन में बहुत अनुक्रिया विभिन्नता होती है। इस कारण जलीय जीवाणुओं को वातावरण के किसी दिए गए प्रदूषण की सांद्रता में प्रजातियों अथवा वैयक्तिक रूप में समान मात्रा में नुकसान नहीं होता है। मापदंड के रूप में गुणवत्ता संघटक की सांद्रता अथवा स्तर को स्थापित करने के लिए यह आवश्यक है कि अधिक संवेदनशील प्रजातियों के लिए सुरक्षा की उचित मात्रा उस स्थिति में भी सुनिश्चित की जाए, जो जलीय पारिस्थितिक तंत्र के कार्य के लिए महत्त्वपूर्ण है। हालाँकि, ऐसी प्रजातियों की गुणवत्ता के तत्संबंधी संघटकों के अंतर्गत उनकी अनुक्रिया के प्रति आँकड़े उपलब्ध नहीं है। जलीय खाद्य वेब का पर भक्षी (predator) और प्रे (prey) जीवों से एक जटिल संबंध है। जल संघटक जो किसी तरीके से खाद्य वेब के महत्त्वपूर्ण भाग को नष्ट अथवा निष्कासित करेगा, वह अन्य संबंधित सूक्ष्म जीवाणुओं को भी संभवत: नष्ट करेगा अथवा क्षीण बनाएगा।

यह तथ्य कि पारिस्थितिक तंत्र मानवजनिक और प्राकृतिक आविषालु पदार्थों को ग्रहण कर संचय और जैव सांद्रित कर सकता है, अभिलिखित है। जलीय तंत्र में जीवजात प्रदूषकों में प्रत्यक्ष रूप से आपेक्षिक रूप से पर्याप्त घोलकों के निम्न्जन के द्वारा उद्भासित होता है और अप्रत्यक्ष रूप से खाद्य वेब और अन्य जैव, रासायनिक और भौतिक प्रतिक्रिया द्वारा उद्भासित होता है। आविषालु पदार्थों का आरंभिक स्तर यदि एकदम आविषालु और क्षतिकारी नहीं होता तो वह जीवजात और तलछट में संचित हो सकता है और उन स्तरों तक बढ़ सकता है, जो घातक और उप-घातक रूप में जलीय जीवाणुओं अथवा इन जीवाणुओं के उपभोक्ताओं के लिए क्षतिकारी होते हैं। जल गुणवत्ता के मापदंड वातावरणीय संचयन, स्थायित्व, विशिष्ट जलीय तंत्र में विशिष्ट आविषालु पदार्थ के प्रभाव के लिए क्षमता के ज्ञान को प्रतिबिम्बित करते हैं।

जल के अनेक गुणवत्ता संघटकों में विरोधी और युती प्रतिक्रियाएँ भी गुणवत्ता मापदंड निर्धारित करने में स्वीकृत कर ली गई हैं।

जल गुणवत्ता के मापदंडों का नियामक प्रभाव नहीं होता है, परंतु वे अनेक मामलों में निर्णय लेने के लिए आधार उपलब्ध करते हैं जो जल गुणवत्ता के तत्संबंधी मुद्दों से व्युत्पन्न हुए हैं। इस तरह जल गुणवत्ता मापदंड आविषालु प्रदूषक बहिःस्राव मानकों को बनाने के लिए आरंभिक बिंदु है।

जल संसाधन सुरक्षा उपलब्ध करने के लिए, निर्दिष्ट गुणवत्ता मापदंड देश के सभी जल संसाधनों पर स्थानीय स्थितियों के अनुसार रूपांतरण करके वास्तव में लागू किए जाने की आवश्यकता है। किसी भी पर्याप्त लंबे समय तक अथवा किसी भी जलमार्ग के बड़े भाग के लिए गुणवत्ता मापदंड का उल्लंघन करने से जलीय जीवन पर प्रतिकूल प्रभाव पड़ेगा और शायद मनुष्यों के लिए अथवा जलीय जीवन के उपभोक्ताओं के लिए यह एक जोखिम होगा।

गुणवत्ता मापदंड दीर्घ-कालीन सुरक्षा प्रदान करने के लिए निर्दिष्ट किए गए हैं। इस तरह ये बहिःस्राव, मानक के लिए आधार उपलब्ध करते हैं, परंतु इनका उद्देश्य यह नहीं है कि मापदंड के मानक बन जाएँ। यह स्वीकृत हो गया है कि कुछ पदार्थ सरकार की एजेंसी की सहमति से जलीय वातावरण में लागू किए जा सकते हैं जो जलीय पारिस्थितिक तंत्र के भाग को नियंत्रित करने और उसके प्रबंधन के सूक्ष्म प्रयोजन के लिए हो सकता है, उदाहरण के लिए, जलीय शाकनाशी (herbicides) और पीड़कनाशी (pesticides)। यह मान्यता प्राप्त तथ्य है कि पीडकनाशी कृषि और वन में सरकारी अनुदेशों के अनुसार लागू किए जाएँ और जो मूसलाधार वर्षा के तूफान से जल मार्ग मिलने पर घुल जाएँगे। इन स्थितियों के अंतर्गत यह विश्वास किया जाता है कि ऐसे विसरित अंतःप्रवाह को बहिःस्रव विसर्जन के समान ही माना जाना चाहिए। ऐसे में मापदंड को जल मार्ग के प्रमुख भाग पर लागू किया जाना चाहिए न कि परिधीय भाग में जहाँ विसरित अंतःप्रवाह पहुँचता है।

एक विशेष संघटक के लिए एक से अधिक मापदंड हो सकते हैं, जो यह सुनिश्चित करते हैं कि एक से अधिक जल के उपयोग अथवा जैसे कठोर और मृदु जल, पीने के जल के संसाधन की उपयुक्तता, मानव स्वास्थ्य की उस समय सुरक्षा जब वह चुने हुए जीवजात का खाद्य रूप में उपभोग करता है, मनोरंजक जल स्नान के लिए उपलब्धता स्कींइग, और सुरक्षा के उचित कारक की अनुमति ताकि जीवजात से संबंधित अनिवार्य गर्म और शीतल जल के प्रति सुरक्षा सुनिश्चित हो सकें। गुणवत्ता के कुछ संघटकों को छोड़ देने का अर्थ यह नहीं समझा जाना चाहिए कि छोड़े गए गुणवत्ता संघटक या तो अमहत्त्वपूर्ण हैं अथवा जोखिम से भरे नहीं हैं।

अध्याय 11

वनोन्मूलन

प्रश्न 1. वनोन्मूलन से आप क्या समझते हैं? भारत में वनोन्मूलन की स्थिति क्या है? वर्णन कीजिए।

उत्तर– भारत एक बहुत बड़ा देश है जिसके चारों ओर आबादी और पारिस्थितिक कर्मता (niches) उपस्थित है और जो जैव-विविधता में बहुत समृद्ध है, साथ ही यह मानव संस्कृतियों की व्यापक विविधता और समृद्धि में सहायता करता है। पर्यावरण उतना अधिक विविध हो सकता है जितनी कि कल्पना की जा सकती है; उत्तर में हिमालय से लेकर अंडमान और निकोबार द्वीपों और लक्षद्वीप तक, पश्चिम में गुजरात और राजस्थान के मरुस्थलों से लेकर मध्य भारत के टीक के वनों तक तथा उत्तरपूर्वी क्षेत्र के घने और ऊँचे-ऊँचे वर्षा-प्रचुर वनों तक। दक्षिण एशिया के अधिकांश अन्य भागों की तरह, भारत के बड़े भाग और विश्व के भाग सब, अभी हाल ही में, अभी तक घने जंगलों से घिरे हुए थे। यह क्षेत्र अपनी सभ्यता के लिए संभवत: सबसे उत्तम माना जाता था, जो गंगा और यमुना जैसी बड़ी नदियों के मैदानों में फला-फूला था। यह वह सभ्यता थी जो अत्याधुनिकीकरण और शहरीकरण की उच्च श्रेणी तक पहुँच गई थी। इस संबंध में सबसे कम जानकारी इस बात की थी कि असंख्य छोटे जैविक, विविध और अत्यधिक अस्तित्व रखने वाले वन की संस्कृतियाँ जो जीवित थीं, फली-फूली थीं और आज भी जहाँ वन अस्तित्व में हैं ये सब उन क्षेत्रों में मौजूद है।

भारत में वनोन्मूलन बहुत तेज गति से हो रहा है। वन का अत्यधिक शोषण दूसरे विश्व युद्ध के बाद से आरंभ हो गया था। जब ब्रिटिश लोगों ने अपनी आवश्यकता के लिए वन की सफाई करनी शुरू की थी। स्वतंत्रता के बाद की अवधि में वन शोषण की प्रक्रिया में रेलवे, खनन, नदी घाटी परियोजनाएँ, रक्षा आदि की विकास परियोजनाओं की पूर्ति के लिए वृद्धि हो गई। कृषि संबंधी गतिविधियों के प्रसार और शहरीकरण के कारण भी वनों का शोषण हुआ है। वर्ष 1951-75 की अवधि के दौरान 43.28 लाख हैक्टेयर क्षेत्र विभिन्न विकास कार्यों के कारण गायब हो गया। लगभग 2 मिलियप हैक्टेयर के क्षेत्र का सबसे अधिक वनोन्मूलन मध्य प्रदेश

में हुा है (जिसमें छत्तीसगढ़ शामिल है)। महाराष्ट्र में एक मिलियन हैक्टेयर की क्षति हुई। उड़ीसा, आंध्र प्रदेश, जम्मू और कश्मीर में वन की कुल क्षति 1 मिलियन हैक्टेयर हुई। राजस्थान और हिमाचल प्रदेश में क्षति लगभग 1/2 मिलियन हैक्टेयर थी। परंतु अनुपात के संदर्भ में राजस्थान, हरियाणा और पंजाब ने अपना आधा वन आच्छद (cover) खो दिया और हिमाचल प्रदेश और जम्मू व कश्मीर के राज्यों ने एक-तिहाई वन आच्छद खो दिया। त्रिपुरा, मिजोरम, मणिपुर और मेघालय भारत के सबसे अधिक वनोन्मूलन से प्रभावित राज्य हैं।

यह समझने के लिए कि वनोन्मूलन क्यों इतना तत्काल और महत्त्वपूर्ण मुद्दा है, वनों को इस बात का श्रेय पहले देना चाहिए कि वह विश्व के पारिस्थितिक तंत्र और जीवन की गुणवत्ता द्वारा विश्व को क्या प्रदान करते हैं, जिससे सभी प्रजातियाँ अपना अस्तित्व बनाए रखती है। उष्णकटिबंधीय वर्षा-प्रचुर वन वर्तमान में 50-90 प्रतिशत जीवाणुओं को घर उपलब्ध कराते हैं। वनोन्मूलन से न केवल प्रजातियों को खतरा होता है, परंतु पेड़ भी मानव जाति को बहुत से लाभ उपलब्ध कराते हैं जिनकी हानि होती है। विश्व के वर्षा-प्रचुर वन आंदोलन के अनुसार, 25 प्रतिशत औषधियाँ वनों से प्राप्त होती हैं। इस संख्या से सभी रोगों का उपचार नहीं होता और जिनके बारे में अभी तक खोज नहीं हुई है अथवा जो नष्ट हो गई हैं। वन दूसरी प्रजातियों को जीवन ही नहीं देते, परंतु मानव जाति को भी लंबा जीवन जीने में सहायता करते हैं। वनों की न केवल जीवन और विश्व के लिए अनिवार्यता होती है, परंतु वह जीवन को गुणवत्ता भी प्रदान करते हैं। वृक्षों से हवा की गुणवत्ता में सुधार होता है, जो प्रजातियाँ अपनी साँस में लेती हैं और यह वृक्ष कार्बन और अन्य कणों को जो प्रदूषण द्वारा उत्पन्न होते हैं अपने में अवधारित कर लेते हैं। इसके अतिरिक्त, वर्षा के जल को अवधारित करते हैं और पर्यावरण को ताजगी से भर देते हैं। यह पृथ्वी की जलवायु को शीतल बनाए रखते हैं और अन्य अमूल्य कार्यों के साथ, जैसे–अपरदन को रोकना, भूस्खलन और उर्वरक मिट्टी को जीवन से पूर्ण और समृद्ध बनाने द्वारा जलवायु को नियमित करते हैं। वनोन्मूलन की वास्तविक दर को ज्ञात करना बहुत कठिन होता है। वैज्ञानिक, उष्णकटिबंधीय वनों के वनोन्मूलन का अध्ययन, सफाई किए गए (काटे गए) वनों को सैटेलाइट से देखे गए दृश्य का विश्लेषण करके करते हैं। यदि वनोन्मूलन वर्तमान दर से जारी रहा तो वैज्ञानिकों ने यह अनुमान लगाया है कि वर्ष 2030 तक सभी उष्णकटिबंधीय वर्षा-प्रचुर वन पारिस्थितिक तंत्र पूरा नष्ट हो जाएगा।

प्रश्न 2. वनोन्मूलन के कारणों और प्रभावों का वर्णन कीजिए।

अथवा

वनोन्मूलन के कारणों की व्याख्या कीजिए। (दिसम्बर-2018, प्र.सं.-8), (जून-2019, प्र.सं.-7),(जून-2020, प्र.सं.-7)

अथवा

'वनोन्मूलन विभिन्न सामाजिक एवं पर्यावरण संबंधी समस्याओं का कारण बनता है।' विस्तृत वर्णन कीजिए।

उत्तर– वनोन्मूलन कई तरीकों से होता है। वन की अधिकांश सफाई कृषि प्रयोजनों के लिए अर्थात् ढोर चराने और फसल उगाने के लिए होती है। गरीब किसान एक छोटे क्षेत्र (कुछ

एकड़) में स्थित वृक्षों को काट देते हैं और वृक्षों के लट्ठों को जला देते हैं। इस प्रक्रिया को 'स्लैश एण्ड बर्न कृषि' कहते हैं। अधिक विस्तृत और आधुनिक कृषि बहुत बड़े पैमाने पर होती है। कभी-कभी एक ही समय में कई वर्ग मीलों तक वनोन्मूलन कर दिया जाता है। बड़े-बड़े ढोरों के चरागाह के लिए अक्सर वर्षा-प्रचुर वनों की सफाई कर देते हैं।

व्यावसायिक लकड़ी के लट्ठे (logging) काटना वनोन्मूलन का दूसरा आम रूप है। इमारती लकड़ी और गूदे के लिए पेड़ों को काटकर बिक्री की जाती है। लट्ठों का चुनाव करके काटा जाता है, और केवल आर्थिक रूप से मूल्यवान वृक्ष प्रजातियों को ही काटा जाता है। व्यावसायिक रूप से पेड़ काटकर लट्ठे बनाने का कार्य मशीनों से किया जाता है, जैसे बुलडोजर, रोड-ग्रेडर और लॉग स्काइडर (log skidders) जो पेड़ काटकर सड़क बनाने का कार्य करते हैं। यह कार्य समग्र वन को उसी तरह क्षतिग्रस्त करता है जैसे एक आरी (chainsaws) प्रत्येक वृक्ष को काटती चलती है।

वनोन्मूलन के कारण भी बहुत जटिल हैं। आज की प्रतिस्पधी विश्व अर्थव्यवस्था पैसों के लिए आर्थिक रूप में चुनौती से भरे उष्णकटिबंधीय देशों की तरफ बढ़ रही है। राष्ट्रीय स्तर पर सरकारें परियोजनाओं के लिए पैसा उगाने के लिए वृक्ष के लट्ठे काटने में रियायतें प्रदान कर रही हैं ताकि अंतर्राष्ट्रीय ऋण चुकाया जा सके अथवा उद्योग विकसित किए जा सकें। उदाहरण के लिए ब्राजील पर 1995 में 159 बिलियन डॉलर अंतर्राष्ट्रीय कर्ज था, जिसको चुकाने के लिए उसे प्रतिवर्ष डालरों का भुगतान करना था। वृक्ष के लट्ठे बनाने वाली कंपनियाँ वन की कटाई करने का मौका ढूँढ़ती हैं, ताकि लकड़ी के अमूल्य लट्ठे जैसे महोगनी और उसके गूदे को बेचकर लाभ कमाया जा सके।

किसानों द्वारा किया गया वनोन्मूलन उनके अपने अस्तित्व को बनाए रखने के लिए फसल उगाने हेतु किया जाता है, और यह मनुष्य की भोजन के लिए आवश्यकता से प्रेरित होता है। अधिकांश उष्णकटिबंधीय देश, संयुक्त राज्य अमेरिका के मानकों की तुलना में बहुत गरीब हैं और वहाँ पर अधिकांश जनसंख्या अपना जीवन कृषि पर आधारित करके चलाती है। उदाहरण के लिए ब्राजील में प्रति व्यक्ति औसत वार्षिक आय अमरीकी डालर में 5400 है। जबकि संयुक्त राज्य अमेरिका में प्रति व्यक्ति वार्षिक औसत आय 26,980 डालर प्रति व्यक्ति है (विश्व बैंक 1998)। बोलिविया में, जहाँ अमेजन वर्षा-प्रचुर वन का एक भाग है प्रति व्यक्ति औसत आय 800 डॉलर है। इन देशों के किसानों के पास जीवन की आवश्यकताओं पर खर्च करने के लिए पैसा नहीं है, और वह भोजन के लिए लकड़ी बेचकर फसल उगाते हैं।

वनोन्मूलन के अन्य कारण भी हैं, जैसे नहर और बाँध बनाना। यद्यपि, बाँध बनाने के मामले में कुल वनोन्मूलन का बहुत ही कम भाग शामिल होता है। इसके अतिरिक्त कुछ अन्य कारण भी हैं जो वनोन्मूलन संभव करते हैं और इनका वर्णन निम्न उप-अनुच्छेदों में किया गया है।

(1) जनसंख्या वृद्धि और वनोन्मूलन–वर्ल्डवाइड फोरेस्ट रिपोर्ट ने यह स्पष्ट किया है कि रोमन राज्य का यूरोप पर नियंत्रण था और यह महाद्वीप 90 प्रतिशत वन से ढका हुआ था। आज 500,000 हैक्टेयर वन एक ही सप्ताह में काट दिया जाता है। इस संबंध में, नगरों की अधिक जनसंख्या और विकासशील देश वनोन्मूलन के प्रबल कारण हैं। आज जनसंख्या बहुत

ही तीव्र गति से बढ़ रही है, विशेषकर विकासशील देशों में। जनसंख्या में वृद्धि के कारण, किसान और भूमि के मालिक अपनी भूमि को बेच रहे हैं। इस तरह यह भूमिहीन किसान जंगलों में जाकर भूमि पर कब्जा करने के लिए मजबूर हो जाते हैं। भूमि को किराए पर देना आधुनिक कृषि उपकरणों की कमी और किसानों को सहायता देने की ओर सरकार का ध्यान न देना आदि ऐसे कारण हैं जो वनों में मनुष्य को बाधा डालने के लिए बड़ी संख्या में प्रेरित करते हैं।

खेती की भूमि का बंदोबस्त करने के प्रयास में गरीब लोग स्थानांतरित फसल उत्पादक बन जाते हैं और वनों में पेड़ों को हटाने के लिए स्लैश और बर्न पद्धति, अपनाने के लिए मजबूर हो जाते हैं, जो सबसे अधिक आपदाकारी है। स्लैशिंग और बर्निंग पद्धतियों में वृक्ष काट दिए जाते हैं और फिर उनके शेष भागों को जला दिया जाता है। इसकी राख को वे उर्वरक के रूप में इस्तेमाल करते हैं और भूमि को ढोरों को चराने या खेती करने के लिए उपयोग में लाते हैं। फिर भी मिट्टी स्लैश करने और जलाने के कारण अनुर्वरक हो जाती है, इस मिट्टी के पोषक आस-पास के जीवाणुओं द्वारा तेजी से अवशोषित कर लिए जाते हैं। किसान दूसरे स्थान में फिर चले जाते हैं और वहाँ पर जाकर फिर यही क्रिया दोहराते हैं। परिणामस्वरूप, उपयोगी भूमि और वृक्षों की संख्या बहुत कम हो जाती है।

(2) लट्ठे काटना और वनोन्मूलन–छोटे किसान वनोन्मूलन में बड़ी भूमिका निभाते हैं, परंतु आधुनिक उद्योग भी वृक्षों को बहुत काटते हैं। लट्ठे बनाने का उद्योग उत्पादों का निपटान करने की आवश्यकता के कारण बहुत बढ़ जाता है। व्यावसायिक और संपत्ति उद्योगों के लिए, प्रति वर्ष 11 मिलियन एकड़ भूमिसे वृक्ष काटकर सफाई की जाती है। मैकडौनल्ड को 800 वर्ग मील के क्षेत्र के वृक्षों की आवश्यकता होती है, ताकि वह अपनी पूर्ति की पैकेजिंग के लिए कागज की मात्रा प्राप्त कर सके ब्रिटिश कोलंबिया निर्माताओं को 7,500,00 चौपस्टिक की एक दिन में जरूरत होती है और उनकी ईंधन के लिए लकड़ी की माँग इतनी अधिक है कि अनुमान किया जाता है कि इसकी बहुत ही जल्दी कमी पड़ जाएगी। लट्ठे काटने के अपने प्रतिकूल परिणाम भी होते हैं। लट्ठे काटने के उद्योग न केवल यह कार्य पूरा करते हैं परंतु अप्रत्यक्ष रूप से घुमक्कड़ किसानों और दूसरों की भी सहायता करते हैं जिससे वनों की अधिक क्षति होती है। सड़कें जो, लट्ठे काटने वाले (logges), वनों तक पहुँचने के लिए बनाते हैं, हाइड्रोइलैक्ट्रिक पॉवर का जनन करते हैं, और बहुत से लोगों के लिए वन संसाधनों के साथ हेरा-फेरी करने के लिए बड़ा सरल मौका उपलब्ध करते हैं। इस तरह से हुए वनों का विनाश तोला नहीं जा सकता।

(3) वनोन्मूलन और ढोर चराई–वनोन्मूलन का एक और अधिक आपदायी कारण ढोरों की चराई है। तत्काल खाद्य श्रृंखला की अंतर्राष्ट्रीय प्रगति के कारण माँस-मछली और डेयरी उत्पादों का उपभोग भारी मात्रा में बढ़ गया है। यह आज वृक्षों की कटाई का एक प्रमाणित कारक मालूम होता है।

(4) अन्य कारण–वनोन्मूलन के प्रमुख कारणों के अतिरिक्त कुछ संपूरक कारक भी हैं। अम्ल वर्षा और बाँध बनाने के कार्यों से भी वनों पर हानिकारक प्रभाव पड़ते हैं। अधिक पैसा देने वाली उपजों को उगाने की होड़ जैसे फल, मसाले, गन्ना, तम्बाकू, रबड़, कपड़ा और कागज देने वाले उत्पादों ने वनों का विनाश जारी रखा हुआ है। यहाँ तक औद्योगिक देश भी

विकासशील देश में वनोन्मूलन के लिए, वनों के विनाश में भागीदार बनते हैं। औद्योगिक देशों में उत्पादों की आवश्यकता होती है, जिसके कारण यह देश गरीब और कम विकसित देश में उत्पादन करने के लिए प्रेरित हो जाते हैं। इस उत्पादन की वृद्धि का बोझ, वृक्षों पर और सेवाओं पर पड़ता है।

वनोन्मूलन के प्रभाव–वनोन्मूलन बहु-सामाजिक और वातावरणीय समस्याएँ उत्पन्न करता है। विश्व वनोन्मूलन के तत्काल और दीर्घ-कालीन परिणाम, पृथ्वी पर जीवन में लगभग उथल-पुथल उत्पन्न कर देते हैं जैसा कि हमें ज्ञात है। इनमें से कुछ परिणामों में जैव-विविधता की कमी, वन आधारित सामानों का विनाश और जलवायु में विक्षोभ शामिल हैं।

(1) वनोन्मूलन और भमंडलीय कार्बन चक्र–वनोन्मूलन से पर्यावरण में कार्बन डाइऑक्साइड और अन्य लेश (traces) गैसों की वृद्धि हो जाती है। उष्णकटिबंधीय वनों की मिट्टी और पौधे विश्व में 460-575 बिलियन मैट्रिक टन कार्बन अवधारित करते हैं। जिसमें से प्रत्येक एकड़ में 180 मैट्रिक टन कार्बन संग्रहित रहता है। जब वन को काट दिया जाता है और जला दिया जाता है ताकि चरागाह और खेती के लिए भूमि उपलब्ध हो सके तो कार्बन जो पेड़ के तने में संग्रहित होता है (लकड़ी में 50% के लगभग कार्बन होता है) वह ऑक्सीजन के साथ क्रिया करके कार्बन-डाइऑक्साइड (CO_2) बनाता है और वायुमंडल में उसे विमुक्त करता है।

अनेक कारणों से कार्बन डाइऑक्साइड के स्तरों में वृद्धि हो जाती है। परंतु कार्बन डाइऑक्साइड के स्तरों में वृद्धि का प्रमुख कारण काष्ठी (लकड़ी की) पदार्थों की सड़न है। वायुमंडल में कार्बन डाइऑक्साइड को कम करने का केवल एक ही तरीका है, और वह पौधों के जीवन के द्वारा है। जीवित पेड़ और पौधे सड़े हुए पौधों और पेड़ों से उत्पन्न कार्बन डाइऑक्साइड को अवशोषित कर लेते हैं। पेड़ और पौधों के जीवन में कमी के साथ (वनोन्मूलन के कारण) इस स्तरों को कम करना बहुत कठिन हो जाता है। अंतिमतः कार्बन की मात्रा पौधों के जीवन की कमी के कारण बढ़ जाएगी जो वर्तमान में कार्बन के स्तर को रोक सकती है। यह पूरी वनोन्मूलन की प्रक्रिया का ऐल्बिडो (albedo) (श्विति) प्रभाव होता है जो वायुमंडल में अधिक ताप और प्रकाश को प्रतिबिम्बित करता है।

विश्व कार्बन चक्र पर वनों की क्षति का बहुत अधिक प्रभाव पड़ता है। वर्ष 1850-1990 तक विश्व में वनोन्मूलन से (अमेरिका सहित) 122 बिलियन मैट्रिक टन कार्बन पर्यावरण में विमुक्त हुआ था। यह दर वर्तमान में प्रति वर्ष 1.6 बिलियन मैट्रिक टन कार्बन विमुक्त होने की है। तुलना करने पर जीवाश्म ईंधन (कोयला, तेल और गैस) के जलने से लगभग 6 बिलियन मैट्रिक टन कार्बन प्रतिवर्ष निकलता है। इसलिए अब यह स्पष्ट हो गया है कि वनोन्मूलन, वायुमंडल में महत्त्वपूर्ण रूप से CO_2 उत्पन्न करते हैं। वायुमंडल में CO_2 के निष्कासन से ग्रीनहाउस के प्रभाव उत्पन्न होते हैं, जिससे विश्व के तापमान में वृद्धि हो सकती है।

(2) वनोन्मूलन और जलीय चक्र–उष्णकटिबंधीय वनोन्मूलन किसी भी क्षेत्र की स्थानीय जलवायु को प्रभावित करता है जो वाष्पीकरणीय शीतलन कम करने से मिट्टी और पौधों के जीवन दोनों में होता है। क्योंकि पेड़ और पौधे जैसे ही काटे जाते हैं उष्णकटिबंधीय वर्षा-प्रचुर वन आच्छद एकदम कम हो जाती है। अभी हाल ही के अनुसंधान बताते हैं कि वर्षण की आधी मात्रा जो उष्णकटिबंधीय वर्षा-प्रचुर वन पर गिरती है, वह नमी और पेड़ों के

आच्छद का परिणाम होती है। वृक्षों और पौधों से होने वाली वाष्पीकरण और वर्षण प्रक्रियाएँ बड़ी मात्रा में जल को स्थानीय वायुमंडल में वापस भेज देती हैं, जिससे बादल बनते हैं और वर्षण होता है। कम वाष्पीकरण का अर्थ है कि सूर्य की अधिक अवक्षेपण ऊर्जा भूमि की सतह को गर्म करती है, और उसके कारण ऊपर की हवा के तापमान में वृद्धि हो जाती है।

(3) वनोन्मूलन और बाढ़ आना–बाढ़ का आना भी वनोन्मूलन का गंभीर परिणाम है। वन की कटाई द्वारा सफाई करने से वर्षा का पानी सतह की मिट्टी को बहा ले जाता है। केवल इस कारण वर्षा की भारी मात्रा पेड़-पौधों की कमी के कारण मिट्टी में पहुँचती है, यदि पेड़-पौधे मौजूद हों तो इस वर्षा के जल को वह सोख सकते हैं।

इसके अतिरिक्त वृक्षों की जड़ें वर्षा के पानी का न केवल संग्रह करती हैं परंतु उसे विभिन्न प्रणालियों में बहा भी ले जाती हैं। ये मिट्टी को भी एक साथ बाँधे रखती हैं। जैसे ही इस प्रक्रिया में मंदी होती है, जल का तेज प्रवाह भी कम हो जाता है तो यह बाढ़ के प्रवाह और मिट्टी के अपरदन को रोक देता है।

उष्णकटिबंधीय क्षेत्रों में जहाँ वन अधिक घने होते हैं, वहाँ बाढ़ की गंभीर समस्या नहीं होती है क्योंकि वहाँ पेड़-पौधे, और वनस्पति होती है जो वर्षा का जल अवशोषित कर लेती हैं। यह उन क्षेत्रों में होता है जहाँ पेड़-पौधे नहीं होते, और वहाँ यह एक समस्या होती है। इसलिए बाढ़ के आपदायी प्रभावों को रोकने के लिए वनों का घना और हरा-भरा रहना बहुत आवश्यक है।

(4) वनोन्मूलन और जैव-विविधता–पूरे विश्व में पौधों और जंतुओं की 5 से 80 मिलियन तक की जैव-विविधता पृथ्वी के ग्रह में मौजूद है। उष्णकटिबंधीय वर्षा-प्रचुर वन जो पृथ्वी की कुल शुष्क सतह का केवल 7 प्रतिशत भाग ढकें हुए हैं, उसमें इनमें से आधी प्रजातियाँ उपस्थित हैं। इसमें से 10 मिलियन प्रजातियों का पृथ्वी पर होने का विश्वास किया जाता है। वैज्ञानिकों ने इनमें से केवल 1.5 मिलियन प्रजातियों का ही नाम दिया है, जिसका विस्तार से अध्ययन किया गया है।

बहुत से वर्षा-प्रचुर वन और जंतु केवल बहुत छोटे क्षेत्रों में पाए जाते हैं, क्योंकि उनको निर्वाह के लिए एक विशेष आवास की जरूरत होती है। यदि उनकी आवासी बस्ती नष्ट हो जाती है तो वे सब खत्म हो जाएँगे। प्रत्येक दिन उष्णकटिबंधीय वर्षा के वनों से इन प्रजातियों की समाप्ति हो रही है, क्योंकि ये वन साफ किए जा रहे हैं। हम इन प्रजातियों की समाप्ति की वास्तविक दर नहीं जानते हैं परंतु अनुमान बताते हैं कि प्रत्येक दिन पूरे विश्व से 137 प्रजातियाँ लुप्त हो जाती हैं।

प्रजातियों की इस क्षति का ग्रह पर बहुत बड़ा प्रभाव पड़ता है। हम शायद पौधों की उन प्रजातियों को खो रहे हैं जो हमें कैंसर के रोग से बचा सकती हैं अथवा एड्स के रोग की चिकित्सा में सहायता कर सकती हैं। दूसरे जीवाणु वे जीवाणुओं को खा रहे हैं जिन पर वह निर्भर होते हैं और इस तरह से वह अपने आप ही लुप्त हो रहे हैं।

(5) वनोन्मूलन और पोषक तत्त्व–वृक्षों को काटने की विभिन्न तकनीकों और भूमि के उपयोगों का, पृथ्वी की सतह और उन जीवित जीवाणुओं पर विविध प्रभाव होता है जो वर्षा-प्रचुर वन बनाते हैं।

उष्णकटिबंधीय वर्षा-प्रचुर वनों में जीवन के लिए आवश्यक लगभग सभी पोषक तत्त्व पौधों और वृक्षों में पाए जाते हैं। ये पौधे और वृक्ष भूमि की बुआई करने के लिए काट दिए जाते हैं। किसान साधारणतः पेड़ों के तनों को जला देते हैं, जिससे उर्वरक मिट्टी के लिए सभी आवश्यक पोषक तत्त्व विमुक्त होकर नष्ट हो जाते हैं। परिणामस्वरूप जब वर्षा आती है तो अनेक पोषक तत्त्वों को बहा ले जाती है और भूमि कम उर्वरक हो जाती है। कम से कम 3 वर्षों में भूमि पर ऐसी स्थिति में कोई सहायक फसल भी नहीं उगाई जा सकती। इस बात पर ध्यान दिया जाना है कि जब भूमि की उर्वरकता कम हो जाती है तो किसान दूसरे क्षेत्र देखते हैं और वहाँ पर पेड़ों की कटाई करके जंगल साफ कर देते हैं, और पोषकहीन भूमि को छोड़कर फिर कहीं और चल देते हैं। जो क्षेत्र पहले खेती करने के बाद छोड़ दिए जाते हैं वहाँ फिर वर्षा-प्रचुर वन पैदा हो जाते हैं। यद्यपि जैसे पोषक की कमी होने से फसल अच्छी नहीं होती उसी तरह पोषकों की कमी से जंगल भी धीमे बढ़ते हैं। जब भूमि को छोड़ दिया जाता है तो उस स्थान पर पुनः वन उगने में 50 वर्षों तक का समय लग जाता है।

वन पुनः वृद्धि के लिए आधुनिक तरीके से खेती करना अधिक आपदायी होता है। विस्तृत कृषि पद्धतियाँ, पीड़कनाशी और उर्वरक जैसे रासायनों को बहुत अधिक मात्रा में उपयोग करते हैं, जो (ये रसायन) उस क्षेत्र के अनेक जीवित जीवाणुओं को नष्ट कर देते हैं। यह रासायन मिट्टी में सोख लिए जाते हैं और आस-पास के क्षेत्र को प्रभावित करते हैं। केले के बगीचों में पौधों पर मिट्टी में पीड़क जंतुओं को नष्ट करने के लिए पीड़कनाशी इस्तेमाल किए जाते हैं। जबकि ये पीड़कनाशी अन्य जंतुओं को भी नष्ट कर देते हैं, और पारिस्थितिक तंत्र के स्वास्थ्य को कमजोर बना देते हैं। केले के बगीचे में सिंचाई के लिए गड्ढे बनाए जाते हैं और जल परिवहन के लिए भूमि के नीचे पाइप लाइने डाली जाती हैं जो भूमि के जल संतुलन को बदल देते हैं। केले के बगीचे को छोड़ने के अथवा विस्तृत कृषि पद्धति के बाद वह वन फिर से वृद्धि करने के लिए शताब्दियों का समय ले सकता है।

प्रश्न 3. वनोन्मूलन को कम करने के लिए एक आपदा प्रबंधन रिपोर्ट प्रस्तुत कीजिए।

उत्तर– भारत के वन मुख्य रूप से राज्य के अधिकार क्षेत्र में होते हैं। सरकार अधिकांशतः वनभूमि की मालिक होती है। राज्य स्तर के वन विभाग, पर्यावरण एवं वन मंत्रालय के साथ वनों के लिए योजना बनाने, प्रबंधन, कटाई और बिक्री करने के लिए निर्णय लेती है।

वनोन्मूलन के संदर्भ में, वनोन्मूलन को कम करना सुनिश्चित करने के लिए वनों को नष्ट करना तुरंत बंद करा देना चाहिए। चूँकि, यह अव्यावहारिक लगता है, इसलिए हम केवल एक ही चीज कर सकते हैं और वह यह है कि वन उत्पादों को कम मात्रा में उपयोग करें। हालाँकि इस तरह कम मात्रा में उपयोग का विचार व्यवहार में तुरंत लाने की आवश्यकता है। इस बारे में दुःख की बात यह है कि एक बार जब वन नष्ट हो जाते हैं तो हम उस क्षति को कभी पूरा नहीं कर पाएँगे, जो हम कर चुके होते हैं।

आज उष्णकटिबंधीय वर्षा-प्रचुर वन विश्व के चेहरे से गायब हो रहे हैं। अंतर्राष्ट्रीय जागृति बढ़ने के बावजूद भी वर्षा-प्रचुर वन लगातार इस गति से नष्ट होते जा रहे हैं कि अगले 20

वर्षों में फिलिपाइन्स से लेकर बर्मा (म्यांमार) तक कोई जंगल नहीं होगा। पश्चिम अफ्रीका में कोई जंगल नहीं होगा और पेरु में पश्चिमी अमेजन, इक्वेडोर, कोलम्बिया, ब्राजीलाई अमेजन, पपुआ न्यू गिनी और मध्य अफ्रीका से वन आच्छद के बड़े-बड़े क्षेत्र गायब हो जाएँगे। वर्ष 1980 के दौरान वनोन्मूलन की दर 90 प्रतिशत बढ़ गई थी, आज यह दर 2.75 मिलियन वर्ग मील वन आच्छद (6.8 मिलियन वर्ग कि.मी.) तक कम हो गई है। इस विनाश के विश्वव्यापी प्रभाव होंगे और जिससे जलवायु में परिवर्तन होगा। मिलियन प्रजातियाँ लुप्त हो जाएँगी और इससे गरीबी की तीव्रता और घटनाएँ बढ़ जाएँगी और मनुष्यों में रोगों के प्रकोप घटित हो जाएँगे। फिर भी इस विनाश को धीमा किया और रोका जा सकता है तथा कुछ मामलों में इसे विपरीत किया जा सकता है, परंतु इसके लिए मजबूत संयम की जरूरत होगी और यह लोगों और सरकार की कोशिशों से ही संभव होगी।

वर्षा-प्रचुर वन के संरक्षण के लिए किए गए पिछले प्रयास विफल हो गए हैं जैसा कि वन अवरोपण की त्वरित दर से प्रदर्शित होता है। इन पद्धतियों में वनों को सुरक्षित और आरक्षित करके पार्क के रूप में बंद कर दिया गया था और पार्क को सुरक्षित करने के लिए उसके चारों ओर सीमा बाँध कर गार्ड तैनात कर दिए गए थे। जैसे ही विश्व में इस तरह के पार्क स्थापित हुए फिर वर्षा-प्रचुर वनों को पहले से भी तीव्र दर से नष्ट किया जाने लगा। कुछ स्थानों में तो इन पार्कों (बागों) के लिए आधिकारिक तौर पर स्वीकृति भी दी गई। परंतु अक्सर उनको पर्याप्त निधि उपलब्ध नहीं कराई गई और स्थानीय लोगों द्वारा उनका अनुरक्षण करने में सहयोग प्राप्त नहीं हुआ। परिणामस्वरूप, यह बाग कागज के बाग बन कर रह गए अर्थात् ऐसे पार्क जो नक्शे में और सरकारी संरक्षण रिपोर्ट में हैं, परंतु व्यावहारिक रूप से मौजूद नहीं हैं।

लोग जो वनों के आस-पास रहते हैं, वे विश्व के सबसे गरीब लोग हैं और वे वन पर ही अपने पालन-पोषण के लिए निर्भर रहते हैं। बाग से उनकी भूख खत्म नहीं होती और न ही उससे उनको शरण स्थान प्राप्त होता है और न ही उनकी अन्य आवश्यकताएँ पूरी होती हैं। स्थानीय बस्ती के लोग वर्षा-प्रचुर वन पर, अपने जीवन को चलाने के लिए निर्भर करते हैं और वे वनों को लगातार संतुष्टि के साथ, उसे फिर पुनः प्राप्त न करने के तरीके से, उपयोग करते रहते हैं जब तक उनको जीवन चलाने के दूसरे साधन नहीं मिल जाते। इस संबंध में अब पुरानी वन संरक्षण नीति की कमियाँ मालूम हो गई हैं और वर्षा-प्रचुर वन की भूमि को कायम रखने और उसके विकास की आवश्यकताएँ स्थानीय लोगों को बताई जा रही हैं और वनों को नुकसान पहुँचाए बिना उनसे लाभ लेने के तथ्य पर जोर दिया जा रहा है। वन संरक्षण स्थानीय लोगों की लागत पर नहीं किया जा सकता। उनको वनों के संरक्षण में और उससे लाभ प्राप्त करने दोनों के लिए बराबर का हिस्सेदार बनाया जाना चाहिए। वर्षा-प्रचुर वन के आर्थिक उपयोग और जो इस संबंध में मुख्यतः नीति निर्धारित करते हैं उन्हें इस नीति में तीव्र परिवर्तन लाने की जरूरत है। दीर्घ-अवधि के आयोजन और योजनाएँ पर्यावरणविदों, वैज्ञानिकों, औद्योगिकविदों, विकासविदों और राजनीतिज्ञों के बीच सहयोग और समन्वय से वनों का संरक्षण करने पर निर्भर करेंगे और इसमें स्थानीय लोगों की सहायता भी ली जानी होगी। वर्षा-प्रचुर वनों को बचाना इस बात पर निर्भर करेगा कि आरक्षित क्षेत्रों को स्थानीय लोगों के प्रतिदिन के जीवन की आवश्यकताओं के साथ में कैसे तालमेल बैठाया जाए और कितनी बेहतर पद्धति से वन संरक्षण एक मजबूत

तंत्र के रूप में आस-पास रहने वाले लोगों के जीवन को जीने के लिए किस रूप में उपलब्धि करेगा। यदि इसका प्रबंधन उचित ढंग से किया जाए तो वर्षा-प्रचुर वनों से विश्व की बहुत-सी आवश्यकताओं की अनंत काल तक पूर्ति हो सकती है।

छाया कृषि सतत् कृषि पद्धतियों में से एक है। इस प्रकार की कृषि में वर्षा-प्रचुर वन के बहुत से वृक्ष छायाप्रिय फसलों, जैसे-कॉफी या चाकलेट को छाया मुहैया करने के लिए छोड़ दिए जाते हैं। जब खेत त्याग दिए जाते हैं तो वन बहुत तेजी से उगते हैं, क्योंकि इसका काफी बड़ा हिस्सा पहले ही अक्षत छोड़ा गया था। इस किस्म के खेतों के बाद वन इस तेजी से बढ़ सकते हैं कि वे 20 वर्षों में अपनी पूर्व अवस्था प्राप्त कर लेते हैं।

लकड़ी की आवश्यकता पूर्ति के लिए चयनात्मक लट्ठे बनाना एक उपचारी उपाय है। इस संबंध में इंडोनेशिया में किए गए अध्ययन से यह मालूम हुआ है कि जब केवल 3 प्रतिशत वृक्ष ही लट्ठा बनाने के लिए काटे गए थे, तब इससे वन के 49 प्रतिशत वृक्षों को क्षति पहुँची थी। इतनी अधिक क्षति के बाद भी वर्षा-प्रचुर वन फिर से बढ़ जाते हैं और आपेक्षिक रूप से जल्दी बढ़ते हैं यदि उनको चयनात्मक रूप से लट्ठा बनाने के बाद अकेले ऐसे ही छोड़ दिया जाए, क्योंकि वन में ऐसे बहुत से पेड़ होते हैं जो बीजों की उपलब्धि करा सकते हैं और छोटे वृक्षों को छाया भी दे सकते हैं।

यह आवश्यक है कि प्रत्येक क्षेत्र के लिए विशेष समस्याओं और परिस्थितियों के लिए समाधान को अपनाया जाए। संरक्षण में स्थानीय परिस्थितियों का बहुत महत्व होता है। वनों के आस-पास रहने वाले लोगों के कल्याण में सुधार करके हम, वर्षा-प्रचुर वनों के लिए यह आशा नहीं कर सकते कि वह पूरी तरह कार्यात्मक पद्धति में खरे उतरेंगे और लोगों की आवश्यकताओं की पूर्ति करते रहेंगे। विश्व बैंक की रिपोर्ट यह सुझाव देती है कि वन में निवास करने वालों को स्थानीय असंरक्षित वनों पर अधिक अधिकार और उत्तरदायित्व सौंपे जाने चाहिए, जिससे लोगों की आय में पर्याप्त वृद्धि हो, जो वन की कुल आय में, 2004 में संयुक्त राज्य अमेरिका के 222 मिलियन डॉलर (अनुमानित आय) से वर्ष 2020 में प्रति वर्ष 2 बिलियन अमेरिकी डॉलर के लगभग हो जाए।

औद्योगिक अपशिष्ट जल प्रदूषण

प्रश्न 1. औद्योगिक बहि:स्रावों के लक्षणों की व्याख्या कीजिए।

(दिसम्बर-2017, प्र.सं.-6)

अथवा

औद्योगिक अपशिष्टों की विशेषताओं को उजागर कीजिए।

(फरवरी-2021, प्र.सं.-8)

उत्तर– विभिन्न प्रकार के उद्योगों से ठोस, गैस और द्रव अपशिष्ट का निपटान आस-पास के पर्यावरण में ही किया जाता है। लगभग सभी उद्योग कुछ प्रक्रियाओं अथवा अन्यों के लिए जल का उपयोग करते हैं और अंत में उस जल का विसर्जन कर देते हैं। औद्योगिक बहि:स्रावों में सामान्यत: अम्ल और क्षार, ठोस पदार्थ, रासायन, आविषालु कार्बनिक रासायन, आविषालु अकार्बनिक रसायन, विषालु कार्बनिक रसायन, विषालु अकार्बनिक रसायन और पदार्थ/सामग्री होती है जो पानी में रंग, आविलता, गंध, स्वाद, तेल और ग्रीज, रेडियोसक्रिय पदार्थ, उच्च तापमान अपशिष्ट और अजैवनिम्नीकरणीय (non-biodegradable) पदार्थ होते हैं।

औद्योगिक अपशिष्ट के प्रदूषण लक्षणों को निम्नलिखित तीन श्रेणियों में विभाजित किया गया है–

(1) भौतिक लक्षण–औद्योगिक बहि:स्रावों का सबसे महत्त्वपूर्ण भौतिक प्राचल उसमें कुल ठोस पदार्थ अंश की उपस्थिति है जो प्लव पदार्थ, निलंबित सामग्री और घुले हुए पदार्थों के रूप में होते हैं जो उसकी गंध का कारण भी होते हैं।

(2) रासायनिक लक्षण–इसमें घुली हुई पदार्थ/सामग्री, pH मान, कठोरता, क्लोराइड, सल्फेट आदि सब पदार्थ होते हैं जो घुले हुए पदार्थों के रासायनिक गुणधर्मों से संबंधित होते हैं, और जो अधिकांशत: रासायनिक लक्षण उत्पन्न करते हैं।

(3) जैव/जैविक लक्षण–सूक्ष्मजीव मुख्यत: लक्षणों की व्याख्या के लिए जिम्मेदार होते हैं फफूंदी और जीवाणु को छोड़कर अन्य सूक्ष्मजीव औद्योगिक बहि:स्रावों में उपस्थित नहीं होते हैं।

कुछ अवांछनीय लक्षण जो औद्योगिक बहि:स्रावों में होते हैं नीचे संक्षिप्त रूप में दिए गए हैं।

घुलनशील कार्बनिक पदार्थ—यह घुली हुई ऑक्सीजन का अवक्षण करते हैं। ग्राही जल में घुली हुई ऑक्सीजन की न्यूनतम मात्रा कायम रहनी चाहिए घुलनशील कार्बनिक पदार्थों की मात्रा ग्राही जल की धारिता के अनुकूल प्रतिबंधित होती है।

निलंबित ठोस—जल धाराओं के शांत क्षेत्रों में जमा ठोस पदार्थ धारा के सामान्य जलीय जीवन को क्षतिग्रस्त कर देते हैं। अवपंक (sludge) क्षेत्र जिसमें कार्बनिक ठोस होते हैं, उनका क्रमिक रूप में विघटन होता है, जो ऑक्सीजन की मात्रा में कमी करता है और आपत्तिजनक गैसों को उत्पन्न करता है।

लेश कार्बनिक पदार्थ—इसमें फीनॉल और अन्य आविषालु कार्बनिक यौगिक होते हैं, जो जल में गंध और स्वाद की समस्या उत्पन्न करते हैं।

भारी धातुएँ—धातु जैसे सायनाइड, क्रोमियम, जिंक, कॉपर तथा अन्य अकार्बनिक आविषालु पदार्थ जो औद्योगिक बहि:स्रावों में मौजूद हो सकते हैं।

रंग और आविलता—यह सौंदर्यात्मक समस्याओं से संबंधित होते हैं। प्रकाशसंश्लेषण की प्रक्रिया को अपनी आविलता के कारण प्रतिकूल रूप में प्रभावित करते हैं, जिससे ऑक्सीजन की उपलब्धता में कमी हो जाती है।

नाइट्रोजन और फॉस्फोरस—बहि:स्रावों में नाइट्रोजन और फॉस्फोरस की उपस्थिति से अवांछनीय शैवाल (algae) उत्पन्न हो जाती है, जो सुपोषण उत्पन्न करती है।

परावर्तित पदार्थ—अपमार्जकों से एल्किल बेंजीन सल्फोनेट (Alkyl Benzene Sulfonate-ABS) से आता है और जो जलीय जीवन के लिए आविषालु प्रकृति का होता है।

तेल और प्लव पदार्थ—ये उच्च जैवरासायनिक ऑक्सीजन माँग (Biochemical Oxygen Demand-BOD) और अदृश्यता की स्थिति उत्पन्न करते हैं।

उच्च तापमान—फैक्टरियों से विसर्जित गर्म पानी जीवाणु क्रिया और जल की घुलनशीलता को प्रभावित करता है।

अम्ल और क्षार—यह उस जल के pH मान को बदल देते हैं और मछली, जलीय जीवन और जीवाणु क्रिया को प्रभावित करते हैं।

उद्योगों से उत्पन्न प्रमुख हानिकारक धातु और रासायनों में आर्सेनिक, कैडमियम, क्रोमियम, लेड, मर्करी, सायनाइड, नाइट्रोजन, आयरन, जिंक और धात्विक सल्फेट, क्लोराइड, नाइट्रेट, फ्लुओराइड, फास्फेट और सल्फाइड शामिल हैं। तालिका में विभिन्न उद्योगों से उत्पन्न अनुपचारित बहि:स्रावों के लक्षण है। इसके अतिरिक्त, तालिका में चुने हुए उद्योगों से उत्पन्न बहि:स्रावों प्रस्तुत किए गए में आविषालु रसायनों की उपस्थिति विस्तार से प्रदर्शित की गई है।

तालिका 12.1 : विभिन्न उद्योगों के विशिष्ट औद्योगिक बहि:स्रावों के लक्षण

क्र.सं.	उद्योग	प्रदूषक लक्षण
(1)	कागज और गूदा	प्रभावी रंग BOD (1100), COD/BOD अधिक, उच्च क्षारीय और सोडियम अंश pH 8.5-9.5
(2)	चर्मशोधन कार्य	प्रभावी रंग, BOD (16000), उच्च लक्षण अंश, घुले ठोस की अधिकता (35,000), सल्फाइड चूना और क्रोमियम की उपस्थिति
(3)	वस्त्रादि	BOD (1000), उच्च क्षारीयता (17), निलंबित ठोस की अधिक मात्रा (1500)
(4)	आसवनी और नि:सवनी	प्रभावी रंग, BOD (12,000-40,000), उच्च क्लोराइड और सल्फेट अंश
(5)	पेट्रोरसायन	BOD (5800), COD (9000), कुल उच्च ठोस 14500
(6)	औषधीय	COD (7000), उच्च क्षारीयता अथवा अम्लता, उच्च कुल ठोस अंश (1400), COD/BOD14
(7)	कोयले की भट्टी	उच्च BOD, उच्च फीनॉल अंश और अमोनिया, निम्न निलंबित ठोस और उच्च सायनाइड
(8)	तेल परिशोधनशालाएँ	मुक्त तेल (3000), पायसीकृत तेल (120), और H_2S
(9)	उर्वरक	उच्च नाइट्रोजन (600) और फॉस्फोरस अंश (75)
(10)	डेरी	उच्च घुले हुए ठोस, निलंबित ठोस, BOD (1000)
(11)	शर्करा	BOD (2000), उच्च वाष्पशील ठोस और निम्न pH मान

तालिका 12.2 : चुने हुए औद्योगिक बहि:स्रावों में प्रमुख आविषालु रसायन

क्र.सं.	उद्योग	विषालु प्रदूषक
(1)	उर्वरक	अमोनिया, आर्सेनिक
(2)	कोयला भट्टी	फीनॉल, सायनाइड, थायोसायनेट और अमोनिया
(3)	धातु	भारी धातु (कॉपर, कैडमियम और जिंक)
(4)	विद्युत निक्षेपण	हेक्सा-वेलन्ट क्रोमियम, कैडमियम, कॉपर, जिंक
(5)	सांश्लेषिक ऊन	एक्रीलोनाइट्रिल
(6)	पेट्रोरसायन	फीनॉल, भारी धातु, सायनाइड

उद्योग-विशिष्ट बहि:स्राव मानक केंद्रीय प्रदूषण नियंत्रण बोर्ड (Central Pollution Control Board-CPCB) द्वारा राष्ट्रीय स्तर पर न्यूनतम राष्ट्रीय मानक के रूप में निर्दिष्ट किए गए हैं ताकि उपचार और विभिन्न प्रावस्थाओं में बहि:स्रावों के निपटान के लिए एक समान मानक कायम रखे जा सकें। नदियों में भूमि पर अपशिष्ट निपटान और सार्वजनिक सीवरों में अपशिष्ट निपटान के लिए अनुमत प्रतिमान (मानक) अलग से दिए गए हैं।

प्रश्न 2. औद्योगिक अपशिष्ट जल प्रदूषण की हमारे देश में क्या स्थिति है? वर्णन करें।

उत्तर– सभी औद्योगिक स्रोतों से उत्पन्न कुल अपशिष्ट जल निपटान लगभग 83,000 मिलियन लिटर प्रतिदिन (Mld) है जिसमें 66,70 मिलियन लिटर शीतल जल भी शामिल है जो थर्मल पावर संयंत्रों से उत्पन्न होता है। शेष 16348 मिलियन लिटर प्रतिदिन अपशिष्ट जल में से 7,275 मिलियन लिटर बॉयलर ब्लोडाउन जल के रूप में और राख के कुंडों से होने वाले उत्प्रवाह के रूप में थर्मल पावर संयंत्रों से उत्पन्न होता है। अपशिष्ट जल का दूसरा सबसे बड़ा कारण आयतन की दृष्टि से इंजीनियरी उद्योग है। इस श्रेणी में उद्योगों का एक बड़ा भाग लघु पैमाने के उद्योग हैं। इसमें से प्रमुख प्रदूषण उद्योगों में इलेक्ट्रोप्लेटिंग विद्युत निक्षेपण इकाइयाँ शामिल हैं। अधिकांश विद्युत निक्षेपण इकाइयाँ लघु पैमाने के उद्योग क्षेत्र में पाई गई हैं और इस श्रेणी में प्रदूषण पर नियंत्रण बहुत प्रभावी नहीं है, क्योंकि ये उद्योग सघन आबादी वाले क्षेत्रों में स्थित हैं जहाँ अपशिष्ट जल के उपचार के लिए पर्याप्त भूमि उपलब्ध नहीं है। दूसरा अपशिष्ट जल प्रदूषण का मुख्य कारण कागज की मीलें, इस्पात संयंत्र, वस्त्र उद्योग और शर्करा उद्योग हैं।

कार्बनिक भार के संदर्भ में प्रदूषण का प्रमुख कारण आसवनियाँ (distilleries) हैं, जिसके बाद कागज मीलें आती हैं। चूँकि आसवनी अधिक सांद्रित अपशिष्ट जल उत्पन्न करती है, इसलिए उसका उपचार करना बहुत कठिन होता है। कागज और बोर्ड की मिलें भी भारी मात्रा में कार्बनिक प्रदूषण भार उत्पन्न करती हैं। अधिकांश कागज की मिलें लघु पैमाने के उद्योग हैं। इन उद्योगों में अपशिष्ट जल के उपचार के लिए पर्याप्त व्यवस्था नहीं होती। इस तरह ये बहुत से क्षेत्रों में भारी प्रदूषण उत्पन्न कर देता है। इसके बाद एक अन्य उद्योग जो प्रदूषण उत्पन्न करता है वह शर्करा और इंजीनियरी उद्योग है। कार्बनिक भार के उपचारित बहि:स्राव का प्रमुख प्रदूषक कागज की मिलें हैं। उसके बाद आसवनी और चर्म-शोधन उद्योग आते हैं।

ऐसे उद्योगों को जो रासायनिक प्रदूषण उत्पन्न करते हैं, उनको दो श्रेणियों में विभाजित किया जा सकता है–एक जो कुल ठोस (Total Dissolved solids-TDS) उत्पन्न करते हैं: और अन्य जो आविषालु अपशिष्ट उत्पन्न करते हैं वे पीड़कनाशी, अकार्बनिक रसायन और कार्बनिक रसायन हैं। TDS भार का प्रमुख प्रदूषक आसवनी (distilleries) है उसके बाद औषधि निर्माण उद्योग और वस्त्रादि तथा रेयॉन संयंत्र आते हैं। निलंबित ठोस भारों के प्रमुख प्रदूषक ताप पावर संयंत्र हैं जो पर्याप्त मात्रा में शीतल जल उत्पन्न करते हैं, उसके बाद कागज की मिलें और फिर चर्मशोधन उद्योग आते हैं। उपचारित बहि:स्रावों में निलंबित ठोसों का प्रमुख प्रदूषक कागज की मिलें और उसके बाद चर्मशोधन उद्योग आता है। नाइट्रोजनी उर्वरक और इस्पात संयंत्र आविषालु अपशिष्ट जैसे सायनाइड और आर्सेनिक उत्पन्न करते हैं।

इस्पात संयंत्रों और तेल परिशोधन उद्योग से फीनॉल प्रदूषक बड़ी मात्रा में उत्पन्न होता है। इंजीनियरी उद्योग से अधिकांश मात्रा में तेल और ग्रीस प्रदूषक उत्पन्न होते हैं, उसके बाद तेल परिशोधन उद्योग, और खाद्य तेल (वनस्पति) उद्योग आते हैं। अमोनिया के संदर्भ में प्रमुख प्रदूषक उर्वरक संयंत्र (नाइट्रोजन) द्वारा उत्पन्न होता है, उसके बाद इस्पात संयंत्र आते हैं। चर्मशोधन उद्योग फॉस्फेट और सल्फाइड जैसे प्रदूषक उत्पन्न करते हैं। मर्करी आधारित अपशिष्ट कॉस्टिक सोडा उद्योग द्वारा जो मर्करी सैल (cell) प्रक्रिया प्रयुक्त करते हैं, उनसे उत्पन्न होते हैं। उद्योगों से उत्पन्न कुल अपशिष्ट जल 10.125 मिलियन लीटर प्रतिदिन होता है। चित्र 12.1 में भारत में विभिन्न उद्योगों द्वारा उत्पन्न अपशिष्ट जल दिखाया गया है। यह भारत के उन प्रमुख उद्योगों को दर्शाता है जो 10,2145 मिलियन लिटर औद्योगिक अपशिष्ट जल प्रतिदिन उत्पन्न करते हैं।

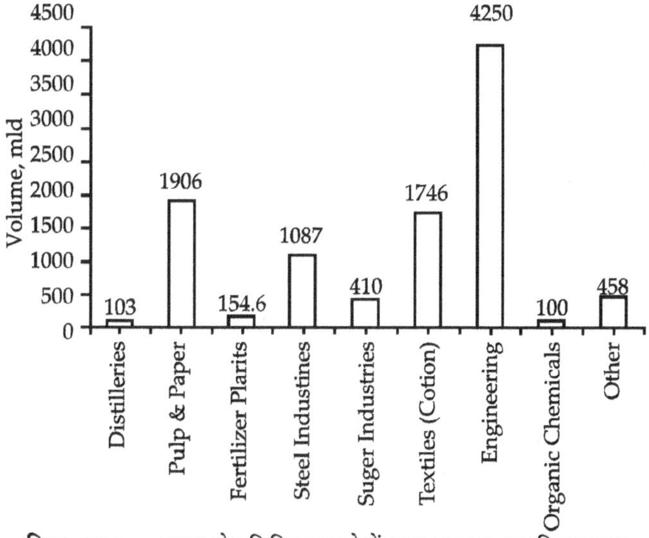

चित्र 12.1 : भारत के विभिन्न उद्योगों द्वारा उत्पन्न अपशिष्ट जल

प्रश्न 3. पर्यावरण और मानवों पर औद्योगिक बहि:स्रावों के प्रभाव का वर्णन कीजिए।

अथवा

पर्यावरण पर औद्योगिक अपशिष्टों का प्रभाव पर टिप्पणी कीजिए।

उत्तर– जल में बहुत से औद्योगिक प्रदूषक, भौतिक और रासायनिक परिवर्तन उत्पन्न करते हैं उदाहरण के लिए निलंबित कण जो जल में आविलता उत्पन्न करते हैं। रंजक (Dyes), क्रोमियम और आयरन यौगिक जल के रंग में परिवर्तन कर देते हैं। जल का स्वाद डिटर्जेंट, फीनॉल और तेल से बुरी तरह प्रभावित होता है। जल में धातुओं के संदूषण से मनुष्य के स्वास्थ्य पर तुरंत और दूरगामी प्रभाव होते हैं। औद्योगिक जल प्रदूषण से मनुष्य के स्वास्थ्य पर कुछ प्रमुख परिणाम निम्नलिखित हैं–

- फॉस्फोरस और नाइट्रेट जो उर्वरकों और अपमार्जकों से निकलते हैं, सतह-जल को संदूषित कर देते हैं वहाँ वह पोषक तत्त्व की तरह क्रिया करते हैं और ऑक्सीजन का उपभोग करने वाले शैवाल की वृद्धि को बढ़ावा देते हैं, जो जल में घुली हुई ऑक्सीजन के स्तर को कम कर देती है, जिससे जलीय जीवाणु और मछलियाँ मर जाते हैं। इस घटना को सुपोषण कहते हैं।
- औद्योगिक बहि:स्राव विषालु रसायन के साथ आर्सेनिक, मर्करी, कैडमियम और लेड जैसे प्रदूषक उत्पन्न करते हैं। ये जलीय जीवाणुओं को मार डालते हैं, और उनकी सांद्रता खाद्यश्रृंखला में समय बीतने के साथ-साथ बढ़ती जाती है। ऐसे संदूषित खाद्यों का उपभोग करने से मानव के स्वास्थ्य पर आपत्तिजनक प्रभाव हो सकते हैं।
- औद्योगिक बहि:स्राव (पेट्रोलियम परिशोधनशाला, कागज मिलें, आसवनी, चर्मशोधन उद्योग और वध-गृह) कार्बनिक प्रदूषकों द्वारा जल का संदूषण करते हैं। ये सूक्ष्मजीवों के लिए पोषण उपलब्ध करते हैं जो कार्बनिक पदार्थ का विघटन करता है और ऑक्सीजन को ग्रहण करता है तथा इस तरह जलीय तंत्र की जल में घुली ऑक्सीजन (Dissolved Oxygen-DO) का स्तर कम हो जाता है, जिससे जलीय जीवाणु मर जाते हैं।
- अजैवनिम्नीकरणीय (non-biodegradable) पीडकनाशी (विशेषकर कार्बनिक क्लोरीन) खाद्यश्रृंखला में जाकर अंत में मानव तक पहुँच जाते हैं जहाँ वे वसा उत्तकों (fatty tissues) में संचयित होकर तंत्रिका तंत्र को प्रभावित करते हैं।
- फ्लुओराइड युक्त प्रदूषक फ्लुओरोसिस, तंत्रिका-पेशी, श्वसन, जठर-आंत्रिक (gastro-intestinal) और दंत समस्याएँ उत्पन्न करते हैं।
- जल का ऊष्मीय प्रदूषण जलीय तंत्र की जल में घुली ऑक्सीजन स्तर को घटा देता है, और जीवन जीने के आधार को असक्षम बना देता है।
- तेल गिरने से उत्पन्न प्रदूषण मछलियों और बहुत से जल के जंतुओं की मृत्यु का कारण बनता है।
- रेडियोसक्रिय प्रदूषक (जो यूरेनियम के खनन और परिशोधन, थोरियम तथा परमाणु पावर संयंत्रों से निकलते हैं), खाद्य पदार्थ और जल के द्वारा मनुष्यों के शरीर में पहुँच कर रक्त में इकट्ठे हो जाते हैं, जिससे उनकी थायरॉयड ग्रंथि, लीवर, हड्डी और माँसपेशियाँ प्रभावित होती हैं।
- औद्योगिक अपशिष्ट जल में भारी धातुओं की उपस्थिति मानव स्वास्थ्य के लिए गंभीर खतरा उत्पन्न करते हैं। तालिका 12.3 में विभिनन भारी धातुओं के संभव रोगजन्य प्रभाव दिए गए हैं–

तालिका 12.3 : मनुष्यों पर भारी धातुओं (जल प्रदूषण) के रोगजन्य प्रभाव

क्र.सं.	धातु	रोगजन्य प्रभाव
(1)	मर्करी	भ्रूण विकार
(2)	लेड	उल्टी आना, और भूख नहीं लगना, तंत्रिका विकार, गुर्दों की क्षति, जठर-आंत्र के विकार, जीन, क्षति, अरक्तता
(3)	आर्सेनिक	परिधीय संचरण में रूकावट, मानसिक विकार, लीवर और फेफड़ों के कैंसर, अल्सर
(4)	कैडमियम	हड्डियों में विकृति, गुर्दों में क्षति, तंत्रिका तंत्र में विकार, वृद्धि गति में मंदता
(5)	कॉपर	रुक-रुक के बुखार, अति-तनाव
(6)	बैरियम	अधिक लार निकलना, उल्टी आना, दस्त लगना, लकवा हो जाना
(7)	जिंक	रेनेल क्षति, पेशी की ऐंठन
(8)	क्रोमियम	नेफराइटिस, जठर-आंत्र रोग, अल्सर, विभिन्न प्रकार के कैंसर, तंत्रिका तंत्र में विकार
(9)	कोबाल्ट	दस्त लगना, निम्न रक्त दाब, फेफड़ों में जलन, हड्डियों की विकृति, और लकवा हो जाना

प्रश्न 4. औद्योगिक बहि:स्रावों के उपचार की विधियों की व्याख्या कीजिए।

(जून-2017, प्र.सं.-10)

अथवा

औद्योगिक बहि:स्राव के उपचार की महत्त्वपूर्ण विधियों का वर्णन करें।

(जून-2019, प्र.सं.-8)

उत्तर– औद्योगिक बहि:स्रावों का उचित और विशिष्ट उपचार, इसको जल पुँजों और सीवर तंत्र में निपटान करने से पहले अनिवार्य है। औद्योगिक बहि:स्रावों और जल-मल को उपचार से पहले तब ही मिश्रित किया जा सकता है जब औद्योगिक बहि:स्राव निम्नलिखित गुणवत्ता के मापदंड की पूर्ति कर सकें।

- अपशिष्ट, समांगीकृत संघटन के और प्रवाह दर में एक समान होना चाहिए।
- बहि:स्रावों में कम निलंबित ठोस पदार्थ और BOD हों।
- बहि:स्राव pH के उदासीन क्षेत्र के निकट हों।
- बहि:स्राव में आविषालु रासायनिक अंश न पाए जाएँ।

औद्योगिक बहि:स्रावों का उपचार उसे घरेलू सीवरों में डालने से पूर्व किया जाना चाहिए ताकि अंतिम निपटान से पहले अतिरिक्त सुरक्षा बरती जा सके।

औद्योगिक अपशिष्ट का पूर्व-उपचार–औद्योगिक बहि:स्रावों के पूर्व-उपचार की आम पद्धतियों की व्याख्या नीचे दी गई है–

(1) अपशिष्ट सामर्थ्य और आयतन में कमी करना और पृथक्करण–अपशिष्ट को उसकी सामर्थ्य और तनुता के आधार पर अलग-अलग इकट्ठा किया जाना चाहिए; उसे अलग-अलग उपचारित; और उसका अलग-अलग निपटान किया जाना चाहिए चूँकि दो प्रकार के अपशिष्ट मिलाने से उसकी मात्रा बढ़ जाती है और उपचार कठिन हो जाता है। यदि तनुकरण लाभकारी हों, तो मिलाया जा सकता है।

अपशिष्ट की विभिन्न श्रेणियों का वर्गीकरण और समूहन करने से संबद्ध इंजीनियर को अपशिष्ट उपचार और निपटान पद्धतियों के बारे में उपयुक्त निर्णय लेने में बहुत सहायता मिलेगी।

(क) शीतलन जल (इस्पात संयंत्रों में प्रयोग), में प्रयुक्त फर्श का धावन अवपंक जल का निपटान सरल है। वस्त्रादि मिलों से उत्पन्न अपशिष्ट के द्रव कियरिंग (Kiering) अपशिष्ट का पृथक्करण (separation) और धातु की फिनिशिंग इकाइयों से उत्पन्न क्रोमियम अपशिष्ट का पृथक्करण बहुत कठिन नहीं होता है।

(ख) अनेक उपयोगी पदार्थ जैसे ग्रीज, कॉस्टिक सोडा, सिल्वर (चाँदी), पोटाश और क्रोमियम जो प्रदूषण भार को कम कर सकते हैं, वे आर्थिक लाभ के लिए पुन: वापस प्राप्त किए जाते हैं।

(ग) अपशिष्ट जल का उपयोग उद्योग में पुन: चक्रण अथवा फिर से इस्तेमाल करने से संरक्षित किया जा सकता है जैसे कागज उद्योग में सफेद लिकर (liquors) और इस्पात संयंत्रों में जल शीतलन।

(घ) प्रक्रिया और उपस्करों में रूपांतरण का भी अपशिष्ट की सामर्थ्य कम करने के लिए प्रयास किया जाना चाहिए। उदाहरण के लिए अचार बनाने की इकाइयों में सल्फ्यूरिक अम्ल के बदले फॉस्फोरिक अम्ल का उपयोग और वस्त्रादि की मिलों में मांड के बदले कार्बोक्सीमेथिल सेलूलोज का उपयोग करना चाहिए। प्रक्रिया में इन परिवर्तनों को करने से बहि:स्राव तो उत्पन्न होंगे परंतु उनका उपचार सरलता से किया जा सकेगा।

(2) तुल्यीकरण और उदासीनीकरण–उपचार इकाइयों का निर्माण हमेशा और आने वाले प्रवाह अथवा बहि:स्राव अपशिष्ट के संघटन (composition) और विशिष्ट लक्षण के अनुसार निर्दिष्ट किया जाता है। निवेश गुणवत्ता में उच्चावच अथवा विभिन्नता शुद्धिकरण प्रक्रिया को प्रभावित करते हैं। इसलिए निश्चित अवधि के लिए द्रव अपशिष्ट को संग्रह करना और टैंक में उसके विभिनन घटकों को उपयुक्त रूप से मिश्रण करने से गुणता में एक गाढता (consistency) को कायम रखा जाना चाहिए। इस प्रक्रिया को तुल्यीकरण (equalisation) कहते हैं और इस इकाई से BOD अथवा TDS के संबंध में बहि:स्रावों की प्रकृति तुलनात्मक रूप से एक सी होती है जिसे उपचार इकाइयों में भेजा जा सकता है।

अधिकांश जैव-उपचार संयंत्र 6-8.5 के pH मान के रेंज में प्रभावशाली तरीके से कार्य करते हैं। इस कारण अम्लीय और क्षारीय प्रकृति के औद्योगिक अपशिष्ट का जैव-उपचार करते समय उनको पहले टैंक में उदासीन बनाया जाता है। इस प्रक्रिया को उदासीनीकरण कहते हैं। उदाहरण के लिए, अम्लीय अपशिष्ट को चूने के स्तरों से पास किया जाता है। अपशिष्ट ईंधन गैस जैसे बॉयलर इकाइयों से उत्पन्न कार्बोनिक अम्ल की कास्टिक अपशिष्ट के साथ अभिक्रिया कराई जा सकती है ताकि बहिःस्रावों का उदासीन pH मान उपलब्ध हो सके।

औद्योगिक बहिःस्रावों की उपचार प्रौद्योगिकियाँ–औद्योगिक बहिःस्रावों के लिए उपचार प्रौद्योगिकी के संबंध में निर्णय लेते समय निम्नलिखित मुद्दे ध्यान में रखे जाने चाहिए–

- प्रत्येक बहिःस्राव की प्रवाह दर का विश्लेषण उसका दैनिक, मासिक और वार्षिक औसत निकालने के लिए ज्ञात किया जाना चाहिए। यदि संयंत्र के विस्तार का कोई भी प्रस्ताव हो तो इसे ध्यान में रखा जाना चाहिए जब कि अपशिष्ट (उपचार संयंत्र) की अवधारिता को अंतिम रूप दिया जा रहा हो। इसके लिए 24 घंटों की अवधि के लिए उसकी औसत मात्रा (आयतन) ली जानी चाहिए। अपशिष्ट का बार-बार विश्लेषण करने से सांद्रता की विभिन्नता भी ज्ञात करना अनिवार्य है।
- प्रदूषकों और कुल प्रदूषण भार की पहचान।
- सांद्रित बहिःस्रावों को पृथक्कृकरण किया जाना चाहिए और सांद्रित अपशिष्ट और तनु (dilute) अपशिष्ट की उपचार योजना भी अलग-अलग बनानी चाहिए।
- कच्ची सामग्री, मध्यवर्ती पदार्थ और फिनिश किए गए उत्पादों के संदर्भ में सामग्री का संतुलन किया जाना चाहिए ताकि स्थिति की जाँच की जा सके।

औद्योगिक बहिःस्राव उपचार पद्धतियों को तीन मुख्य श्रेणियों में विभाजित किया जा सकता है अर्थात् भौतिक, रासायनिक और जैविक उपचार।

(1) भौतिक उपचार–बहिःस्राव उपचार जो भौतिक प्रक्रिया और घटनाक्रम पर आधारित होता है उनको भौतिक उपचार के अंतर्गत वर्गीकृत किया गया है। इस संबंध में महत्त्वपूर्ण भौतिक प्रक्रियाएँ निम्नलिखित हैं–

(क) मोटी अथवा बारीक स्क्रीन तथा छड़नुमा स्क्रीन के द्वारा अपशिष्ट बहिःस्राव में से बड़े कण, लकड़ी के टुकड़े, कागज, कपड़े और चिन्दे आदि छान लिए जाते हैं।

(ख) सूक्ष्मांश युक्तियाँ जैसे ग्राइन्डर, कटर अथवा शरेडर से इस ठोस पदार्थ को बारीक बारीक-तोड़ दिया जाता है।

(ग) इसके बाद ग्रिट कक्षों द्वारा अपशिष्ट की रेत, धूल, पत्थर, जले कोयले और अन्य अकार्बनिक और जमने योग्य पदार्थ रोक लिए जाते हैं।

(घ) बहिःस्राव में से ग्रीज ट्रेप बाधक द्वारा अमल्सीकृत तेल और ग्रीज हटा दी जाती है।

(ङ) उसके बाद बहिःस्राव से सादे तलछट जमने वाले टैंकों द्वारा सबसे पहले निलंबित कार्बनिक ठोस जैव-उपचार से पूर्व हटा दिए जाते हैं।

(2) रासायनिक उपचार–यह आविषालु और अकार्बनिक बहिःस्रावों के लिए उपचार की एक आम पद्धति है। इस उपचार में रासायनिक प्रक्रियाएँ प्रबल मात्रा में शामिल होती हैं। इस उपचार की महत्त्वपूर्ण रासायनिक प्रक्रियाएँ निम्नलिखित है–

(क) pH मान को उदासीन रेंज में समायोजित करने के लिए बहि:स्राव का उदासीनीकरण किया जाता है।

(ख) धातु और अन्य कार्बनिक पदार्थों को जो बहि:स्राव में घुले हुए होते हैं, विक्षेपण प्रक्रिया द्वारा निकाल लिया जाता है।

(ग) आविषालु पदार्थों जैसे सायनाइड का रासायनिक विनाश।

कोलॉइडेल (coloidal) कणों को निकालने के लिए आमतौर पर प्रयुक्त स्कन्दन (coagulation) पद्धति का उपयोग किया जाता है।

(3) जैविक उपचार–यह उपचार सामान्यत: कृषि आधारित उद्योगों के बहि:स्रावों के लिए किया जाता है जिनमें कार्बनिक अशुद्धताएँ बहुत होती हैं। इस उपचार प्रक्रिया में सूक्ष्मजीवाणु प्रदूषकों का विघटन कर देते हैं जो स्थायी और स्वीकार्य रूप में होता है। अनेक औद्योगिक बहि:स्रावों में एक अथवा अन्य उन अनिवार्य पोषकों की कमी होती हैं, जो जैविक उपचार के लिए अनिवार्य होते हैं। इस कारण बहि:स्राव को जैव रूप से जल-मल (sewage) के साथ उपचार करना हमेशा लाभदायक होता है, जो न केवल पोषक उपलब्ध करते हैं परंतु जीवाणु समूह की विषम प्रजातियों की जनसंख्या भी उपलब्ध करते हैं जो प्रदूषकों का विघटन करने के लिए आवश्यक होती हैं। जैव प्रक्रिया को व्यापक रूप से निम्नलिखित रूप में वर्गीकृत किया जा सकता है–

(क) वायुजीवी (aerobic)– ऑक्सीजन की उपस्थिति में जैव प्रक्रिया; और

(ख) अवायुजीवी (anaerobic) – ऑक्सीजन की अनुपस्थिति में जैव प्रक्रिया

प्रश्न 5. औद्योगिक रासायनिक प्रदूषण को कम करने कि उद्योग-विशिष्ट उपचार योजनाओं पर सुझाव प्रस्तुत कीजिए।

उत्तर– बहि:स्रावों के उपचार के लिए अनेक कार्य या तो एकल रूप में (single) अथवा संयोजन में प्रयुक्त किए जा सकते हैं। उपचार के लिए चुनी जाने वाली पद्धति प्रत्येक स्थिति की अवस्था, जैसे–बहि:स्राव के लक्षण; अंतिम निपटान के लिए प्रयुक्त जल पुंज का आकार और धारिता, राज्य के स्वास्थ्य विभाग की अपेक्षाएँ; संयंत्र की लागत और उसके प्रचालन के द्वारा निर्धारित की जाती है।

अंतिम पद्धति चुनने के बाद, पद्धति की तकनीकी, आर्थिक सुविधा भी ज्ञात करना अनिवार्य होता है। उदाहरण के लिए, अवायुजीवी उपचार प्रक्रिया उच्च कार्बनिक अपशिष्ट, जैसे–आसवनी के अपशिष्ट, चर्मशोधन और वध-गृह के अपशिष्टों के लिए बहुत प्रभावी सिद्ध होती है। वायुजीवी उपचार प्रक्रिया विशेषकर उन बहि:स्रावों के लिए प्रभावशाली होती है जिनमें कार्बनिक अंश अधिक मात्रा में होता है, जैसे–डेरी, आसवन खाद्य प्रक्रमण उद्योग आदि। बहि:स्राव के पूर्ण और अपूर्ण उपचार के लिए अक्सर अवायुजीवी प्रक्रिया के बाद वायुजीवी प्रक्रिया का उपयोग किया जाता है।

(1) आसवनी–आसवनी (distillery) उद्योग में मुख्य द्रव को सल्फ्यूरिक अम्ल के साथ अम्लीकृत किया जाता है फिर उसे नाइट्रोजन और फॉस्फोरस के साथ संपूरित किया जाता है, फिर खमीर से किण्वित किया जाता है और तब अंत में एथानॉल प्राप्त करने के लिए

आसवित किया जाता है। शीरे (molasses) से उत्पन्न आसवनी के अपशिष्ट में लवण और राख के अंश अत्यधिक मात्रा में घुले हुए होते हैं, जो अम्लीय होते हैं और उनका BOD बहुत अधिक होता है। प्रति लीटर एल्कोहल के उत्पादन में लगभग 50 लीटर बहि:स्राव उत्पन्न होता है जो मुख्यत: गिरने से और किण्वकों द्वारा उत्पन्न होता है। खर्च हुए अपशिष्ट से पोटाश को पुन: प्राप्त किया जा सकता है। आसवनी अपशिष्ट को स्थिरीकरण कुंडों और लैगून (lagoon) द्वारा उपचार करके उसके बाद उसमें वायुजीवी ऑक्सीकरण किया जा सकता है। अवायुजीवी पाचक विशेषकर उपयोगी होते हैं क्योंकि अवायुजीवी पाचन में अधिकांश कार्बनिक CO_2, CH_4 और दूसरी गैसों में परिवर्तित हो जाते हैं। इस प्रक्रिया में उप-उत्पाद बायोगैस और उर्वरक होते हैं।

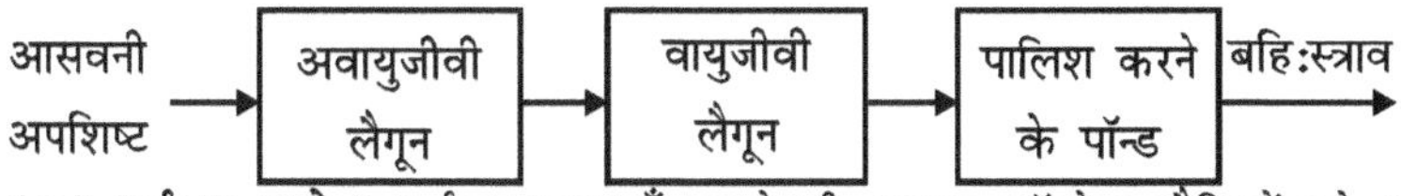

(2) उर्वरक उद्योग–उर्वरक इकाइयाँ नाइट्रोजनी अथवा फॉस्फेट यौगिकों को अथवा उसके संयोजनों को मुख्यत: उत्पन्न करते हैं। उर्वरक संयंत्रों से इन बहि:स्रावों में यौगिकों की उपस्थिति संयंत्र द्वारा तैयार किए जाने वाले उर्वरक की प्रकृति पर निर्भर करती है। एक टन यूरिया उत्पादन करने में लगभग 500 लीटर बहि:स्राव उत्पन्न होता है। नाइट्रोजनी और फॉस्फेट उर्वरक उद्योगों में सल्फ्यूरिक अम्ल, नाइट्रिक अम्ल, फास्फोरिक अम्ल, कार्बन डाइऑक्साइड (CO_2), अमोनिया, रॉक फास्फेट, कोयला, नेफ्था आदि कच्ची सामग्री के रूप में प्रयुक्त किए जाते हैं। तेल को तेल-विलगकों द्वारा अलग कर दिया जाता है, उसके बाद कोयले का अवशोषण होता है, इसमें चूना डाला जाता है और फ्लुओराइड और फॉस्फेट की अशुद्धताओं को क्लेरीफ्लॉकूलेशन (clariflucculation) द्वारा उदासीन और उनका विक्षेपण कर दिया जाता है। हवा द्वारा स्ट्रिपिंग करने से अम्ल प्राप्त करने में सहायता मिलती है। आसवन टावर में भाप के द्वारा अमोनिया और एथानॉल को निकाल दिया जाता है। उच्च pH मान पर हवा द्वारा स्ट्रिपिंग करने से अमोनिया का वियोजन हो जाता है और उसके बाद अमोनिया, नाइट्रेट में परिवर्तित हो जाता है। यह वायुजीवी रूप से नाइट्रोजन में बदल जाता है और अंत में अवपंक (sludge) को जमने के टैंक अथवा लैगून (lagoon) में से हटा दिया जाता है।

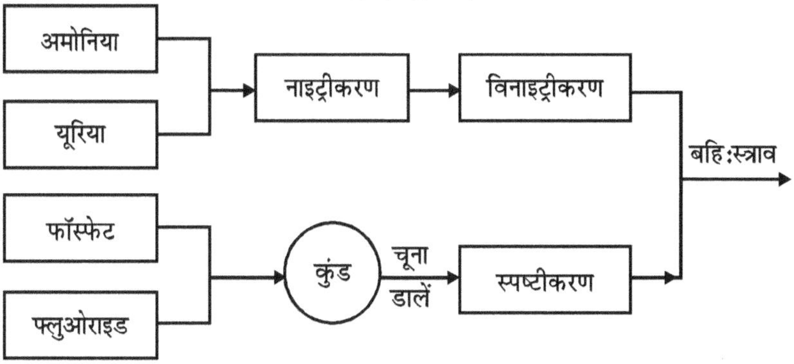

(3) कागज उद्योग—सेलुलोज (रेशे) युक्त लकड़ी की सामग्री को पहले कास्टिक सोडे और सल्फाइड मिश्रण में नियंत्रित तापमान और दबाव में पकाया जाता है। कास्टिक सोडे को वापस प्राप्त करने के लिए काली लिकर का इस्तेमाल किया जाता है, जबकि गूदे (pulp) का धावन करके क्लोरीन से विरंजिक (bleached) किया जाता है। इस प्रक्रिया में, चूने से उपचार करने पर सल्फेट का सल्फाइड में अपचयन हो जाता है और वह सोडियम हाइड्रॉक्साइड में परिवर्तित हो जाता है। इस तरह प्राप्त की गई सफेद लिकर पाचकों में भेजी जाती है। गूदे का उपयोग, उसमें विरंजक फिटकरी और टेलकम डालकर कागज निर्माण करने में किया जाता है। गूदे को तनु करने के लिए बड़ी मात्रा में पानी की जरूरत होती है। रसायनों और रेशों को वापस प्राप्त करने में प्रदूषण भार कम हो जाता है। लिगनिन को भी काली लिकर से चूने के साथ अवक्षेपण करके और फिटकरी के साथ स्कंदन करके वापस प्राप्त किया जाता है। तलछटीकरण और प्लवन विश्वसनीय उपचार हैं। BOD को 80 प्रतिशत तब हटाने के लिए लैगूनिंग करना एक कम व्ययी विकल्प है। कागज और गूदे की मिलों से उत्पन्न अपशिष्ट को सक्रियिकृत अवपंक (sludge) उपचार से भी आमतौर पर उपचारित किया जा सकता है।

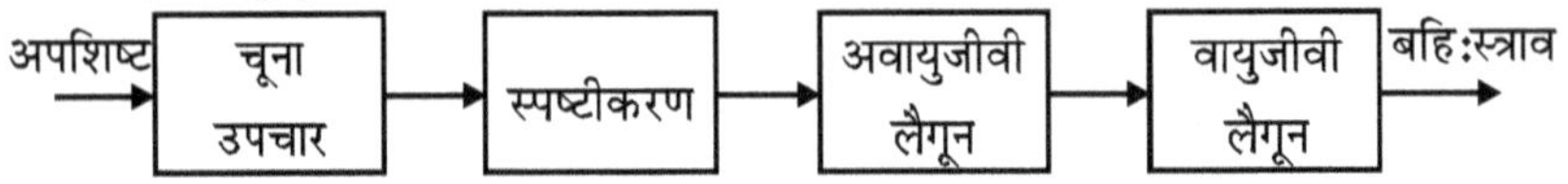

(4) परिशोधनशालाएँ और पेट्रोरसायन उद्योग—प्रक्रमण और शीतलन प्रकार्य तेल परिशोधनशालाओं की इकाइयों में अपरिष्कृत तेल के उत्पादन के लिए 20 m^3 प्रति टन की मात्रा में बहि:स्राव उत्पन्न करता है। इसमें प्रमुख प्रदूषक तेल (500 mg/L) और रसायन, जैसे—अम्ल, क्षार, सल्फाइड (50 mg/L), फीनॉल (500 mg/L) और BOD (500 mg/L) होते हैं।

निर्मित मदों की रासायनिक प्रक्रिया पर निर्भर करते हुए बहि:स्राव के pH, BOD, dm, सल्फाइड, फीनॉल आदि का अनुमान लगाया जा सकता है। गुरुत्व विगलक और तलछटीकरण के साथ हवा प्लवन टैंकों का उपयोग तेलीय पदार्थों को हटाने के लिए किया जाता है। पायसीकृत तेलों के लिए स्कंदन पद्धति प्रयुक्त की जाती है, जबकि सल्फाइडों को वातन द्वारा हटाया जाता है। जैव-उपचार भी बहुत प्रभावशाली होता है। ऑक्सीकरण कुंड; BOD, सल्फाइड, फीनॉल और तेल को संतोषजनक स्तर तक निकाल देते हैं।

हवा प्लवन और क्लेरीफ्लोकूलेटर (clarifloculators) मुक्त तथा पायसीकृत तेल को अलग करते हैं। उदासीनीकरण, सक्रियिकृत अवपंक प्रक्रिया और ऑक्सीकरण कुंड उपचार की प्रस्तावित इकाइयाँ होती हैं। सायनाइड, फ्लुओराइड और सल्फाइड बहि:स्राव की धाराओं से अलग किए जाते हैं और फिर उनका अलग से उपचार किया जाता है। सल्फाइड का अवक्षेपण, फेरिक क्लोराइड को डालने से हो जाता है। फ्लुओराइड का अवक्षेपण चूना अथवा अवशोषित प्रयुक्त सक्रियिकृत ऐलुमिना अथवा सक्रियकृत फिटकरी उपचारित कार्बन के डालने से किया जा सकता है। सायनाइड को क्षारीय क्लोरीनीकरण द्वारा हटाया जाता है और फिर बाद में उसे जैव इकाइयों में उपचारित किया जाता है।

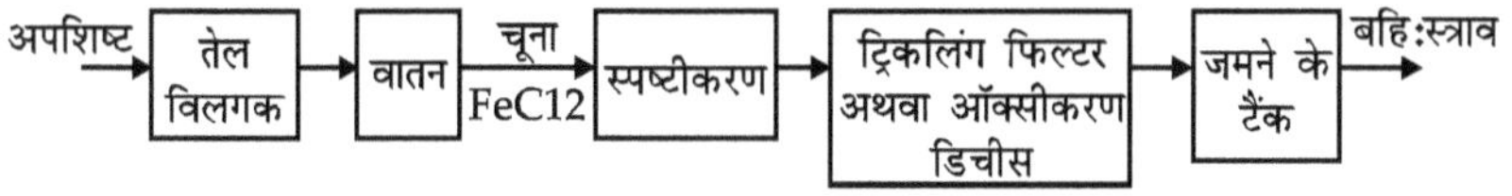

(5) औषधि निर्माण उद्योग–इस उद्योग में आधारभूत औषधियाँ और विभिन्न नुस्खों का निर्माण किया जाता है। प्रतिजीवी (antibiotic) पौधे 4-5 pH मान के बहि:स्राव उत्पन्न करते हैं, जबकि सल्फा औषधि इकाई 9 pH मान के बहि:स्राव उत्पन्न करते हैं। BOD 1,000 से लेकर 10,000 mg/l के बीच और इसमें कुछ ठोस अंश 10,000 से लेकर 50,000 mg/l तक भिन्न-भिन्न हो सकते हैं। यह अपशिष्ट अधिकांशत: छानने और आसवन इकाइयों से आता है। उदासीनीकरण, विस्तारित वातन, रासायनिक ऑक्सीकरण, छनन और ऑक्सीकरण कुंडों को इस अपशिष्ट का उपचार करने के लिए प्रयुक्त किया जाता है। फेरस सल्फेट अथवा फिटकरी से किया जाने वाला रासायनिक उपचार भी उपयोगी होता है। यद्यपि अवायुजीवी लैगून व्यापक रूप से उपयोग किए जाते हैं। कुछ मामलों में वातन इकाइयों के बाद स्पष्टीकारक से भी काम लिया जाता है।

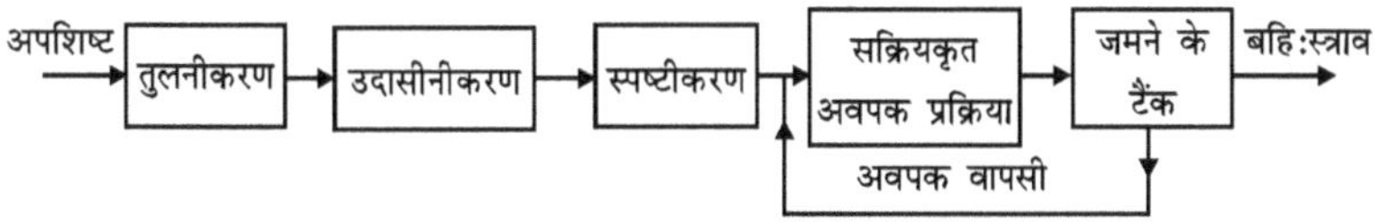

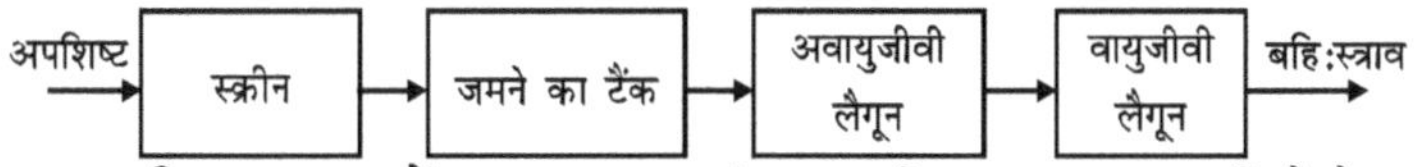

(6) आविषालु रसायनों का उपचार–परंपरागत बहि:स्राव उपचार पद्धतियों के अतिरिक्त, औद्योगिक अपशिष्ट के आविषालु रसायनों का उपचार करने के लिए विभिन्न प्रक्रियाओं की जरूरत होती है। आविषालु रसायन, जैसे–क्रोमियम, फीनॉल, मर्करी और नाइट्रोजन के रसायन।

भारी धातुएँ, जैसे–निकेल, जिंक रासायनिक रूप में अवक्षेपित की जाती है और तब हटाई जाती हैं। लेड को कार्बोनेट अथवा फॉस्फेट के रूप में अवक्षेपित किया जाता है। फ्लुओराइड को Ca और Al फ्लुओराइड के रूप में अवक्षेपित किया जाता है। फॉस्फेट को चूने का उपयोग करके ट्राइकैल्सि फॉस्फेट के रूप में हटाया जाता है और सायनाइड को क्षार और क्लोरीन से उपचार करके हटाया जाता है।

अधिशोषण पद्धति से अपशिष्ट के रंग, गंध और उसमें से फीनॉल अंश हटाए जाते हैं। सक्रियिकृत कार्बन को उद्योग में दुर्गंधात्मक प्रदूषकों को हटाने के लिए आमतौर पर प्रयुक्त किया जाता है।

क्रोमियम को हटाना–हैक्सावेलेन्ट क्रोमियम आविषालु (0.1 मि.ग्रा./अवसीमा सीमा) होता है और चर्मशोधन, विद्युत निक्षेपण उद्योग, उर्वरक और अन्य औद्योगिक निर्माणकारी कुछ कार्बनिक रसायनों में होता है। क्रोमियम को साधारणत: रासायनिक प्रक्रियाओं द्वारा हटाया जा सकता है। क्रोमियम को बहि:स्रावों से हटाने के लिए विभिन्न, निम्नलिखित, कार्यविधियाँ प्रयुक्त की जाती हैं–

- हेक्सोवेलेन्ट क्रोमियम (Cr+6) सल्फ्यूरिक अम्ल और $FeSO_4$ (pH 2-3) डालने से त्रिसंयोजक क्रोमियम (Cr^{+3}) में न्यून हो जाता है। बाद में इसे NaOH अथवा $Ca(OH)_2$ के साथ उदासीन करने के बाद जमने के टैंक में अवक्षेपित कर दिया जाता है। यह सबसे कम व्ययी पद्धति है।
- धनायनी (cationic) रेजिन का उपयोग सोडियम क्रोमेट अथवा क्रोमिक अम्ल के रूप में क्रोमियम फिर से प्राप्त करने के लिए किया जा सकता है। रेजिन का पुनर्जनन करने के लिए उसकी NaCl अथवा H_2SO_4 के साथ प्रतिक्रिया की जाती है।
- चूना स्कंदन (अवक्षेपण और जमना) और सक्रियिकृत कार्बन के साथ अधिशोषण करना भी सुविधाजनक होता है।

कभी-कभी, व्युत्क्रमी परासरण (reverse osmosis) प्रक्रिया, जो उपयुक्त अर्धपारगम्य (semi-permeable) झिल्ली & साथ अपनाई जाती है।

फीनॉल को हटाना—फीनॉल भी बहि:स्राव में उपस्थित रहते हैं। यह बहि:स्राव रसायन, पेट्रोलियम, औषधि निर्माण, प्लास्टिक और धातु, मुद्रण और वस्त्रादि इकाइयों से उत्पन्न होता है। इस बहि:स्राव से फिनॉल हटाने के लिए निम्नलिखित तकनीकें उपयोग में लाई जाती हैं—

- ऑक्सीकरण कारक, जैसे—हाइड्रोजन पेरॉक्साइड, पोटेशियम परमेंगनेट और सल्फर डाइऑक्साइड फीनॉलिक यौगिकों के अपचायक में सहायता करते हैं।
- भाप स्ट्रिपिंग, अधिशोषण, आयन विनिमय और विलायक निष्कर्षण अन्य आम पद्धतियाँ हैं, जो इस्तेमाल की जाती हैं।

मर्करी को हटाना—क्लोरोऐल्कली पौधे, खनन उद्योग, कागज और गूदे की मिलें और पीड़कनाशी इकाइयाँ मर्करी के मुख्य स्रोत हैं। मेथिलमर्करी अधिक आविषालु होती है और यह खाद्य श्रृंखला के साथ संचयित होती है।

- मर्करी में H_2S अथवा Na_2S डालने से इसे सल्फाइड के रूप में अवक्षेपित किया जा सकता है जो जमने की प्रक्रिया द्वारा हटाया जा सकता है। $FeCl_3$ को स्कंदक पदार्थ के रूप में डाला जा सकता है।
- सक्रियकृत कार्बन, चिकनी मिट्टी, सिलिका जैल मर्करी के अधिशोषण के लिए प्रयुक्त किए जाते हैं।
- घोलों में मर्करी लवण, आयरन जैसे सक्रिय धातु डालने से अपचायक किए जा सकते हैं।
- प्राकृतिक और सांश्लेषिक रेजिन को मर्करी हटाने के लिए आयन विनिमय की प्रक्रिया में प्रयुक्त किया जा सकता है।

नाइट्रोजन को हटाना—नाइट्रोजनी यौगिक (अमोनिया) मुख्यत: उर्वरक उद्योगों द्वारा उत्पन्न होते हैं। इसके उपचार के लिए निम्नलिखित पद्धतियाँ प्रयुक्त की जाती हैं—

- सूक्ष्मजीवाणविक और शैवाल का सहजीवन (Symbiosis) स्थायीकरण कुंड में pH मान को उदासीन रूप में समायोजित करने से किया जाता है। यह कम व्ययी उपचार पद्धति है।
- चूना डालने के द्वारा 10 से 11 pH उच्च मान पर हवा की बड़ी मात्रा से बातन क्रिया द्वारा भी उपचार किया जा सकता है।

- परंपरागत उपचार इकाइयों में pH 8-9 पर वायुजीवी स्थिति के अंतर्गत नाइट्रीकरण और अवायुजीवी स्थिति के अंतर्गत उपयुक्त सूक्ष्मजीवाणुओं द्वारा भी उपयुक्त कार्यविधि से उपचार किया जा सकता है।
- आयन विनिमय अथवा व्युत्क्रमी परासरण प्रक्रिया द्वारा भी उपचार किया जा सकता है।

अध्याय 13

सड़क दुर्घटनाएँ

प्रश्न 1. सड़क दुर्घटनाओं के कारणों और प्रभावों का वर्णन कीजिए।

अथवा

सड़क दुर्घटनाओं के कारणों पर टिप्पणी कीजिए।

(फरवरी-2021, प्र.सं.-10 (क))

अथवा

सड़क पर होने वाली दुर्घटनाओं के कारणों का विस्तारपूर्वक वर्णन कीजिए।

उत्तर– सड़क दुर्घटनाओं में हुई मृत्यु के लिए कुछ संस्थागत और व्यवहारपरक कारक जिम्मेदार हैं। इस बारे में निम्नलिखित सांख्यिकी मूर्ति और कार्निक (2005) द्वारा उपलब्ध की गई है जो सड़क दुर्घटनाओं के कारणों की स्पष्ट स्थिति प्रकट करती है। ये अध्ययन बताते हैं कि–

- अनुचित प्रकार से गाड़ी चलाने से 77 प्रतिशत सड़क दुर्घटनाएँ होती हैं।
- दोषपूर्ण वाहन 6 प्रतिशत से अधिक दुर्घटनाओं के लिए उत्तरदायी हैं।
- पैदल यात्री 4 प्रतिशत दुर्घटनाओं में योगदान देते हैं।
- साइकिल चलाने वाले भारत में 3 प्रतिशत दुर्घटनाओं के लिए उत्तरदायी हैं।

लेखकों द्वारा इससे यह सारांश निकाला गया है कि लोगों में सुरक्षा की संस्कृति का विकास करना पहली जरूरत है। यातायात के नियम और विनियमन बहुत प्रभावशाली नहीं हैं। सड़क दुर्घटनाएँ अनुचित ड्राइविंग के कारण होती हैं, जो रोकी जा सकती हैं यदि ड्राइवर की सावधानी और सतर्कता से गाड़ी चलाएँ। इसके अतिरिक्त नगर का वर्तमान सड़क नेटवर्क अपर्याप्त है, और दूसरा उसका ठीक से रख-रखाव नहीं किया जाता।

प्रभावशाली जनसाधारण यातायात तंत्र की कमी के कारण निजी/व्यक्तिगत यातायात के तरीकों को प्रोत्साहन मिलता है। सिंह और मिश्रा की रिपोर्ट के अनुसार सड़क पर वाहनों की घटती हुई संख्या के संदर्भ में सड़कों पर दबाव 20 वर्षों की अवधि में लगभग 67 गुणा बढ़ गया है (वर्ष 1981 में 4384 पंजीकृत वाहन थे और वर्ष 2001 में 29,94,164 पंजीकृत वाहन

थे)। पटना नगर के एक केस के अध्ययन में यह देखा गया कि नगर में सड़क पर भीड़ थी और अन्य गतिविधियों के द्वारा अतिक्रमण किया गया था। बस सेवा विशेषकर खराब स्थिति में थी और उसकी सक्षमता और गुणवत्ता धीरे-धीरे घट रही थी, जिसके कारण यात्री व्यक्तिगत यातायात के तरीकों और IPTs की तरफ मुड़ गए थे। इससे यातायात प्रवाह में न केवल रूकावट आई परंतु सड़क पर चलने वालों का जीवन भी खतरे में पड़ गया था। नगरों में कुल घातक दुर्घटनाओं की संख्या और मृत्यु संख्या हाल के वर्षों में बहुत बढ़ गई थी। सड़क पर हुई सी दुर्घटनाओं में मरने वालों की संख्या, आश्चर्यजनक रूप से वर्ष 2000 में 45 व्यक्ति के हिसाब से, बहुत अधिक थी। सभी सड़क की घातक दुर्घटनाओं में पैदल यात्रियों की मौते भी बहुत अधिक मात्रा में थीं। अभी हाल ही के वर्षों में, वह सभी सड़क की घातक दुर्घटनाओं में 90 प्रतिशत थी (सिंह और मिश्रा, 2001)।

भारत में सड़क दुर्घटनाओं का प्रमुख कारण सड़कों का खराब रख-रखाव है। इस संबंध में उत्तरदायित्व नगर निगम पर भी होता है। फिर भी शहर की योजना कई कारणों से प्रभावित होती है जैसे अंतर-संगठनात्मक समन्वय और पदानुक्रम में विशेषज्ञों को अपेक्षित स्वायत्तता की कमी है। सड़क पर चलने वालों और वाहनों के प्रकारों की कई श्रेणियाँ है और एक दिन में सड़क पर उनकी संख्या में विभिन्नता देखने को मिलती है। राजमार्गों पर तैनात यातायात पुलिस को यातायात लागू करने में अथवा वाहन की स्थिति के संबंध में नियंत्रण की अधिक शक्तियाँ नहीं होती, और उनकी गतिविधि सीमित होती है जैसे क्षेत्र पर निगाह रखना और घायलों को स्थानीय अस्पतालों में पहुँचाना। आमतौर पर आस-पास के शहरों से पुलिस सामान्यत: राजमार्ग पर आ जाती है, और वह तब आती है जब कोई दुर्घटना होती है। इसलिए TRIPP ने इस संबंध में एक एकीकृत प्राधिकरण संस्थापित करने की सिफारिश की है जो राष्ट्रीय सुरक्षा बोर्ड हो सकता है, और सड़क निर्माण एजेंसियों से अलग हो सकता है। केंद्रीय प्रदूषण बोर्ड की तरह इसे भी अपनी नीतियाँ निर्धारित करने और उनका कार्यान्वयन करने के लिए प्राधिकृत होना चाहिए।

सड़क दुर्घटनाओं से संबंधित समस्याएँ वर्षा के दौरान बढ़ जाती हैं। जब सड़कों पर बाढ़ जैसा पानी भर जाता है और उनमें टूट-फूट हो जाती है। इस संबंध में राजनैतिक और अधिकारी तंत्र की असंवेदनशीलता प्रशासन में अडंगा लगाती है, और आपदा कम करने में रूकावट उत्पन्न करती है। सड़क निर्माण प्रौद्योगिकी भी अपनी अपेक्षा से बहुत पीछे चल रही है, और यातायात में हुई पर्याप्त वृद्धि ने सड़कों की औसत आयु पर्याप्त मात्रा में कम कर दी है। प्रकाश संकेतों की संख्या बढ़ गई है। बिजली की आपेक्षित मात्रा जो इन संकेतों को चालू रखने के लिए जरूरी होती है वह अधिक हो गई है। इन सब गतिविधियों ने निश्चित रूप से संसाधनों की आवश्यकताओं को प्रभावित किया है। तथापि कुछ राज्य सरकारें इसे प्राथमिक मुद्दा नहीं समझती हैं।

वाहनों की संख्या में वृद्धि विभिन्न प्रकार के ऋण (लोन) उपलब्ध कराने योजनाओं से भी हुई है क्योंकि सरलता से ऋण मिलने की सुविधा के कारण वाहन खरीदना अब आसान हो गया है। फिर भी इनका रख-रखाव करना टेढ़ी खीर होता है, क्योंकि उसके लिए ज्ञान (जागरूकता) और विशेषज्ञता की जरूरत होती है। खराब ढंग से रखरखाव किए गए अधिक

पुराने वाहन, ब्रेक विफलता, इंजन विफलता, टायर विफलता और अनुमान न किए गए ब्रेक डाउन (गाड़ी चलना बंद होना) के कारण अनेक सड़क दुर्घटनाएँ घटित होती हैं। वाहन का टिकाउपन भी सड़कों की स्थितियों पर निर्भर करता है। कार्यात्मक रूप से सड़कों का कोई क्रम नहीं होता कि प्रत्येक सड़क कुछ दूरी के बाद अपने लक्षण बदल दें। इस संबंध में सभी क्षेत्रों में गति सीमा के अनुसार अथवा वाहनों के प्रकार के नेटवर्क का कोई वैज्ञानिक मापदंड भी नहीं है, जैसा कि विकसित देशों में होता है और यह कठिन है क्योंकि बुनियादी ढाँचों में कई अड़चनें हैं।

विकासशील देशों में सड़क-दुर्घटनाओं के संदर्भ में मौतों की संख्या में वृद्धि चिकित्सा सुविधाओं की कमी के कारण भी होती हैं। विशेषकर ग्रामीण क्षेत्रों में अस्पताल नियमित दूरी पर नहीं हैं और न ही दुर्घटना संभावित क्षेत्रों में है। ऐसा पूरे देश में व्याप्त है और इन अस्पतालों में तत्काल देखभाल के लिए बिना कोई अग्रिम जमा (advance deposit) की भी व्यवस्था नहीं है। चोट, सदमा आदि पहुँचने पर तुरंत उपचार के लिए जागरूकता और उसका महत्त्व भी लोगों को अभी मालूम नहीं है और बहुमूल्य समय घायल को अस्पताल पहुँचाने में खर्च हो जाता है। अधिकांश अस्पतालों में दुर्घटना पीड़ित व्यक्ति की देखभाल करने के लिए बहुत कुछ सुधार करने की जरूरत है।

मेहता और चक्रवर्ती (2001) के अनुसार सड़क दुर्घटनाओं का एक प्रमुख कारण शराब पीकर गाड़ी चलाना भी है। यह एक बहुत बड़ी समस्या है और इन ड्राइवरों को दी जाने वाली सजा (महज 2000/-/रुपए जुर्माना और/अथवा 6 माह तक की कैद) भी पर्याप्त नहीं है। इस संबंध में विशेषज्ञ और लेखक यह तर्क देते हैं कि एक पेग एल्कोहल (लगभग 30 मि.ली. पर 42.8 प्रतिशत आयतन के द्वारा अथवा अधिक) पीने से सही निर्णय लेने में गलती हो सकती है। मोबाइल फोन भी उस समय गंभीर खतरा उत्पन्न करते हैं जब उनका इस्तेमाल गाड़ी चलाते समय किया जाता है। ऐल्कोहल (शराब) पीकर गाड़ी चलाने की अपेक्षा, गाड़ी चलाते समय मोबाइल फोन सुनना अधिक खतरनाक है।

अधिकांश सड़क दुर्घटनाएँ पैदल यात्रियों द्वारा यातायात के संकेतों का पालन किए बिना सड़क पार करना, बीच-बीच में तीन पहिए वाले और दोपहिए वाले वाहनों का आ जाना और अत्यधिक गति से बसों को बिना सावधानी से चलाने के कारण यातायात के नियमों का उल्लंघन होने से होती है। महानगरों में विशेषकर दिल्ली में युवा वर्ग (18 वर्ष की आयु से कम) जिनकी गाड़ी चलाने के लाइसेंस प्राप्त करने की पात्रता भी नहीं होती, अक्सर बड़ी-बड़ी कार तीव्र गति से चलाते हैं और सड़क दुर्घटनाएँ कर देते हैं। धैर्य की कमी के कारण बार-बार झगड़े होते हैं और छोटी सी गलती के कारण भी बड़ी लड़ाई करना और मार-पिटाई से व्यक्ति को मौत के घाट उतार देने की वारदातें होती रहती हैं।

सड़क दुर्घटनाओं के प्रभाव—भारत जैसे विकासशील देशों में सड़क दुर्घटनाओं में मरने वालों की दर (प्रति 10,000 वाहनों पर सड़क दुर्घटना में मौतें) विकसित देशों के मुकाबले बहुत अधिक हैं। हालाँकि यूरोप और अमेरिका में यातायात प्रबंधन परिस्थिति ने उत्साही संकेत दिए हैं। परंतु विकासशील देशों में इस प्रबंधन की स्थिति बहुत खराब है। रुपयों के संदर्भ में, सड़क दुर्घटनाओं की लागत GNP का एक प्रतिशत प्रति वर्ष है। व्यावसायिक और सार्वजनिक

सेवा के वाहनों का अनुपात, जो सड़क दुर्घटनाओं में शामिल होते हैं, अक्सर बहुत अधिक होता है। यह अनुमान लगाया गया है कि भारत में सड़क दुर्घटनाओं के कारण हुई आर्थिक क्षति 60 बिलियन (रु. 6000 करोड़) प्रतिवर्ष होती है। पटना शहर में सड़क दुर्घटनाओं के विश्लेषण के आँकड़ों से यह मालूम होता है कि 18-20 वर्ष की आयु समूह के आर्थिक रूप से अधिक सक्रिय नौकरी-पेशा वयस्कों को अधिकांशतः सड़क दुर्घटनाओं का खतरा रहता है। जीवन की क्षति, आय अर्जित करने वाले सदस्यों की जीविका और अन्य व्यय जो दुर्घटना के कारण होते हैं जीवन बीमा, विश्व बैंक और अन्य अध्ययनों द्वारा परिकलित किए गए हैं।

प्रश्न 2. सड़क दुर्घटनाओं की रोकथाम कैसे की जा सकती है?

(दिसम्बर-2017, प्र.सं.-9)

अथवा

सड़क सुरक्षा सुनिश्चित करने के लिए प्रमुख कारकों की चर्चा कीजिए।

(जून-2018, प्र.सं.-8)

अथवा

सड़क दुर्घटनाओं से संबंधित आपदा प्रबंधन और सुरक्षा संस्कृति में सुधार लाने के उपायों का वर्णन कीजिए।

उत्तर– सड़क सुरक्षा के लिए प्रमुख कारक (मूर्ति और कार्निक, 2005) निम्नलिखित हैं–

(1) विशिष्ट भौगोलिक क्षेत्र में सड़क यातायात की मात्रा।

(2) विभिन्न प्रकार के सड़क उपयोगकर्त्ताओं (users) का अनुपात।

(3) विशिष्ट क्षेत्र में सड़कों के नेटवर्क और उनकी स्थिति।

(4) सड़क पर गाड़ी लाने की सक्षमता का स्तर।

(5) यातायात के लिए नियमों को लागू करना।

(6) सड़क प्रयोगकर्त्ताओं को सड़क की स्थिति और यातायात नियमों की कितनी अच्छी जानकारी है?

(7) उपयोगकर्त्ताओं की अभिवृत्ति और अन्य सड़क उपयोगकर्त्ताओं के प्रति उनका ध्यान।

(8) सड़क उपयोगकर्त्ताओं का गाड़ी चलाने का कौशल और मुसीबत के समय बचाने और बच निकलने की योग्यता।

(9) गाड़ी चलाने के लिए ड्राइवर की मनोदशा (mind set)।

सड़क दुर्घटनाओं को कम करने के लिए भारतीय राजमार्गों पर यातायात विनियमन किया जाना आवश्यक है। यह देखा गया है कि तेज रफ्तार से चलने वाली करें, ट्रैक्टर और ढोर सब एक साथ राजमार्गों पर नहीं चल सकते, और इन राजमार्गों पर 70 प्रतिशत ट्रैफिक स्थानीय लोगों का होता है जो प्रमुख महानगरों की ओर जाते हैं। इस कारण यह सुझाव दिया जाता है कि भारत में यातायात नियमों और विनियमों का सख्ती से पालन किया जाना चाहिए।

निम्नलिखित कुछ मार्गदर्शन "क्या करें" और "क्या न करें" दिए गए हैं ताकि सड़क पर सुरक्षा के लिए सुरक्षित रूप से चला जा सके/ड्राइव (गाड़ी चलाई) किया जा सके–

(1) पैदल यात्रियों द्वारा अनुशासन रखना पूर्ण रूप से अतिआवश्यक है। सड़क पार करते समय पहले बायें देखें फिर दाएँ देखें और तब सड़क पार करें। सदा जैबरा पार पथ का प्रयोगकरें हमेशा सड़क के बायीं ओर चलें, सड़क पार करने के लिए सड़क के बीच में से कभी इधर अथवा उधर से न निकलें और सामान्यत: ठंडा दिमाग रखें।

(2) यातायात विनियमन भी बहुत आवश्यक है। बसों में सवारियों को जरूरत से अधिक न भरें। पैदल यात्रियों को चलती बस से न तो उतरना चाहिए और न ही उसमें चढ़ना चाहिए, न ही अपने शरीर का कोई भाग गाड़ी से बाहर निकालना चाहिए, और न ही वाहन के पायदान पर खड़ा होना चाहिए।

(3) मोटर वाहनों के लिए कुछ विशिष्ट मार्गदर्शन निम्नलिखित हैं–

(क) दो पहिए के चालकों को अपने वाहन की गति को नियंत्रित रखना चाहिए ताकि अचानक रूकावट आने पर अथवा अन्य कारणों से उपचारी उपाय करने के लिए पर्याप्त समय मिल सके।

(ख) मोटरकृत दो पहिया वाहन चालक अन्य चालकों को स्पष्ट रूप से दिखाई देना चाहिए। इसके लिए पीले और नारंगी रंग की सिफारिश की गई है। अत: चालकों को पीले व नारंगी रंग के बनियान, जैकेट और हेलमेट पहनने चाहिए। हेलमेट के चारों ओर प्रतिबिम्बित करने वाली पट्टियों को पेस्ट करना चाहिए और यह पट्टियाँ वाहनों के आगे, पीछे और साइड में भी चिपका देनी चाहिए।

(ग) रात में वाहन चालको को डिप्पर का इस्तेमाल करना चाहिए। उनका हेलमेट उचित प्रकार का हो जैसे काँच रेशे (glassfiber) से बना हुआ, पूरे मुख को ढकने वाला और अंदर फोम और पैड का उचित अस्तर होना चाहिए।

(घ) वाहन को बाएँ से ओवरटेक करने का कभी भी प्रयास नहीं करना चाहिए। चालकों को बायीं ओर लेन में रहना चाहिए, और दायीं ओर की लेन (रास्ता) तीव्र गति से चलने वाले वाहनों के लिए छोड़ देनी चाहिए।

(ङ) गाड़ी के इंजन की, प्रदूषण रोकने के लिए, ट्यूनिंग की जानी चाहिए।

(4) बस और ट्रकों के लिए मार्गदर्शन, जो सड़क दुर्घटनाओं में सबसे अधिक शामिल होते हैं, निम्नलिखित हैं–

(क) सड़क पर दुर्घटना को रोकने के लिए गति नियंत्रक (स्पीड गवर्नर) लगाना अति आवश्यक है। भारी ट्रकों और बसों के लिए गति सीमा 40 कि.मी. प्रति घंटा से अधिक नहीं होनी चाहिए।

(ख) बस स्टेशनों पर अंदर घुसने और बाहर निकलने के लिए पर्याप्त मॉनीटरिंग होनी चाहिए ताकि बसों की भीड़ न हो और गाड़ियाँ समानांतर नहीं खड़ी हो सकें। वाहनों के चलने के बीच लोगों की गति रोकी जानी चाहिए ताकि गड़बड़ी पैदा न हो और न देखी जा सकने वाली रूकावटों के कारण कोई गलत घटना न घट सके।

(ग) भारी वाहनों को सड़क को पूरी तरह से घेर कर नहीं चलना चाहिए, और सड़क पर दूसरे वाहनों को सुविधापूर्वक चलने के लिए काफी स्थान उपलब्ध कराना चाहिए।

(घ) बस और ट्रकों में अत्यधिक सामग्री, भार और आयतन (मात्रा) नहीं लादा जाना चाहिए।

(ङ) ईंधन प्रवेश तंत्र हमेशा अच्छी स्थिति में हो।

(च) चूँकि राजमार्गों पर अधिक दुर्घटनाओं की संभावनाएँ होती हैं, इसलिए बसों और ट्रकों को नियमित स्टॉप प्रदान किए जाने चाहिए ताकि दुबारा गाड़ी चलाने में ड्राइवर अधिक ध्यान से चलाए और उसे राजमार्ग का डर न सताने पाएँ।

(5) रिक्शा चालक और ऑटो चालकों को भी सड़कों पर चलते समय काफी जोखिमों का सामना करना पड़ता है। इसलिए उन्हें भी निम्नलिखित सावधानियाँ बरतनी चाहिए–

(क) उनको सड़क के बायीं ओर हमेशा चलना चाहिए, क्योंकि वहाँ आपेक्षिक रूप से यातायात मंद गति से चलता है।

(ख) उनको नियमित यातायात में, बीच में से, घुसने का प्रयास नहीं करना चाहिए। इससे दुर्घटना हो सकती है।

(ग) उनको पगडंडी के पास ही रहना चाहिए, जब वह ग्राहक को ढूँढें।

(घ) उनको ग्राहक के साथ ठीक तरह से व्यवहार करना चाहिए।

(ङ) उन्हें अनावश्यक रूप से हार्न नहीं बजाना चाहिए, और हार्न केवल खतरे की अथवा आपातकालीन स्थिति में ही बजाना चाहिए।

(6) मोटर वाहकों को दुर्घटनाएँ कम करने के लिए, निम्नलिखित रूप से, अपने उत्तरदायित्वों के प्रति संवेदनशील होना चाहिए–

(क) सड़क पर वाहन चलाते समय मोटर वाहन चालकों को पैदल यात्रियों का सड़क पार करते समय, और साइकिल चालकों का ध्यान रखना चाहिए।

(ख) हार्न को आपातकाल की स्थिति को रोकने के लिए ही बजाना चाहिए, अन्यथा नहीं।

(ग) यातायात के प्रकाश संकेत का उल्लंघन नहीं करना चाहिए, गंभीर यातायात क्रॉसिंग पर अन्य वाहनों और पैदल यात्रियों को निकलने के लिए पहले स्थान देना चाहिए।

(घ) गति को रोधित रखें, पार्क करने के प्रतिबंधों का ध्यान रखें, और अपने वाहन को सदा अच्छी स्थिति में रखते हुए यातायात संकेतों का अनुपालन करें।

(ङ) यह याद रखें कि एक अच्छा ड्राइवर दूसरों का ध्यान रखता है; विनम्र होता है; सुरक्षा के साथ गाड़ी चलाता है और केवल सड़क और गाड़ी चलाने पर ही ध्यान रखता है। उसे न तो मोबाइल फोन और न ही संगीत सुनना चाहिए, उसे अपनी रक्षा करते हुए गाड़ी चलानी चाहिए, उसे दूसरे ड्राइवर को मौका देना चाहिए और बदले में मौका पाने की आशा नहीं करनी चाहिए।

(च) उसे स्वास्थ्य ठीक न होने की स्थिति जैसे हाइपोग्लाइसीमा (hypoglycemia), हाइपरग्लिसेमिआ (hyperglycemia) और स्लीप एपनिया (sleep apnea), हृदय रोग से पीड़ित होने पर और डिमेंशिया (dementia) की स्थिति में गाड़ी नहीं चलानी चाहिए।

(छ) शराब पीकर अथवा अन्य नशीला पदार्थ खाकर गाड़ी कभी नहीं चलानी चाहिए। इससे सही निर्णय लेने में गलती हो सकती है। यदि बहुत कम मात्रा में भी ली जाए तो भी यह एक ऐसा सिद्धांत होना चाहिए।

(ज) वर्षा के मौसम में हाइड्रोप्लेनिंग (hydroplaning) रोकने के लिए गाड़ी धीमें चलानी चाहिए।

(झ) नियमों का अनुपालन करें, गाड़ियों के पीछे बहुत पास न रहें, इसे टेलगेटिंग (tailgating) कहा जाता है।

चंडीगढ़ यातायात पुलिस द्वारा विशिष्ट स्थितियों के लिए कुछ विशिष्ट अनुदेश जारी किए गए हैं, जो नीचे दिए जाते हैं–

(1) यदि कहीं निर्माण कार्य हो रहा हो तो सावधानी रखने के लिए जो भी संकेत दिए जाएँ, उनका अनुपालन किया जाना चाहिए और अपने वाहन की गति को दिशा और परिस्थिति के अनुसार रखा जाना चाहिए। ड्राइवर को अपनी लेन (रास्ता) बदलने का प्रयास नहीं करना चाहिए और सड़क पर काम करने वाले मजदूरों और अन्य वाहनों का ध्यान रखना चाहिए। यदि रास्ता रूक गया है और कोई भी यातायात के निर्देश नहीं दे रहा है तो ड्राइवर को चाहिए कि वह सामने से आने वाले वाहनों को जाने दें और धीरे-धीरे सावधानी से तब तक वाहन चलाता रहे जब तक रूकावट दूर न हो जाए।

(2) ड्राइवर को सतर्क रहना चाहिए यदि कोई पशु सड़क पर आ जाए तो सावधानी से धीमे-धीमे गाड़ी चलाए क्योंकि इनके कारण भी अधिकांश सड़क दुर्घटनाएँ हो जाती हैं।

(3) व्यक्ति (ड्राइवर) को–

(क) यदि आपातकालीन स्थिति में मोबाइल अथवा लैपटॉप या वॉयस मेल उपयोग करना हो और वह अत्यंत आवश्यक हो तो गाड़ी बायीं ओर एक तरफ लगाकर करना चाहिए;

(ख) ड्राइव करते समय खाना-पीना नहीं चाहिए;

(ग) अन्य यात्रियों के साथ बातचीत नहीं करनी चाहिए;

(घ) ड्राइव करते समय बच्चों के साथ किसी भी गतिविधि में शामिल नहीं होना चाहिए;

(ङ) ड्राइव करते समय संगीत उपकरण को समायोजित (एडजस्ट) नहीं करना चाहिए; और

(च) जब कोई आपातकालीन वाहन सड़क पर से गुजरे तो गाड़ी को धीमे करके बायीं ओर ले जाना चाहिए।

सड़क पर यात्रा को सुरक्षित और सक्षम बनाने के लिए, मूर्ति और कार्निक ने कुछ उपाय बताए हैं जो निम्नलिखित हैं–

- विद्यार्थियों के लिए विशेषकर स्कूल में उनके पाठ्यक्रम में सड़क सुरक्षा नियमों का अध्ययन अनिवार्य किया जाए।
- सुरक्षा संबंधी नीति कार्यक्रम और सड़क योजना बनाते समय पैदल यात्री और साइकिल चालकों की सुरक्षा का ध्यान रखा जाए।

- भारत में चौराहों के बदले सड़क के ऊपर पुल बनाए जाएँ।
- पश्च-परावर्ती (Retro-reflective) सड़क संकेत और सड़कों पर स्पष्ट तापस्थापी सड़क के निशान लगाए जाएँ।
- पूरे देश में दो पहिए के वाहन के लिए हेल्मेट का उपयोग किया जाए।
- पंचायत स्तर पर, सड़क सुरक्षा समिति का गठन किया जाए।
- मोटरगाड़ियों के विशेष घटकों की विशिष्टियों में रूपांतरण लागू किए जाएँ जैसे ब्रेक, रिफलेक्टर, इंडीकेटर, वाहन की हैडलाइट आदि।
- महानगरीय क्षेत्रों में बहु-मॉडल परिवहन नेटवर्क लागू किए जाए जिसमें बस मार्ग, भूमिगत मैट्रो रेल और रेल के फाटक हों।
- यह सुनिश्चित किया जाए कि रात को और छुट्टी वाले दिन भी यातायात के संकेत काम करते रहें।
- राजमार्गों पर साँस विश्लेषक परीक्षण को अनिवार्य बनाया जाए, और शराब का सेवन किए हुए ड्राइवरों को सजा अवश्य दी जाएँ।
- सड़क पर विशेषकर अधिक वाहन वाले यातायात मार्ग पर ड्राइवरों के लिए 24 घंटे आवश्यक जन-सुविधाएँ सड़क के एक ओर उपलब्ध की जाएँ। इन परियोजनाओं का लाभ तभी मिलेगा, जब सभी सम्मिलित अनुशासनात्मक और प्रशासनिक पहल करेंगे और जिसके पीछे कानून जहाँ अनिवार्य होगा, लागू किया जाएगा।
- यह जानना उपयोगी होगा कि दूसरे देशों में इस प्रकार की सड़क समस्याओं से किस तरह निपटा जाता है और वह सड़क पर सुरक्षा बनाए रखने के लिए क्या करते हैं। गाड़ी चलाने के कौशल हासिल करने की शिक्षा और सड़क पर अनुशासन रखना सड़क-सुरक्षा के लिए महत्त्वपूर्ण कदम है। इस संबंध में कुछ वेब आधारित स्कूल हैं जो मान्यता प्राप्त हैं और अमेरिका में अनेक राज्यों द्वारा प्राधिकृत भी हैं। यह पोर्टल (सहायक संगठन) देश के विभिन्न राज्यों में सड़क उपयोगकर्त्ताओं को नियम और विनियमों के अनुसार सेवा उपलब्ध कराते हैं। यह सुझाव दिया जाता है कि रक्षात्मक रूप से गाड़ी चलाना, सुरक्षित ड्राइविंग की एक प्रभावी तकनीक है।
- गाड़ी चलाने की सबसे सुरक्षित पद्धति, रक्षात्मक पद्धति मानी जाती है। एक व्यक्ति को स्वयं ही सुरक्षित ड्राइविंग की जिम्मेदारी ग्रहण कर लेनी चाहिए और उसी समय सड़क पर दूसरे लोगों द्वारा की गई ड्राइविंग की गलतियों के साथ समझौता कर लेना चाहिए। व्यक्ति को नियमों का पालन करना चाहिए और किसी को टक्कर नहीं लगाना चाहिए चाहे दूसरे नियमों का अनुपालन कर रहें हो या नहीं। सड़क पर हमेशा इस बात के लिए सतर्क रहें कि अन्य लोग नियमों का अनुपालन नहीं भी कर सकते हैं।

प्रश्न 3. सड़क दुर्घटनाओं के संवैधानिक प्रावधानों की व्याख्या कीजिए।

उत्तर– वाहन के ड्राइवर अथवा वह व्यक्ति जो गाड़ी का प्रभारी है, के लिए यह अनिवार्य है कि वह दुर्घटनाग्रस्त घायलों को तुरंत चिकित्सा के लिए डॉक्टर के पास ले जाए। इस प्रक्रिया

में चिकित्सक (डॉक्टर) को कोई औपचारिक कार्य पद्धतियों के लिए रूके बिना, तुरंत घायल का उपचार करना चाहिए (मोटर वाहन अधिनियम की धारा 134)।

दोषपूर्ण तरीके से गाड़ी चलाने के सिद्धांत के आधार पर सड़क दुर्घटना के पीड़ितों को मृत्यु और स्थायी विकलांगता होने की, दोनों ही स्थितियों में क्षति-पूर्ति की राशि दुगुनी कर दी गई है (मोटर वाहन अधिनियम की धारा 140 (2))।

वाहन मालिक जो खतरनाक और जोखिम भरा सामान अपनी गाड़ी में ले जाता है, वह सार्वजनिक देयता अधिनियम के अंतर्गत एक पॉलिसी लेगा। यह इस दृष्टिकोण से है कि तेल टैंकर आदि द्वारा दुर्घटना में पीड़ितों को क्षति-पूर्ति की जा सके जो इस प्रकार के तेल/द्रव के गिरने से घायल हो सकते हैं (मोटर वाहन अधिनियम की धारा 146)।

वाहनों से टक्कर मारकर भागने के मामले में पीड़ितों को दी जाने वाली क्षति-पूर्ति की राशि दुगुनी कर दी गई है (मोटर वाहन अधिनियम की धारा 161 (3))।

सड़क दुर्घटना में घायल पीड़ितों को क्षति-पूर्ति के भुगतान के लिए, पूर्व-निर्धारित सूत्र विकसित किया गया है और इस सूत्र के आधार पर क्षति-पूर्ति की राशि को परिकलित किया जाता है।

दूसरी महत्त्वपूर्ण बात यह है कि क्षतिपूर्ति कोई 'दोष नहीं' के आधार पर दी जाती है अर्थात् दावेदार को पीड़ितों का कोई दोष प्रमाणित नहीं करना पड़ता।

यदि दावेदार महसूस करता है कि पूर्व-निर्धारित सूत्र के आधार पर प्रस्तावित की गई राशि अस्वीकार्य है, तो वर्तमान प्रावधानों के अंतर्गत वह दावा फाइल कर सकता है। सभी मामलों में न्यायीकरण प्राधिकारी मोटर दुर्घटना दावा ट्रिब्यूनल (मोटर वाहन अधिनियम की धारा 163 (क)) के तहत ही निर्णय लेगा।

सड़क दुर्घटना में पीड़ित, दुर्घटना के स्थान और अपने रहने के स्थान के आधार पर (क्षेत्र के अनुसार) ट्रिब्यूनल में क्षति-पूर्ति के लिए निर्णय लेने का दावा कर सकते हैं (मोटर वाहन अधिनियम की धारा 166 का (2))।

ट्रिब्यूनल न्यायाधिकरण में क्षति-पूर्ति का दावा करने के लिए, 6 माह अथवा 12 माह की नियत अवधि सीमा को हटा दिया गया है। अब दावे के लिए आवेदन किसी भी समय किया जा सकता है (मोटर वाहन अधिनियम की धारा 166 (3))।

दावा ट्रिब्यूनल को यह प्राधिकार है कि वह पुलिस अधिकारी की रिपोर्ट को दावे के लिए आवेदन के रूप में माने (मोटर वाहन अधिनियम की धारा 166 (4))।

रेल दुर्घटनाएँ

प्रश्न 1. रेल दुर्घटनाओं के कारणों व प्रभावों की विवेचना कीजिए।

अथवा

रेल दुर्घटना से संबंधति कारणों का उल्लेख करें।

अथवा

रेल दुर्घटनाओं का रेलवे संपत्ति पर क्या प्रभाव पड़ता है?

उत्तर– रेलवे मुख्य अवधारणाओं में दुर्घटना, शब्द में व्यापक घटनाएँ शामिल होती हैं, जो न केवल सुरक्षा को प्रभावित करती हैं परंतु सामान्य कार्य में रूकावट भी डालती हैं। ये घटनाएँ जरूरी नहीं है कि कोई गलती हो सकती हैं परंतु यह रेलवे उपस्कर जैसे इंजन, डिब्बे, स्थायी मार्ग (ट्रैक), संकेत आदि की विफलता के कारण होती है।

उत्तर रेलवे दुर्घटना मैनुअल के अनुसार, कोई भी घटना जो रेलवे की सुरक्षा जैसे उसके इंजन, रेल के डिब्बे, स्थायी मार्ग, कार्य, यात्रियों अथवा नौकरों को प्रभावित करती है अथवा जो दूसरों की सुरक्षा को प्रभावित करती हैं जो रेलवे को क्षति पहुँचाते हैं अथवा रेलगाड़ी के पहुँचने में विलम्ब करती हैं, प्रत्येक घटना को दुर्घटना कहा जाता है।

लेकिन दुर्घटनाएँ वे होती हैं जो टक्कर, रेल का रेल पटरी से नीचे उतरना, रेलवे क्रॉसिंग पर हुई दुर्घटना और रेलगाड़ी में लगी आग के कारण घटित होती हैं और जिनसे लोग घायल हो जाते हैं, अथवा जीवन की हानि होती है। ये दुर्घटनाएँ जनता के दिमाग को उद्वेलित कर देती हैं और कटु आलोचना का कारण बनती हैं। वास्तव में रेल उपयोगकर्त्ता, रेल यात्रा की सुरक्षा को इन दुर्घटनाओं की घटनाओं के रिकार्ड से देखते हैं।

प्रत्येक रेलवे दुर्घटना जो मानव जीवन को क्षति पहुँचाती है अथवा 25 लाख से अधिक रुपयों की रेलवे संपत्ति को नुकसान पहुँचाती हैं अथवा कम से कम 3 घंटे तक संचार व्यवस्था को ठप कर देती हैं, उसको गंभीर दुर्घटना कहा जाता है।

दुर्घटनाओं की प्रवृत्ति–विभिन्न सुरक्षा उपायों के परिणामस्वरूप, वर्ष 1960-61 के दौरान 2131 दुर्घटनाओं की तुलना में वर्ष 2001-02 के दौरान यातायात के बढ़ने के बावजूद

भी केवल 414 रेल दुर्घटनाएँ हुई हैं, जो बहुत कम हैं। रेलगाड़ी की प्रति दस लाख कि.मी. यात्रा (per million kilometers) पर दुर्घटनाएँ (जो सार्वत्रिक रूप से सुरक्षा के इंडेक्स के रूप में स्वीकृत हैं) भी कम हुई हैं जैसे वर्ष 1960-61 में 5.5 दुर्घटनाएँ/mtkm और वर्ष 2000-01 के दौरान 0.65 दुर्घटनाएँ/mtkm, जो पहले से बहुत कम हैं।

तालिका 14.1 : रेल दुर्घटनाओं के प्रकार

प्रकार	1960-61	1970-71	1980-81	1990-91	2000-01
रेलगाड़ी की टक्कर	130	59	69	41	2
पटरी से उतरना	1415	648	825	446	350
लेवल क्रॉसिंग	181	121	90	36	084
आग लगना	405	12	29	9	17
कुल दुर्घटनाएँ	2131	840	1013	532	453
(Mtkm)	(5.5)	(1.8)	(2.0)	(0.86)	(0.65)

रेल दुर्घटनाओं के कारण–रेल दुर्घटनाओं के कारणों के अनुसार किया गया विश्लेषण बताता है कि इन दुर्घटनाओं में से 2/3 दुर्घटनाएँ प्रत्यक्ष अथवा अप्रत्यक्ष रूप से मनुष्य की गलतियों के कारण होती हैं। मनुष्य की गलतियों के कारण हुई दुर्घटनाओं का उच्च प्रतिशत भारतीय रेलवे के लिए कोई विशेष बात नहीं है। परिवहन उद्योग, जिसमें सड़क और विमानन क्षेत्र शामिल हैं, में सामान्यत: 60-70 प्रतिशत दुर्घटनाएँ मनुष्य की गलतियों के कारण होती है। उपर्युक्त तथ्य इस बात से निकाला गया है कि पिछले 40 वर्षों में मनुष्य की गलतियों के कारण हुई दुर्घटनाओं का प्रतिशत, अधिक या कम, 67 प्रतिशत के समान स्तर पर ही रहा है।

तालिका 14.2 : रेल दुर्घटनाओं के कारण

कारण	1998-99	1999-00	2000-01	2001-02
(1) मानव विफलता				
(क) रेलवे स्टाफ की विफलता	268	287	293	248
(ख) रेलवे स्टाफ की अपेक्षा अन्य व्यक्तियों की विफलता	63	105	109	103
(2) उपस्करों की विफलता				
(क) रेल के डिब्बे	9	12	16	11
(ख) पटरी	24	12	17	13
(ग) बिजली संबंधी	-	3	-	-
(घ) S & T	-	1	-	-
(3) तोड़-फोड़	11	21	19	14
(4) अनेक कारकों के एक साथ मिलने से	1	-	4	-
(5) आकस्मिक	14	15	11	20
(6) मालूम न किए जा सके कारण	7	7	4	5
कुल	**397**	**463**	**473**	**414**

संवेदनशीलता के सहायक कारक—वर्तमान ढाँचे का व्यापक रूप से उपयोग करने के कारण खतरनाक कार्य में वृद्धि हुई है जिससे सुरक्षा की सीमा जो पहले उपलब्ध थी अब कम हो गई है। उदाहरण के लिए रेलगाड़ियों की गति बढ़ाने के द्वारा पटरी के बेकार समय को कम करने का बहुत प्रयास किया जाता है और उसी समय उसके बाद वाली रेलगाड़ी के बीच की गति को भी कम किया जाता है। सुरक्षा की दृष्टि से, इनमें से प्रत्येक उपाय अधिक खतरे उत्पन्न करता है। उपस्करों की विफलता जो अपसामान्य कार्य की स्थितियाँ उत्पन्न करती हैं इन कारकों को और अधिक बढ़ा देती हैं। कुल मिलाकर इन कारकों से रेलवे कर्मचारियों के तनाव स्तर पर बहुत ही प्रतिकूल प्रभाव पड़ता है जो उनको गलती करने पर मजबूर कर देता है। यह कहना आवश्यक न होगा कि यह सब मुद्दे एक साथ मिलकर कई बार, कई गुणा दुर्घटनाओं के खतरे बढ़ा देते हैं।

अधिकांश विकसित देशों में रेलवे में सुरक्षा निम्नलिखित प्रतिबंधों द्वारा प्रभावित हुई हैं–

(1) मानवीय तत्त्व पर अत्यधिक निर्भरता

(2) अल्प अभिप्रेरण, स्टाफ के लिए कार्य दशाएँ

(3) श्रमिक बल में अनुशासनहीनता और कार्य आचार नीति का अभाव

(4) मध्य-स्तर के प्रबंधकों में सुधार के प्रति अनियमित दृष्टिकोण

(5) शीर्ष प्रबंधक वर्ग द्वारा सुरक्षा के प्रति दिखावटी सतर्कता

(6) प्रशासनिक और राजनीतिक इच्छा का अभाव

उपर्युक्त के अलावा विकासशील देशों की आर्थिक संवेदनशीलता, जहाँ तक रेलवे सुरक्षा संबंध हैं निम्नलिखित स्थितियाँ उत्पन्न करती हैं–

(1) निवेश निर्णयों में विषय नीतियाँ और असंगत प्राथमिकताएँ निर्धारण करना।

(2) ऐसी परियोजनाएँ स्वीकृत करना जो प्रशासनिक या वित्तीय प्रयोजनों के बदले या तो ऋणात्मक या प्रतिफल की निम्न दर वाले हों।

(3) उपकरणों के रखरखाव, मरम्मत और बदलने के लिए न्यूनतम से भी कम बजटीय आबंटन।

(4) अलाभकारी तरीकों या सेवाओं के प्रचालन करने के लिए सामाजिक बोझ, और यातायात या सामान लागत से भी कम में ढोना।

(5) जो कुछ भी अपर्याप्त वित्तीय संसाधन उपलब्ध हो सकते हैं, उन्हें अविवेकपूर्ण ढंग से अपव्यय करना।

(6) अविश्वसनीय और पुरानी आधारभूत संरचना पर निर्भरता।

(7) उन आधुनिक प्रौद्योगिकियों को न अपनाना, जो सुरक्षा स्तरों को सुधारने में सहायता कर सकते हैं।

(8) व्यापक रूप से ऐसी भिन्न-भिन्न वेंटेज की प्रौद्योगिकियों का साथ-साथ प्रयोग, जिनके परिणामत: अधिक बड़ी वस्तु तालिका की आवश्यकता होती है।

(9) उच्च स्तर की चोरी, बर्बरता और तोड़-फोड़।

रेल दुर्घटनाओं के प्रभाव—यह अच्छी तरह से ज्ञात हो गया है कि दुर्घटनाएँ प्रचालन लागत बढ़ाती हैं क्योंकि क्षति-ग्रस्त परिसंपत्तियों की मरम्मत करनी पड़ती है। उन्हें बदलना पड़ता

है। इसके अलावा, उनसे उस रॉलिंग स्टॉक (रेल के डिब्बे) की अर्जन क्षमता घटने से अप्रत्यक्ष वित्तीय हानि भी हो सकती है जिन्हें काम में नहीं लाया जाता है। ग्राहकों के दृष्टिकोण से प्रत्येक दुर्घटना रेलों की समय की पाबंदी और माल का परिवहन प्रभावित कर सेवा की गुणवत्ता का अतिक्रमण करती है। ऐसी दुर्घटनाओं के कारण परिवहन क्षमता की क्षति होती है, यह ऐसी क्षति है, जिसकी पूर्ति कालान्तर में कभी भी प्रभावी ढंग से नहीं हो सकती है। अनुमान के अनुसार वे क्षति प्रत्येक वर्ष सैकड़ों करोड़ रुपए की हो सकती है। चार वर्षों के दौरान रेलवे संपत्ति को हुई क्षति की तुलना स्थिति तालिका 14.3 में स्पष्ट की गई है।

तालिका 14.3 : रेलवे संपत्ति को हुई क्षति (करोड़ रुपए)

क्षति	1998-99	1999-00	2000-01	2001-02
(1) (क) रेलवे डिब्बे	45.19	72.55	36.93	32.17
(ख) स्थायी मार्ग	20.05	19.09	18.31	16.46
(ग) संचार के व्यवधान (घंटे)	3,492	4,100	4,045	3220
(2) रेलवे कर्मचारी				
(क) मारे गए	15	33	8	14
(ख) घायल	59	77	27	38
(3) यात्री				
(क) मारे गए	280	341	55	85
(ख) घायल	615	733	286	585
(4) अन्य				
(क) मारे गए	194	242	153	168
(ख) घायल	178	311	175	175
(5) कुल				
(क) मारे गए	489	616	216	267
(ख) घायल	852	1121	488	778

प्रश्न 2. रेल दुर्घटनाओं के प्रबंधन में भारतीय रेल द्वारा किए गए महत्त्वपूर्ण उपायों का विवेचन कीजिए। **(दिसम्बर-2018, प्र.सं.-9)**

अथवा

भारत में रेलवे दुर्घटनाओं के प्रबंधन की व्याख्या कीजिए।

अथवा

रेलवे दुर्घटना से संबंधित राहत और बचाव कार्य किस प्रकार लागू किए जाते हैं?

अथवा

दुर्घटना राहत चिकित्सा वाहन (ARMV's) और दुर्घटना राहत रेलगाड़ी (ARTs) पर टिप्पणी लिखिए। **(जून-2020, प्र.सं.-10(ख))**

उत्तर– रेल दुर्घटनाएँ जैसे अधिकांशत: मानव-निर्मित आपदाएँ, साधारणत: मनुष्य या प्रौद्योगिकी विफलताओं के कारण होती हैं। इसलिए इनका पूर्वानुमान नहीं किया जा सकता है। फिर भी सांख्यिकीय दृष्टि से उनके घटित होने की संभावना कई कारकों के आधार पर एक स्थान से दूसरे स्थान में भिन्न हो सकती हैं। यद्यपि सैद्धांतिक रूप में रेल पथ के किसी भी भाग में रेल दुर्घटनाएँ हो सकती हैं, अनुभव दर्शाते हैं कि दुहरी लाइन के खंडों के रेललाइन विशेष रूप से गंभीर रेल दुर्घटनाओं में संवेदनशील होते हैं। यह मुख्यत: इन खंडों पर रेल ट्रैफिक के उच्च घनत्व के कारण होता है–

तथाकथित 'गोल्डन क्वाड्रिलेटरल' कहलाने वाली रेलवे लाइन जो चार मैट्रों को परस्पर जोड़ती है जैसे दिल्ली, मुम्बई, चैन्नई, कोलकाता और उनके दो तिहाई भाग जो प्रतिशत भारतीय रेलवे के कि.मी. मार्ग के केवल 22 हैं परंतु ये कुल यातायात का 85 प्रतिशत भाग ढोते हैं। यह इन्हीं घनिष्ठ यातायात अनुभागों में ही रेलगाड़ी की क्षमता प्राथमिक होती है क्योंकि इस अनुभाग में अधिक से अधिक रेलगाड़ियों पर तेज गति और भारी सामान ढोने का बहुत दबाव पड़ता है। इन्हीं अत्यधिकताओं के कारण वर्तमान रेलवे लाइनों पर अधिकांश दुर्घटनाएँ होती हैं।

संभव खतरों में कमी करने के उपाय–इन दुर्घटनाओं की संख्या कम करने के निम्नलिखित उपाय हैं–

(1) पटरी के लिए सुरक्षा निर्धारित करना।

(2) सभी रेल संपत्ति के रख-रखाव के लिए कठोर पैरामीटर निर्धारित करना और यह सुनिश्चित करना कि इनका अनुपालन पूरी तरह से किया जाता रहे।

(3) बहुत पुरानी संपत्तियों को समय पर बदल कर नई लगाना।

(4) प्रौद्योगिकीय युक्तियों (devices) का संस्थापन जैसे सहायक सतर्कता प्रणाली, पटरी सर्किटीकरण आदि, ताकि रेलवे स्टाफ द्वारा गलती करने पर भी दुर्घटनाएँ न होने पाएँ।

(5) रेलवे स्टाफ और मानव संसाधन विकास के लिए उचित गुणता की प्रशिक्षण व्यवस्था करना।

विशिष्ट तैयारी के उपाय–किसी संगठन की वास्तविक क्षमता किसी भी संकट के लिए उनकी अनुक्रिया की गुणवत्ता द्वारा जाँची जाती है। दुर्घटना के प्रति अनुक्रिया की तेजी प्राथमिक रूप से विभिन्न घटकों पर निर्भर करती हैं, जिसमें दुर्घटना राहत दल होता है जो अपने उत्तरदायित्वों के क्षेत्रों को अच्छी तरह से जानता है। भारतीय रेलवे इस महत्त्वपूर्ण सिद्धांत के महत्त्व को अच्छी तरह से पहचानता है इसलिए दुर्घटनाओं की स्थिति में प्रबंधन कार्य करने के लिए संगठन के विभिन्न क्षेत्रों को नियत किए गए कार्य सुनिश्चित किए गए हैं; इससे तीव्रता सुनिश्चित होती है, आपातकालीन स्थिति से निपटने के लिए सुनियोजित ढंग और समन्वित दल कार्य कर सकता है।

राहत और बचाव–प्रमुख आपदाओं में यद्यपि बचाव कार्य की सफलता दो और अधिक बातों पर निर्भर करती है। पहला, यह ऐसे वृहत कार्य करने के लिए मनुष्य और सामग्री दोनों के पर्याप्त संसाधनों की उपलब्धता पर निर्भर करती है; और दूसरे यह विभिन्न विभागों के

समन्वित प्रयासों और विस्तृत दल कार्य पर निर्भर करती है, न कि बचाव दल के एक-एक सदस्य के त्याग और कठिन मेहनत पर। विभिन्न विभागों की विभिन्न सेवाओं के बारे में विस्तार से परस्परक्रिया, सहयोग और अंतिमतः बिना किसी संचार अंतराल के समन्वय के द्वारा सभी मामलों में सफलता का स्तर निर्धारित किया जाता है।

राहत और वापस पुरानी स्थिति में आने के लिए किए गए कार्य–गंभीर दुर्घटनाओं के मामले में विभिन्न अधिकारियों द्वारा किए जाने वाले कार्यों के ब्यौरे दुर्घटना मैनुअल में दिए गए हैं। गंभीर दुर्घटनाओं की स्थिति में प्राथमिकता के आधार पर निम्नलिखित कार्य किए जाते हैं–

(1) जीवन को बचाना, बचाव करना और तुरंत चिकित्सा सहायता देना

(2) सभी संबंधित लोगों के लिए सूचना का तीव्र प्रसारण

(3) घायलों को पास के अस्पताल में शीघ्र पहुँचाना

(4) दुर्घटना स्थल पर आवश्यक सामग्री की पूर्ति करना

(5) यात्रियों की चीजों और रेलवे की संपत्ति का बचाव करना

(6) दुर्घटना के कारणों के संदेहों का संरक्षण करना।

रेलवे की यह कानूनी और नैतिक जिम्मेवारी है कि वह रेल दुर्घटना में घायल हुए व्यक्तियों को चिकित्सा सहायता दे। जैसे ही कोई दुर्घटना होती है, रेलवे राहत देने और वापस अपनी पुरानी स्थिति कायम करने के साथ-साथ घायलों को चिकित्सा सहायता भी पहुँचाता है। रेलवे के सुरक्षा संगठन किसी भी दुर्घटना के बाद राहत और पुनः वापसी के प्रयासों को समन्वित करते हैं। दुर्घटना में घायलों और मरने वालों के सगे रिश्तेदारों को रुपयों की उचित क्षति-पूर्ति और अनुग्रह अनुदान प्रदान किए जाते हैं।

भारतीय रेलवे के पास विस्तृत सुविधाएँ हैं, जिसके द्वारा वह रेल दुर्घटना के मामले में तीव्र गति से राहत और पुर्नवापसी के कार्य सुनिश्चित करती है। इनमें निम्नलिखित शामिल है–

- दुर्घटना राहत चिकित्सा वाहन (Accident Relief Medical Vans-ARMVs)
- दुर्घटना राहत चिकित्सा उपस्कर (Accident Relief Medical Equipment-ARME)
- दुर्घटना राहत रेलगाड़ी (Accident Relief Trains-ARTS),
- ब्रेक डाउन वाहन (Break Down Vans-BDs)
- प्राथमिक-चिकित्सा सहायता पेटी (First-Aid Boxes)
- अग्नि शमन उपस्कर (Fire Fighting Equipment)

प्रत्येक मंडलीय रेलवे के मैनुअल में दुर्घटन राहत चिकित्सा वाहन, दुर्घटना राहत चिकित्सा उपस्कर, दुर्घटना राहत रेलगाड़ी और ब्रेक डाउन वाहनों के स्थान, संघटन और बीट का विवरण दिया जाता है। दुर्घटना मैनुअल में इनमें से प्रत्येक वाहन के लिए मानक उपस्करों की सूची दी गई है। इसका प्रत्येक प्रभारी अधिकारी यह सुनिश्चित करता है कि ये उपस्कर सदा काम करने की स्थिति में रहें।

दुर्घटना राहत चिकित्सा वाहन (ARMVs) और दुर्घटना राहत रेलगाड़ी (ARTs)–भारतीय रेलवे के संपूर्ण नेटवर्क को 9 मंडलों में विभाजित किया गया है, जो प्रशासनिक प्रयोजनों के लिए स्वतंत्र रूप से कार्य करते हैं। इन मंडलों को आगे 59 प्रभागों में

विभाजित किया गया है, जिसकी सीमा औसतन लगभग 1100 कि.मी. मार्ग की होती है। दुर्घटनाओं का सामना करने के लिए प्रभाग-प्रभाग में 1 से 2 चल दुर्घटना चिकित्सा वाहन और दुर्घटना राहत रेलगाड़ी रहती है जो सामान्य रूप से क्षेत्रीय मुख्यालय में होती है; और यदि आवश्यक हुआ तो प्रभाग के दूसरे सिरे पर स्थित रहती है। इस तरह प्रत्येक दुर्घटना राहत चिकित्सा वाहन और दुर्घटना राहत रेलगाड़ी की औसत बीट लगभग 300 कि.मी. (150 कि. मी. प्रत्येक दिशा में) होती है। दुर्घटना राहत चिकित्सा वाहन यात्री यार्ड में सरकवाँ स्थिति में खड़ी रहती हैं जो आने और जाने की दिशाओं दोनों में आवश्यकता पड़ने पर एक इंजन के साथ कम से कम संभव समय में भेजी जा सकें।

दुर्घटना राहत चिकित्सा वाहन और दुर्घटना राहत रेलगाड़ी की कार्यात्मक अपेक्षाएँ और संघटन पूरी तरह से एक-दूसरे से भिन्न होता है। दुर्घटना राहत चिकित्सा वाहन में केवल डॉक्टर और पैरा-चिकित्सा कर्मचारी और चिकित्सा के उपस्कर होते हैं जो बचाव और राहत के चिकित्सा पहलुओं की देख-भाल करते हैं। दुर्घटना राहत रेलगाड़ी में दूसरी ओर यांत्रिक कर्मचारी होते हैं जिसमें क्रेन, हवा भरे और द्रव चालित जैक, गैस कटर, कोल्ड कटिंग उपस्कर और ऐसे ही अन्य उपकरण होते हैं जो यातायात को चालू करने, और डिब्बों को पटरी पर लाने से संबंधित कार्य करते हैं। तकनीकी रूप से चूँकि दुर्घटना राहत चिकित्सा वाहन में कम कर्मचारियों की संख्या होती है तो उनको आसानी से और तीव्र गति से ले जाया जा सकता है। दूसरी ओर दुर्घटना राहत रेलगाड़ी में बड़ी संख्या में सहायक कर्मचारी होते हैं, जिनको आना होता है इस कारण दुर्घटना राहत रेलगाड़ी को दुर्घटना राहत चिकित्सा वाहन के बाद भेजने में देरी होती है।

दुर्घटना राहत चिकित्सा वाहन और दुर्घटना राहत रेलगाड़ी के विलगन के प्रकार का उस समय बहुत लाभ था जब वे मूलतः निर्धारित किए गए थे। छोटी दुर्घटनाओं की स्थिति में दुर्घटना राहत चिकित्सा वाहन जल्दी से निकाली जा सकती है। वह तीव्रगति से यात्रा करके दुर्घटना स्थल पर पहुँच सकती है और मंद गति से चलने वाली दुर्घटना राहत रेलगाड़ी के पहुँचने से पहले दुर्घटना स्थल पर पहुँच कर कार्य निपटा सकती है। इतने समय में वहाँ दुर्घटना राहत रेलगाड़ी पहुँच सकेगी। इतना ही नहीं राहत की दृष्टि से यह हमेशा ठीक रहता है कि घायल यात्रियों को स्थल पर से हटाकर दुर्घटना राहत रेलगाड़ी के पहुँचने से पूर्व ही स्थल को दुर्घटना राहत चिकित्सा वाहन खाली कर दे। फिर भी ये पहलू जो छोटी दुर्घटनाओं के मामले में लाभदायक हैं, वे बड़ी आपदाओं में गंभीर रूकावट का काम करते हैं। अक्सर बड़ी आपदाओं को छोड़कर जब तेज गति से टक्कर होती है, डिब्बे एक-दूसरे में घुस जाते हैं और फँस जाते हैं। दुर्घटना राहत चिकित्सा वाहन स्टाफ ऐसी स्थितियों के अंतर्गत जहाँ यांत्रिक उपकरण जैसे कोल्ड कटर, हवा भरे जैक आदि नहीं होते हैं, काम करता है और उनके लिए यह काम करना बड़े-बड़े कार्य होते हैं। वे इसलिए दुर्घटना राहत रेलगाड़ी के दुर्घटना स्थल पर आने की राह देखते हैं ताकि यांत्रिक उपकरणों के उपयोग से उनको सहायता मिल सके। इसलिए इस कार्य में अनावश्यक रूप से देरी हो जाती है। यहाँ तक कि दुर्घटना स्थल पर पहुँचने के बाद भी ऊँचे तटबंध, गहन कटिंग और स्थल पर पहुँचने के रास्ते न होना ऐसे कुछ कारक हैं जो राहत कार्य को बहुत कठिन बनाते हैं।

दुर्घटना राहत चिकित्सा उपस्कर (ARMEs)–दुर्घटना राहत चिकित्सा उपस्कर के अतिरिक्त, कैबिनेट जिसमें चिकित्सा उपस्कर निर्दिष्ट स्टेशनों के जंक्शनों पर रखे जाते हैं, जो 75 से 100 कि.मी. दूर होते हैं। दुर्घटना राहत चिकित्सा उपस्कर स्केल I अथवा स्केल II प्रकार की हो सकती है, जो उपस्कर के अनुपूरण पर निर्भर करती हैं और दुर्घटना स्थल पर रेलगाड़ी द्वारा पहुँचाई जाती है।

दुर्घटना राहत चिकित्सा वाहन और दुर्घटना राहत चिकित्सा उपस्कर में रखे गए औजार, संग्रहण सामग्री और उपस्करों की आवधिक रूप से जाँच की जाती है। शल्य क्रिया के अनुपूरण उपस्कर और वाहन में रखी गई दवाइयों को भी आवधिक रूप से अद्यतन किया जाता है ताकि अद्यतन और अधिक आधुनिक दवाइयाँ उपलब्ध हो सकें।

ब्रेक डाउन वाहन (BD Vans)–ट्रंक मार्गों पर बिजली की व्यवस्था करने से क्रेन के उपयोग और डिब्बों को वापस पटरी पर बैठाने के कार्य में ओवर हैड उपस्कर के नीचे होने से, और बिजली के आधार खम्भों को घुमाने से समय अधिक लगता है। इस समस्या से उबरने के लिए रेलवे द्रवचालित जैकों और MFD उपकरणों का इस्तेमाल करने लगा है, ताकि छोटी दुर्घटनाओं में डिब्बों को पटरी पर बैठाने के कार्य किए जा सकें। ये ब्रेक डाउन वाहन में होते हैं, जिनको छोटी दुर्घटनाओं के स्थल पर भेजा जाता है।

प्राथमिक चिकित्सा सहायता पेटियाँ–सभी स्टेशनों पर और प्रत्येक गार्ड के पास प्राथमिक सहायता पेटियाँ होती हैं ताकि वह चिकित्सीय आपातकाल की स्थितियों में जो कभी घटित हो सकती है उनसे निपट सकें। इन पेटियों के प्राधिकारी यह सुनिश्चित करते हैं कि इन दवाओं की उपयोग तिथि समाप्त होने पर समय-समय पर नई दवाएँ बदल कर पेटी को व्यवस्थित रखा जा सकें।

अग्नि शमन उपस्कर–सभी स्टेशनों और प्रत्येक रेलवे संस्थापन पर आग लगने पर बुझाने के लिए अग्नि शमन उपस्कर मौजूद रहते हैं। इन उपस्करों के अधिकारी इनको आवधिक रूप से भरते रहते हैं।

आपदा प्रबंधनः भारतीय रेलवे की भूमिका–भारतीय रेलवे की कार्यकारिता और संगठनात्मक व्यवस्था सभी स्तरों पर अधिकारी उन्मुख है जैसे राहत और बचाव कार्य तब तक शुरू नहीं किए जाते, जब तक प्रभागीय अधिकारी घटना स्थल पर नहीं पहुँचते और प्रभावशाली अगुवाई करने के लिए स्थिति को अपने हाथ में नहीं ले लेते। बहुत से मामलों में दुर्घटना स्थल पर यद्यपि कुछ अन्य दुर्घटना राहत चिकित्सा उपस्कर/दुर्घटना राहत रेलगाड़ी पास ही स्थित हों तो वह प्रभारी अधिकारी के पहुँचने से पहले ही आ जाती है तब भी उनका कार्य प्रभावशाली रूप में प्रेरित नहीं हो पाता। हालाँकि दुर्घटना राहत चिकित्सा वाहन और दुर्घटना राहत रेलगाड़ी बहुत अच्छे पहलू हैं और एक बार जब वे दुर्घटना स्थल पर आ जाते हैं तो दुर्घटना प्रबंधन का सक्षम आधार उपलब्ध करते हैं। परंतु यदि उनके पहुँचने में विलम्ब हो जाता है तो बड़ी दुर्घटनाओं में वे कम प्रभावी होते हैं।

प्रभाग का वरिष्ठतम अधिकारी जो दुर्घटना स्थल पर पहले पहुँचता है पहला दुर्घटना प्रबंधक बन जाता है और वह समग्र स्थिति का पूरा प्रभारी अधिकारी होता है न कि सिर्फ अपने विभाग के लिए कार्य करने का। दुर्घटना स्थल पर कार्य करने वाले अधिकारी और कर्मचारी

आसानी से पहचान करने के लिए पहचान बैज लगाते हैं जो दुर्घटना राहत रेलगाड़ी के प्रभारी पर दुर्घटना राहत रेलगाड़ी अधिकारी से तुरंत प्राप्त किए जा सकते हैं। सभी रेलवे के आदमी जो दुर्घटना स्थल पर राहत कार्य के लिए पहुँचते हैं उनको "दुर्घटना प्रबंधक" को रिपोर्ट करना होता है और उससे अनुदेश प्राप्त करने होते हैं।

दुर्घटना स्थल पर मृत व्यक्तियों के शवों को बड़े आदर और सम्मान के साथ उठाया जाता है और स्थल पर उनके अंतिम रूप से निपटान के पूर्व रखने की व्यवस्था की जाती है। इस प्रयोजन के लिए चार EPIP तम्बू और अनेक सफेद चादरों (पूरी साइज का) दुर्घटना राहत रेलगाड़ी में स्थायी रूप से उपलब्ध होती है।

भारतीय रेलवे में दुर्घटना प्रबंधन सुनियोजित होता है। विभिन्न अधिकारियों के बीच दुर्घटना संबंधी अंतरक्रिया बहुत स्पष्ट निर्देशों के साथ होती है। यहाँ पर विभिन्न संचार प्रणालियाँ होती हैं और कर्त्तव्यों का वर्णन विस्तार से दिया जाता है। जब कभी कोई दुर्घटना होती है तो प्रभागीय नियंत्रण कार्यालय में तैनात ड्यूटी कर्मचारी अपने विभागीय अधिकारियों को सूचना भेजते हैं और लागू प्राथमिकता की सूची के अनुसार वरिष्ठ पर्यवेक्षकों की बताते हैं। दूसरी ओर संबंधित स्टाफ साइरन बजाकर सबको सतर्क करते हैं जो दुर्घटना राहत चिकित्सा उपस्कर/दुर्घटना राहत रेलगाड़ी को बाहर निकालने के लिए भी होता है। हालाँकि दुर्घटना राहत चिकित्सा उपस्कर/दुर्घटना राहत रेलगाड़ी से संबंधित सभी स्टाफ को ड्यूटी पर लौटना और दुर्घटना स्थल पर जाना होता है, और किस स्तर के अधिकारी और स्टाफ को दुर्घटना स्थल पर जाना है, यह दुर्घटना की गंभीरता के आधार पर निर्धारित किया जाता है। इसके साथ ही सभी विभागों के उससे नीचे के स्तर के अधिकारी और कर्मचारी प्रभागीय नियंत्रण कार्यालय में पहुँचते हैं और कार्य का प्रभार अपने हाथ में ले लेते हैं। नियंत्रण कार्यालय में तैनात कार्य दल को प्रभागीय स्तर पर संकट का प्रबंधन करने के लिए उत्तरदायित्व दिया जाता है। ऐसी ही कार्य-व्यवस्था मंडलीय मुख्यालय और रेलवे बोर्ड कार्यालय में विशेषकर भारी मौतों की स्थिति में की जाती है। दुर्घटना स्थल पर कार्य में प्रगति की मॉनीटरिंग के अलावा वह सुनिश्चित किया जाता है कि महत्त्वपूर्ण कार्य करने वाले व्यक्ति के पास दुर्घटना संबंधी अद्यतन ब्यौरे मौजूद हैं। नियंत्रण कार्यालय दल यह भी सुनिश्चित करता है कि स्थल पर जिस प्रकार की सहायता की आवश्यकता होती है वह तुरंत उपलब्ध की जाए। दुर्घटना से सफलतापूर्वक निपटने के लिए सूचना का तीव्र और स्पष्टता से प्रसारण करना बहुत जरूरी होता है। भारतीय रेलवे में इसका नकली अभ्यास करना न केवल काफी व्यपक है बल्कि इसको पूरी तरह से अमल में लाया जाता है, और घटने वाली दुर्घटनाओं के लिए एकदम अनुकूल बनाया जाता है।

सभी आपातकाल के उपाय जैसे सूचना देने के लिए काउन्टर खोलना, दुर्घटना स्थल पर संबंधित रेलगाड़ियों के निकलने और पहुँचने का समय बताना, और मध्यवर्ती प्रमुख जंक्शनों/स्टेशन पर प्रभावित गाड़ी के मार्ग की अनुसूची आवश्यक रूप से बजाए जाते हैं। दुर्घटना में घायल/मृत्यु को प्राप्त व्यक्तियों के नाम और पते इकट्ठे किए जाते हैं और वे इस प्रकार के काउन्टरों पर उपलब्ध किए जाते हैं। अन्य सूचनाएँ जैसे रूके हुए यात्रियों को उनके गंतव्य स्थान पर भेजना, विशेष रेलगाड़ी रिश्तेदारों को लाने के लिए लगाना, अन्य रेलगाड़ियों को रद्द करना/पुनः निर्धारित करना/उनका रास्ता बदलना/उनको अल्प-अवधि के लिए रोकना आदि सभी कार्य

बराबरी से संगठित किए जाते हैं और समय के अनुसार निपटाए जाते हैं। जैसे ही संकट का हिमकुंदक (snow balls) आता है, जनता और अखबार वाले आपदा के बारे में पूरे ब्यौरे माँगते हैं। यह पहलू अत्यधिक महत्त्वपूर्ण होता है, तथा यह प्रतिरोध का एक स्रोत होता है। यदि संकट से ठीक तरह से न निपटा जाए तो यह अशोभनीय भी हो सकता है। जनसंपर्क विभाग अथवा रेलवे के सरकारी वक्ता दुर्घटना के बारे में सभी महत्त्वपूर्ण तथ्यों से अवगत रहते हैं और इन तथ्यों को इलैक्ट्रॉनिक मीडिया और अखबार वालों को बताते रहते हैं। इससे समाचार माध्यमों में सूचना की यथार्थता और एकरूपता बनी रहती है, साथ ही संगठन की अच्छी छवि के लिए यह अति आवश्यक भी होता है। राहत-व्यवस्था की पर्याप्तता, घायलों की चिकित्सा सहायता, प्रभावित यात्रियों को अपने गंतव्य स्थान तक पहुँचाना आदि सब कार्य उचित तालमेल से पूरे किए जाते हैं। मोटे रूप में, बहुत कम अपवादों को छोड़कर, भारतीय रेलवे ने अधिकांश दुर्घटनाओं के बाद की स्थिति का बड़ी सक्षमता से प्रबंधन किया है।

भारतीय रेलवे में प्रत्येक रेलवे स्टेशन और प्रभागीय नियंत्रण कार्यालय में उन डॉक्टरों और अस्पतालों की सूची तैयार रहती है जो उनके क्षेत्र में आते हैं। इससे दुर्घटना की स्थिति में तुरंत सहायता प्राप्त की जा सकती है। सेना की आवश्यकता आपातकाल के रौरान पड़ती है क्योंकि उनकी संगठनात्मक सामर्थ्य, अनुशासन और संकट का सामना करने में क्रमबद्ध पद्धति का बहुत योगदान रहता है। इन दोनों कारकों को उनके तकनीकी और मानव संसाधन प्रबंधन के साथ जोड़कर अमूल्य हो जाती है।

फोटोग्राफ और अनुग्रह–मृत व्यक्तियों के फोटो विशेषकर रंगीन फोटो विभिन्न कोणों से लेने की व्यवस्था की जाती है। यदि संभव हो तो वीडियो फिल्म भी बनाई जाती है। फोटोग्राफी और वीडियो फिल्म लेने से पहले प्रत्येक शव को एक अलग क्रम संख्या दी जाती है, और उस लेबल को सही ढंग से प्रदर्शित करके फोटोग्राफ लिए जाते हैं।

अनुग्रह राशि का भुगतान घायल व्यक्तियों को और मृत व्यक्तियों के प्रथम रिश्तेदारों को निम्नलिखित रूप में दिया जाता है–

(1) मृत 15,000/-

(2) गंभीर चोट 5,000/-

(3) साधारण चोट 500/-

प्रश्न 3. रेल दुर्घटनाओं के प्रबंधन में आने वाली बाधाओं की चर्चा कीजिए।

(फरवरी-2021, प्र.सं.-9)

अथवा

रेल दुर्घटनाओं के प्रबंधन में बाधाओं पर टिप्पणी कीजिए।

(जून-2019, प्र.सं.-10(ख))

उत्तर– यदि गंभीर रूप से पीड़ित व्यक्ति को चिकित्सा सहायता दुर्घटना होने के एक घंटे के अंदर तक नहीं दी जाती है तो इसका उसके अंतिमतः वापस ठीरक होने के मौकों पर घातक प्रभाव होता है, चाहे उसके बाद उसे कितनी ही उत्तम चिकित्सा क्यों न दी जाए। इस एक घंटे की अवधि को "गोल्डन ऑवर" (सुनहरा घंटा) कहा जाता है। पूर्णतः प्रभावशाली आपदा

प्रबंधन के लिए, अधिक से अधिक गंभीर चोटों से पीड़ित व्यक्तियों को जल्दी से जल्दी इस विशेष समय की अवधि में संबंधित अस्पतालों में पहुँचाया जाना चाहिए। रेल दुर्घटनाओं की आपदा प्रबंधन और प्राकृतिक आपदाओं जैसे भूकंप, बाढ़ आदि के आपदा प्रबंधन के बीच के समय का मुख्य अंतर "अनुक्रिया समय" का अंतर होता है। रेल दुर्घटना में यात्री अधिकांशत: डिब्बे में फँस जाते हैं और निर्दिष्ट अवधि में उनको बाहर निकालना अत्यधिक महत्त्वपूर्ण होता है। इतना ही नहीं चूँकि कार्य क्षेत्र सीमित होता है जो रेल की पटरी से केवल कुछ ही सैकड़ों मीटर दूर होता है, उसके बीच बचाव और राहत कार्य अधिक तत्परता से किए जा सकते हैं। फिर भी रेलवे बहुत ही शीघ्रता से दुर्घटना राहत चिकित्सा वाहन और दुर्घटना राहत रेलगाड़ी के स्थल पर पहुँचते ही यात्रियों को बाहर निकालता है। रेलवे नेटवर्क की व्यापकता स्थल पर तीव्रता से पहुँचने में रूकावटर का काम करती है।

दुर्घटना राहत चिकित्सा वाहन, दुर्घटना राहत रेलगाड़ी और न ही स्टाफ 24 घंटे स्थायी रूप से कॉल ड्यूटी पर रहता है, दुर्घटना के समय उनके स्थान पर पहुँचने की अनुक्रिया अवधि और इसलिए दुर्घटना स्थान पर दुर्घटना राहत चिकित्सा उपस्कर/दुर्घटना राहत रेलगाड़ी को भेजने के लिए अवधि निम्नलिखित रूप में निर्धारित की गई है।

	दिन	**रात**
दुर्घटना राहत चिकित्सा वाहन	20 मिनट	30 मिनट
दुर्घटना राहत रेलगाड़ी	30 मिनट	45 मिनट

दुर्घटना की स्थिति में, साधारणत: रेल दुर्घटना का गार्ड जो रेल में होता है, दुर्घटना के बारे में प्रथम सूचना देता है। विद्युत रहित मार्गों पर, मेल/एक्सप्रेस गाड़ी के गार्ड के पास सुवाह्य नियंत्रण फोन होता है। पोर्टेबल नियंत्रित फोन (Portable Control Phone-PCP) जिसे ओवर हैड नियंत्रण सर्किट तारों से जो किनारे-किनारे लगे होते हैं, जोड़कर सूचना देनी होती है। दूसरी ओर बिजली युक्त क्षेत्र में, उसके पास समान पोर्टेबल नियंत्रित फोन उपलब्ध होते हैं जिनको वह प्लग द्वारा सॉकेट से जोड़ कर प्रति किलोमीटर पर ओवर हैड उपस्कर (Over Head Equipment-OHE) मस्तूल (masts) से सूचना भेज सकता है। पहले मामले में ओवरहैड सर्किट तक पहुँचना विशेषकर रात में सरल नहीं होता। परंतु दूसरे मामले में उसे (गार्ड को) कम से कम आधा कि.मी. चलना होता है। दोनों ही मामलों में गार्ड स्थिति का आकलन करे और अपना पोर्टेबल नियंत्रित फोन सेट पकड़े उसे नियंत्रण सर्किट से जोडे और अंत में दुर्घटना की सूचना अनुभाग नियंत्रक को दे। इन सब कार्यों को करने में उसके 15 मिनट खर्च हो जाते हैं।

ये लक्ष्य जो कई वर्षों पहले निर्धारित किए गए थे अब वर्तमान परिस्थितियों में पुराने अयथार्थ हो गए हैं। भाप से गाड़ी चलने के समय प्रत्येक प्रभाग का भौगोलिक क्षेत्र लोको शेड द्वारा अंकित होता था। प्रत्येक दुर्घटना राहत चिकित्सा वाहन/दुर्घटना राहत रेलगाड़ी मुख्य स्टेशनों पर स्थित होते थे। वहाँ homing (गृहगामी) भाप शेड आवश्यक रूप से होते थे। ऐसी स्थिति में इंजन की उपलब्धि एक समस्या नहीं थी और भाप के इंजन को तुरंत भेजना आसाना था ताकि दुर्घटना राहत चिकित्सा वाहन/दुर्घटना राहत रेलगाड़ी को आवश्यक निर्दिष्ट समय में दुर्घटना स्थल पर भेजा जा सके। डीजल और बिजली के इंजनों के आने से कैप्टिव भाप

लोकोमोटिव की किसी भी समय उपलब्धता अब सच नहीं है। अब न तो डीजल और न ही बिजली से चलने वाले लोकोमोटिव दुर्घटना राहत चिकित्सा उपस्कर/दुर्घटना राहत रेलगाड़ी कॉलड्यूटी पर रहते हैं और दुर्घटना की स्थिति में पास की रेलगाड़ी जो रास्ते पर चलने वाली होती है उसी से इंजन की व्यवस्था करनी पड़ती है। विद्युतकृत क्षेत्र पर दुर्घटना होने की स्थिति में यह अवस्था और भी विकट हो जाती है। सभी प्रमुख दुर्घटनाओं में ओवर हैड उपस्कर अनावश्यक रूप से कट (अलग) हो जाती है जो पटरी के उस भाग में सारे बिजली से चलने वाले इंजनों को अचल कर देती है। डीजल के इंजन को विद्युतकृत प्रभाग में ढूँढ़ने में बहुत अधिक समय खर्च हो जाता है, क्योंकि डीजल इंजनों को अधिकांश मामलों में पास के विद्युत रहित क्षेत्रों (प्रभागों) से लाना पड़ता है। इस तरह दुर्घटना राहत चिकित्सा उपस्कर/दुर्घटना राहत रेलगाड़ी के हर मामले में दुर्घटना स्थल पर पहुँचने के लिए तैयार रहते हुए भी उसे इंजन के आने तक रूकना पड़ता है। औसतन इंजन (लोकोमोटिव) को ढूँढ़ने और उसे स्थल डिपों पर दुर्घटना राहत चिकित्सा उपस्कर/दुर्घटना राहत रेलगाड़ी को चलाने और दुर्घटना स्थल पर ले जाने के लिए कम से कम एक घंटे की बर्बादी हो जाती है।

इसके साथ ही दूसरे 3 घंटे की अवधि 150 कि.मी. की औसत दूरी तय करने में खर्च हो जाती है और चिकित्सा राहत दुर्घटना के स्थल पर पहुँचाने में कुल अनुक्रिया समय औसत 4 घंटे से अधिक लगता है। यह हमारा अनुभव भारतीय रेलवे की अधिकांश बड़ी दुर्घटनाओं में हुआ है और ऊपर दिए गए कारणों की व्याख्या को ध्यान में रखते हुए सुनहरे घंटे में दुर्घटना प्रभावित लोगों को अस्पताल तक भेजना वर्तमान परिस्थितियों में भारतीय रेलवे के लिए सैद्धांतिक रूप से एकदम असंभव है।

रेलगाड़ी का गार्ड और ड्राइवर दुर्घटना के मामले के बारे में स्थानीय प्रभागीय नियंत्रण कार्यालय को सूचित करता है। प्रभागीय कार्यालय सूचना प्राप्त करने के बाद दुर्घटना राहत चिकित्सा वाहन और दुर्घटना राहत रेलगाड़ी को बचाव और राहत कार्य आयोजित करने का आदेश देता है कि वे तुरंत दुर्घटना स्थल पर पहुँचें। सामान्यत: दुर्घटना स्थल पर इसे पहुँचने में 3-4 घंटे का समय लग जाता है। इन सभी मामलों में स्थानीय निवासी आवश्यक रूप से दुर्घटना स्थल पर पहुँचने वाले पहले व्यक्ति होते हैं, जो राहत और बचाव कार्य शुरू कर देते हैं। इस प्रारंभिक अवधि के दौरान यह स्थानीय जनसंख्या और स्थानीय प्रशासन जिसमें पुलिस भी शामिल होती है राहत और बचाव कार्य, 25 से 30 रेलवे के स्टाफ के साथ मिलकर आयोजित करते हैं जो दुर्घटना प्रभावित रेलगाड़ी में यात्रा कर रहे होते हैं।

अधिकांशत: रेलगाड़ी की दुर्घटनाओं के दौरान यह अनुभव किया गया है कि पास के डॉक्टर और ऐच्छिक संगठन निरअपवाद रूप से दुर्घटना स्थल पर चिकित्सा सहायता पहुँचने के बहुत पहले पहुँच जाते हैं और तुरंत प्रारंभिक चिकित्सा सहायता घायल यात्रियों को देते हैं। दुर्भाग्यवश भारत के अधिकांश नगरों में पूर्ण रूप से सज्जित केंद्रीय दुर्घटना और ट्रॉमा केंद्र नहीं है। अधिकांश नगरों में ऐसी स्थितियों के अंतर्गत किसी भी छोटे शहर में वर्तमान चिकित्सा सुविधाओं के प्रतिमानों की अच्छी तरह से कल्पना की जा सकती है। इन स्थितियों में स्थानीय जनता और पास के डॉक्टरों द्वारा दी गई तुरंत चिकित्सा सहायता केवल घायलों को दुर्घटनाग्रस्त रेल के डिब्बों से बाहर निकालने और उनको प्राथमिक सहायता उपलब्ध करने तथा पास के

अस्पतालों में पहुँचाने तक ही सीमित है। अक्सर ऐसा भी होता है कि कभी-कभी तो रोगी वाहन (एम्बूलेंस) भी उपलब्ध नहीं होते हैं और फिर उनमें उपलब्ध आधारभूत उपस्कर की उपस्थिति की तो बात ही भूली जा सकती है। यहाँ तक कि रेलवे की दुर्घटना राहत चिकित्सा वाहन भी 150 कि.मी. दूर मुख्यालय में स्थित होते हैं। इन वाहनों में व्यापक परिमाण की आपदाओं से निपटने के लिए पर्याप्त उपस्कर होते हैं। छोटी दुर्घटनाओं में, जिसमें घायल यात्रियों की संख्या कम होती है, उन मामलों में यदि दुर्घटना राहत चिकित्सा उपस्कर एक बार दुर्घटना स्थल पर पहुँच जाएँ तो वह स्थिति को संभालने के लिए सक्षम होती है। फिर भी, किसी भी आपदा जिसमें 50 लोग मर जाते हैं और इतनी ही मात्रा में यात्री घायल हो जाते हैं, तो वह इन वाहनों की क्षमता से बाहर होते हैं क्योंकि समस्या बहुत बड़ी होती है।

गंभीर दुर्घटनाओं के मामले में, जिसमें ब्लॉक अनुभाग में कई मौतें होती हैं वहाँ रेलवे अधिकारी सामान्य तौर पर दुर्घटना स्थल पर उपलब्ध होते हैं वे गार्ड, इंजन में रहने वाले सदस्य और व्यावसायिक स्टॉफ जैसे रेलगाड़ी का कंडक्टर, टी.टी. आदि होते हैं। इसके अतिरिक्त रेलगाड़ी में ड्यूटी पर तैनात स्टाफ अथवा रेलगाड़ी में छुट्टी में यात्रा करने वाले भी हो सकते हैं।

गंभीर दुर्घटनाओं के दौरान विभिन्न विभागों की भूमिका—साधारण दुर्घटनाओं, जिसमें मालवाहक गाड़ी शामिल होती है, में वह प्रचालन, यांत्रिक, सिविल, इलैक्ट्रिकल और S & T विभाग शामिल होते हैं। फिर भी गंभीर दुर्घटनाओं, जिनमें अनेक संख्या में मौतें हो जाती हैं, उनमें अन्य विभाग—चिकित्सा, व्यावसायिक और सुरक्षा विभाग प्रमुख भूमिका निभाते हैं। रेलवे दुर्घटनाएँ जिनमें मौतें होती हैं, वहाँ पर जहाँ तक घायल यात्रियों का जीवन बचाने का प्रश्न है, शुरू के 5 और 6 घंटे बहुत अधिक महत्त्वपूर्ण होते हैं। इस प्रयोजन के लिए सभी अधिकारियों और पर्यवेक्षकों के टेलीफोन नंबर उनके संबद्ध विभागों के नियंत्रण कार्यालय के कर्मचारियों के पास उपलब्ध रहते हैं।

विमान दुर्घटनाएँ

प्रश्न 1. विमान दुर्घटना के होने के कारण व प्रभावों का उल्लेख कीजिए।

अथवा

विमान दुर्घटनाओं का किस प्रकार वर्गीकरण किया गया है, विस्तारपूर्वक समझाइए।

अथवा

निम्न गति व उच्च गति की दुर्घटनाओं के होने के कारणों का उल्लेख कीजिए।

उत्तर– हवाई यातायात का घनत्व पिछले तीन दशकों से बढ़ रहा है और आगे भी उस समय बहुत बढ़ेगा जैसे ही बड़े-बड़े विमान उपयोग में आने लगेंगे। इस विषय पर उपलब्ध सांख्यिकी के अनुसार वर्ष 1988 में विश्व में 1070 मिलियन लोगों ने निर्धारित विमान सेवाओं द्वारा यात्रा की। यह वर्ष 1985 में रिकॉर्ड किए गए विमान यात्रा के प्रतिशत से 19 प्रतिशत अधिक है।

विमान में किसी दुर्घटना की संभाव्यता की जाँच यह बताती है कि औसत एक विमान दुर्घटना 67,000 उड़ानों में होती है और इन दुर्घटनाओं में से 50 प्रतिशत दुर्घटनाओं में आग लगने की संभावना होती है। 500 दुर्घटनाओं पर किए गए अनुसंधानात्मक अध्ययनों के आधार पर यह मूल्यांकित किया गया है कि कुल दुर्घटनाओं में 55 प्रतिशत के लगभग दुर्घटनाओं में आग लग जाती है।

विमान की दुर्घटनाएँ तब होती हैं जब विमान चालक अप्रत्याशित और अचानक से उत्पन्न परिस्थितियों में विमान पर आंशिक अथवा पूरी तरह नियंत्रण खो बैठता है। यह उसके विमान और उसके यात्रियों की सुरक्षा सुनिश्चित करने के लिए उसके द्वारा किए गए भरसक प्रयासों के बावजूद होता है। विमान चालक द्वारा विमान पर नियंत्रण खो बैठने के और बाद में विमान की दुर्घटना के मुख्य कारण मानव गलतियाँ, तीव्र मौसम की स्थितियाँ, यांत्रिक विफलता, तोड़-फोड़ अथवा शत्रु द्वारा किए गए कार्य हो सकते हैं।

विमान दुर्घटनाओं को सामान्यतः निम्नलिखित रूप में वर्गीकृत किया गया है–

(1) निम्न गति की दुर्घटनाएँ–निम्न गति की दुर्घटनाएँ उस समय होती हैं जब विमान नीचे उतरता है अथवा ऊपर की ओर उड़ता है अथवा उस समय जब विमान हवाई पट्टी के नीचे अथवा ऊपर को होता है, यह दुर्घटना साधारणतः यांत्रिक दोष अथवा निर्णय लेने में त्रुटि के कारण होती है। विमान के ढाँचे में अधिक क्षति नहीं होती और इसमें आग भी लग सकती है अथवा नहीं भी लग सकती है। आग लगने का संभव कारण मुक्त ईंधन वाष्प के दहन अथवा तेल जो तेल जाने के पाइप के टूटने से निकलता है और गर्म सतह के संपर्क में आ जाता है अथवा विद्युत शार्ट-सर्किट से उत्पन्न चिंगारी से या हवाई पट्टी के साथ हुए घर्षण से आग लग जाती है। निम्न गति आपेक्षिक शब्द है क्योंकि विमान के उतरने पर गति और ऊपर उड़ने के दौरान गति 160 कि.मी. प्रति घंटे से अधिक हो सकती है। दुर्घटना में निम्न गति के कारण विमान यात्रियों के जीवित बचने के मौके अधिक होते हैं और बचाव कार्य सरलता से किए जा सकते हैं।

संभवतः गर्म सतह दहन में स्रोत, जैसे–निर्वात (exhaust) पाइप, गर्म इंजन के भाग, ज्वालन हीटर, शार्ट-सर्किट अथवा घर्षण से तप्त हुए भाग होते हैं। घर्षणात्मक ताप यांत्रिक त्रुटियों अथवा विमान के सड़क पर सरकने के कारण उत्पन्न हो सकता है। बहुत से पदार्थों से चिंगारी निकल सकती है। विद्युत उपस्कर, जैसे–मोटर और जनरेटर, ढीले और शार्ट-सर्किट के संयोजन सभी इस संबंध में संभव खतरा उत्पन्न करते हैं।

(क) बैली लैंडिंग (Belly Landing)–निम्न गति की दुर्घटनाओं का सबसे आम उदाहरण बैली लैंडिंग है जो गियर (under-carriage retracting) की विफलता अथवा हाइड्रॉलिक पूर्ति अथवा विमान को बहुत ही कम अवधि की सूचना में विमान के अंडर कैरिज के सही लैंडिंग (नीचे उतरने की स्थिति) में पहुँचने से पहले ही विमान को नीचे उतारने की आवश्यकता के कारण हो सकती है। ईंधन लाइन और यहाँ तक कि विमान के नीचे के भाग का भूमि पर रगड़ खाने से विमान टैंक फट सकता है और उसी समय बहुत तेज ताप और चिंगारी उत्पन्न हो सकती है जो हवाई पट्टी की मुलायम भूमि की अपेक्षा हवाई क्षेत्र के कंक्रीट पर होती हैं।

बैली लैंडिंग के बाद, बड़े विमान पर्याप्त रूप से स्थायी रहते हैं और केबिन दरवाजे अथवा कम से कम बच निकलने के दरवाजों की कुंडियों के अंदर से चालू रहने की संभावना रहती है ताकि विमान के यात्री उनके द्वारा बाहर निकल सकें। यदि आग लग जाती है तो प्रथम कार्रवाई धड़ (fuselage) को बचाने की और विशेषकर बचाव दरवाजों को आग से बचाने के लिए की जानी चाहिए और विमान के चालक दल को विमान यात्रियों को विमान से बाहर निकालने का कार्य करना चाहिए। अग्नि शमन कार्मिकों का विमान में प्रवेश करना तब तक आवश्यक नहीं होगा जब तक चालक दल विमान में आग बुझाने में विफल न हो जाए। बाद में हालाँकि जब विमानयात्री रास्ते से दूर चले जाएँ अथवा जब आग लगने की स्थिति के कारण यात्रियों को विमान से खाली करना कठिन हो जाए तो बचाव कार्य

करना अधिक उचित होगा और जिसको बड़ी तेजी से किया जाना चाहिए। आग पर तुरंत नियंत्रण करके उसका शमन करने की स्थिति पर ही सब कुछ निर्भर होगा। यदि वहाँ आग लग गई हो तो आग को झाग के आवरण से ढक कर बुझाना चाहिए।

(ख) कार्टवील दुर्घटनाएँ/क्रैश (Cartwheel Accidents/Crash)–विमान उतरते समय जमीन पर बहुत जोर से टकरा (छू) सकता है, जिसके परिणामस्वरूप उसके पंखों के सिरे बार-बार घूम सकते हैं और फिर वह स्थिर हो जाता है। इस प्रक्रिया मे विमान का ईंधन टैंक टूट सकता है और टैंक का ईंधन पूरे क्षेत्र में फैल सकता है। उसके पीछे का हिस्सा टूट सकता है अथवा पूरी तरह बिखर सकता है जिससे सारे यात्री झटके से बाहर गिर सकते हैं। विमान के अंदर की फिटिंगें मुड़ सकती हैं और एक-दूसरे के साथ फँस सकती हैं तथा विकृत होकर बचाव कार्यों को कठिन बना देती हैं। दुर्घटना की स्थिति में घायल व्यक्तियों की खोज पूरे क्षेत्र में और विमान के अंदर भी की जानी चाहिए। क्षेत्र में लगी आग को, जैसे ही स्थिति अनुकूल लगे झाग और पानी डालकर बुझाने का प्रयास करना चाहिए।

(2) उच्च गति की दुर्घटनाएँ (High Speed Accidents)–उच्च गति की दुर्घटनाएँ तब होती हैं जब विमान की दुर्घटना ऊँचाई पर होती हैं, जो या तो आंशिक रूप से अथवा पूर्णतः नियंत्रण के बाहर होता है, यह इंजन के खराब होने से, संरचनात्मक दोष के कारण अथवा टक्कर अथवा तोड़-फोड़ से या फिर शत्रु की अथवा जो किसी गतिविधि के कारण होती है। इन दुर्घटनाओं से विमान के संरचनात्मक ढाँचे को बहुत क्षति होती है और जिससे आग लग सकती है अथवा गंभीर रूप में कोई विस्फोट हो सकता है। अक्सर दुर्घटना का भूमि पर प्रभाव और उससे लगने वाली आग इतनी अधिक होती है कि विमान टूट-फूट जाता है और यात्रियों पर घातक प्रभाव डालता है और ऐसा होने पर कुछ भी नहीं किया जा सकता। उच्च गति से हुई दुर्घटनाएँ अक्सर हवाई क्षेत्र से बहुत दूर होती हैं।

विमान के टूटे टुकड़े (मलबा) और उसके शेष भाग और बिखरे भागों में यदि आग लगी रहती है तो उसके बचाव के लिए दुर्घटना के पूरे क्षेत्र में कार्यों को समन्वित करने की जरूरत होती है तथा दुर्घटना स्थल से बहुत दूर तक बचाव करने की जरूरत होती है क्योंकि दुर्घटना के कारण विमान यात्री और चालक दल बहुत दूर तक गिर जाते हैं अथवा दुर्घटना स्थल से बहुत दूर तक भटक जाते हैं।

(क) विमान के प्रक्षेपित सिरे की टक्कर (Nose Dive Crash)–विमान के प्रक्षेपित सिरे की उच्च गति पर हुई दुर्घटना साधारणतः मुलायम मिट्टी में एक बहुत बड़ा गड्ढा बना देती है, जिसमें विमान का मलबा और उसका धड़ (fuselage) ईंधन की कुछ मात्रा और यात्रियों के शव हो सकते हैं। ऐसी स्थितियों के अंतर्गत बचाव करने की बहुत कम आशा की जा सकती है। इस दुर्घटना में विमान का इंजन 6 मीटर तक भूमि के अंदर तक घुस सकता है और बहुत अधिक मात्रा में मिट्टी को ऊपर उछाल सकता है। कुछ मामलों में विस्फोट विमान के मलबे को दूर तक फैला सकता है। यह मलबे के टुकड़े गड्ढे में बुरी

तरह जलने लगते हैं, जिससे कई बार छोटे भूमिगत विस्फोट भी होते हैं।

जहाँ संभव हो इस पर नियंत्रण पाने के लिए झाग का आवरण लगाया जाना चाहिए। अन्यथा यह अनिवार्य अथवा लाभदायक होगा कि गड्ढे को पूरी तरह झाग के आवरण अथवा उच्च-विस्तारी झाग लगाकर पूरी तरह ढक दिया जाए। जब तक मलबा पूरी तरह ठंडा न हो जाए तब तक कोई भी बचाने का कार्य नहीं किया जाना चाहिए।

(ख) **जल में विमान का गिरना (Crashes into water)**—बहुत से हवाई अड्डे जल के पास के क्षेत्र में स्थित होते हैं, जैसे—मुंबई, त्रिवेन्द्रम और चेन्नई। अत: यहाँ पर विमान की दुर्घटना का खतरा हमेशा बना रहता है। विमान की जल में दुर्घटना के कारण हवाई अड्डे के अग्नि शमन उपस्कर में साधारणत: किनारे पर स्थित बचाव वायुयान, जैसे—अग्नि बोट, स्वप्रक्षेपित बचाव तट पर घूमने वाले वायुयान, हेलीकॉप्टर, होवरक्राफ्ट, उपयचरी (amphibious) वाहन जिनमें अग्नि शमन उपस्कर सज्जित रहते हैं और पहले से संस्थापित झाग मॉनीटर होते हैं जिनको आग लगने की स्थिति में आग बुझाने और बचाव कार्य के लिए काम में लाना चाहिए। ऐसी दुर्घटनाओं में आग लगने की दुर्घटना संभवत: प्रशंसनीय रूप में दहन स्रोतों के अवमंदन (seepremice) से कम हो जाती है। परंतु जल की सतह संभवत: ईंधन से ढक जाती है, जिससे आग लग जाती है या फिर ईंधन सतह पर फैल जाता है। इस संबंध में जहाँ तक संभव हो ईंधन के पॉकेट (बड़े भाग) को विभंजित कर देना चाहिए अथवा उसे बड़े वेग के जेटों से दूर हटा देना चाहिए या फिर झाग की तह अथवा रासायनिक कारकों के उच्च सांद्रता में डालकर उदासीन कर देना चाहिए। अक्रिय सतह साधारणत: लहरों अथवा ऊँची-नीची सतहों की अपेक्षा अधिक समस्या उत्पन्न करती है। यदि मलबा किनारे पर है तो झाग उपस्कर को तैयारी की अवस्था में करके उसमें लग रही आग की जाँच कर लेनी चाहिए ताकि आग लगने का खतरा बिल्कुल न रहे। यदि विमान आधा बाहर (सतह पर) या आधा जल में हो और वहाँ आग न लगी हो तो वहाँ पर बचाव कार्य बहुत ही सावधानी से किए जाने चाहिए क्योंकि सतह से निकलने वाला ईंधन इंजन के गर्म भागों के और स्थल पर पहुँचने के लिए खड़ी नौकाओं के साथ संपर्क में आ सकता है।

जहाँ पर विमान में यात्री हों और वह तैर रहा हो तो इस बात का ध्यान रखा जाना चाहिए कि उनकी जलरोधी सामंजस्यता किसी प्रकार भी विक्षोभित (गड़बड़ा) न हो जाए। विमान से यात्रियों को जल्दी से बहुत ही सावधानी से बाहर निकालना चाहिए क्योंकि भार में जरा से अंतर से अथवा समय अवधि समाप्त होने के परिणामस्वरूप यात्रियों सहित तैरते विमान का भाग डूब सकता है। बचाव कार्यकर्ताओं को इस बात के प्रति सावधान रहना चाहिए कि कहीं वे सब भी पानी में फँस न जाएँ और कहीं डूब न जाएँ। विमान के जिस भाग में यात्री मौजूद हों वह पानी में आधा डूबा हुआ हो तो उस स्थिति में ऐसा संभव हो सकता है कि

यात्रियों के जीवन को सुरक्षित रखने के लिए उसमें थोड़ी बहुत ऑक्सीजन मौजूद हो। इस संबंध में उपलब्ध गोताखोर ही विमान के उस भाग में फँसे यात्रियों को बचा सकते हैं।

(ग) **इमारतों से विमान की टक्कर (Crash in Buildings)**–इस प्रकार की दुर्घटनाओं के सामान्यतः तीव्र आपदायी परिणाम होते हैं और इससे गंभीर तथा जटिल समस्याएँ उत्पन्न होती हैं। इस मामले में आग बुझाने वाली ब्रिगेड, जो बुलाने पर कार्य करती हैं, की आवश्यकता होगी जो अपनी पूरी क्षमता, आग बुझाने की कुशलता और ज्ञान से बचाव कार्य करेगी और उनकी विशेष सेवा द्वारा उसी समय फँसे व्यक्तियों को भी निकालेगी। इसलिए यह स्पष्ट है कि प्रत्येक दुर्घटना के लिए बचाव कार्य उपस्थित परिस्थितियों के अनुसार किया जाता है, जो प्रभारी अधिकारी से स्थिति के मुआयने से शुरू करते हुए तीव्र गति से चलता है और वह अधिकारी स्थिति का मुआयना यथार्थ रूप में करता है।

इस प्रकार की दुर्घटनाओं में सामान्यतः विमान आघात के कारण टूट जाता है तथा उसका मलबा चारों ओर फैल जाता है जो आस-पास की संपत्ति को क्षतिग्रस्त कर देता है। इस कारण पूरे क्षेत्र का निरीक्षण जितनी जल्दी हो सके व्यावहारिक रूप से किया जाना चाहिए। इसमें व्यापक रूप से आग फैल जाती है जो ईंधन के फैलने से, बाहर निकली गैस से, बिजली की सेवा के कारण, घरेलू और अन्य कारणों से बहुत तेज गति से लगती है। इससे इमारतों की छतें और ऊपर स्थित मंजिलों (तलें) में बहुत क्षति हो सकती है तथा दीवारों और फर्शों के ढहने से बचाव करने की कठिनाइयाँ बहुत बढ़ जाती हैं। इमारत के अंदर और बाहर मौजूद व्यक्तियों को गंभीर और हल्की चोटें लग सकती हैं, क्योंकि इमारत को पहले ही आग लगने अथवा विमान में फँसे यात्रियों को अन्य प्रकार के खतरों का भय रहता है। सामान्य रूप से इस प्रकार की घटनाओं को 'बड़ी आपदा' के रूप में वर्गीकृत किया जाता है।

जिम्मेदार व्यक्तियों को पहले घायल और मृत व्यक्तियों/केजुएल्टी को स्थल पर से हटाने और संपत्ति के लिए खोज करने का कार्य करना चाहिए, ताकि उनको किसी प्रकार का खतरा न रहे। इसके बाद उनको यह सुनिश्चित करना चाहिए कि दुर्घटना स्थल के पास की इमारतों में से लोगों को हटाने का कार्य कर दिया गया है और वह सभी प्रयास करने चाहिए जिससे खतरों की गंभीरता को कम किया जा सकता हो। इस संबंध में निम्न सावधानियाँ रखना अनिवार्य है–

- पड़ोस के घरों में आग को बुझाना चाहिए और गैस और बिजली के मेन (मुख्य पूर्ति बिंदु) को बंद (ऑफ) कर देना चाहिए।
- क्षेत्र में सिगरेट पीना प्रतिबंधित होना चाहिए।
- गैस/हवा के मिश्रण के खतरे को रोकने के लिए सभी उपाय किए जाने चाहिए ताकि उनके दहन करने की सभी संभावनाएँ रोकी जा सकें।
- यह लगभग निश्चित है कि ईंधन टैंक गंभीरता से क्षतिग्रस्त होगा और उसकी सभी सामग्री व्यापक क्षेत्र में फैल जाएगी। आंशिक रूप से खाली टैंक अथवा क्षतिग्रस्त इंजनों में विस्फोट हो सकता है, जो और अधिक क्षति पहुँचा सकता है अथवा लोगों

को घायल कर सकता है। इसलिए 30 मीटर के क्षेत्र के अंदर कोई भी जलती हुई ज्वाला की मौजूदगी नहीं होनी चाहिए।

- गटर में ईंधन बहने की स्थिति को रोकने के लिए पर्याप्त और तुरंत उपाय किए जाने चाहिएँ और इस खतरे के क्षेत्र से तुरंत बाहर निकलना चाहिए ताकि (फ्लैश बैक) आग पुनः लगने के खतरे से बचा जा सके।
- आपेक्षित सहायता का उचित आकलन किया जाना चाहिए और उचित स्थानीय प्राधिकृत विभाग, सार्वजनिक उद्यम, नगर निगमों, अग्नि प्राधिकरण आदि को सहायता के लिए फायर ब्रिगेड के माध्यम से बुलाना चाहिए। यदि ईंधन सीवर और नालियों में प्रवेश कर जाता है तो उसे यथासंभव आपेक्षित पानी की मात्रा डालकर धो देना चाहिए ताकि आग न लग सके। इसके अतिरिक्त, संबंधी नगर निगम प्राधिकरणों और जल तथा सीवर बोर्डों को तदनुसार सूचित करना चाहिए।

प्रश्न 2. विमान दुर्घटनाओं से संबंधित जोखिम न्यूनीकरण के उपायों का परीक्षण कीजिए। (जून-2020, प्र.सं.-8)

अथवा

हवाई अड्डे के क्षेत्र के बाहर विमान दुर्घटना प्रबंधन पर संक्षिप्त टिप्पणी लिखिए। (दिसम्बर-2017, प्र.सं.-10(b))

अथवा

हवाई अड्डे के सन्निकट विमान दुर्घटना प्रबंधन पर संक्षिप्त टिप्पणी लिखिए। (दिसम्बर-2017, प्र.सं.-10(a))

उत्तर– आपदा के बाद की आवश्यकताओं और संभव खतरों को कम करने के उपाय निम्नलिखित हैं–

संभव खतरे कम करने के उपाय और आपदा के बाद की आवश्यकताएँ–जैसे ही हवाई अड्डे पर आकाश में उड़ने वाले विमान में किसी कठिनाई के बढ़ने के संबंध में सूचना प्राप्त होती है, उसी समय न केवल हवाई अड्डे परंतु आस-पास के हवाई अड्डों पर भी आपातकाल की स्थिति की घोषणा कर दी जाती है। हवाई अड्डे पर संकट की स्थिति निम्न कारणों से उत्पन्न हो सकती है–

(1) विमान को कुछ क्रियाविधियों में अपक्रिया जैसे अन्डर-कैरिज, परिवर्ती (retracting) गियर में कुछ खराबी हो जाना अथवा हाईड्रॉलिक पावर पूर्ति में विफलता का होना;

(2) इंजन अथवा इंजनों का ठीक से कार्य न करना;

(3) लैंडिंग गियर की अपक्रिया;

(4) ऐसी परिस्थितियाँ उत्पन्न हो जाना कि हवा में ही उड़ते समय विमान में अचानक आग लग जाए; और/अथवा

(5) अप्रत्याशित स्थितियाँ उत्पन्न होना, जब विमान चालक विमान पर नियंत्रण नहीं कर पाए।

सभी उपर्युक्त त्रुटियाँ अथवा परिस्थितियाँ प्रत्यक्ष रूप से आपातकाल की स्थिति की ओर इंगित करती हैं। आपातकालीन उपाय करके खतरे कम करने का दायित्व हवाई अड्डों, आग सेवा और हवाई यातायात नियंत्रण विभागों को दिया गया है।

खतरे कम करने के उपायों का वर्गीकरण—पाँच प्रकार के खतरे कम करने के उपाय हैं, जिनका वर्णन नीचे किया गया है। इस संबंध में तैयारी के बाद, हवाई अड्डा, आग सेवा और हवाई यातायात नियंत्रण द्वारा आपातकालीन उपायों का कार्यान्वयन किया जाता है।

(1) दृश्यता/मौसम की वर्तमान स्थिति

(2) स्थानीय परिस्थिति

(3) पूर्ण आपातकाल

(4) विमान दुर्घटना (घटित होना)

(5) अन्य आग/भूमि की घटनाएँ/विशिष्ट सेवा को बुलाना

(1) दृश्यता/मौसम की वर्तमान स्थिति—इन परिस्थितियों में हवाई अड्डे पर दृश्यता न्यूनतम अपेक्षा से भी कम हो जाती है। अंतर्राष्ट्रीय नागर विमानन संगठन (इंटरनेशनल सिविल एविएशन आर्गेनाइजेशन) की सुरक्षा कार्यविधियों के अनुसार 2000 मीटर की और उससे कम की दृश्यता खराब दृश्यता मानी जाती है। ऐसी स्थिति में दृश्यता की स्थिति को हवाई यातायात नियंत्रण विभाग (Air Traffic Control-ATC) द्वारा घोषित किया जाता है कि इस दृश्यता को रेंज की सूचना, हवाई-पट्टी के उपयोग के लिए हवाई अड्डा अग्नि सेवा को दी जाती है।

प्रचलित नियमों के अनुसार बचाव और अग्निशमन वाहन अपने दल और उपस्करों के साथ हवाई-पट्टी के सामने इंजनों और रेडियो टेलीफोन को चालू रखते हुए अपने वाहनों को इस प्रयोजन के लिए पूर्व निर्धारित स्थानों पर तैयार खड़े रखते हैं। जहाँ वाहन का पूर्व निर्धारित स्थान निर्दिष्ट नहीं होता, वहाँ पर हवाई पट्टी से 100 मीटर की दूरी पर दुर्घटना आग टैंकर तैयार खड़े रहते हैं। अधिकांश हवाई अड्डे के प्राधिकरण, हवाई पट्टी के पास पूर्व निर्धारित स्थानों पर इन उपकरणों को तैयार स्थिति में खड़ा रहने पर जोर नहीं देते। अग्नि केंद्रों पर इन उपकरणों को तैयार रखने के लिए आदेश की जरूरत है ताकि सूचना मिलते ही तैयार स्थिति में ये वाहन दुर्घटना स्थल के लिए रवाना हो सकें।

प्रतिकूल मौसम की स्थितियों में भी हवाई अड्डा लगातार कार्य करने की स्थिति में रहता है। तब इन लैंडिंग उपकरणों का संस्थापन, और उपयोग करने की व्यवस्था को लगातार जारी रखना अनिवार्य होता है। हवाई अड्डे के बचाव के लिए अग्नि शमन उपकरण सेवाएँ अपनी पूर्व-निर्धारित स्थिति में अथवा पूर्व-निर्धारित केंद्र पर चालू स्थिति में खड़े रहते हैं।

उपकरण लैंडिंग व्यवस्था (Instruments Landing System-ILS) में निम्नलिखित मुख्य घटक होते हैं—

(क) बाहरी मार्कर (Outer Marker)

(ख) भीतरी मार्कर (Inner Marker)

(ग) मध्य मार्कर (Middle Marker)

(घ) विसर्पण पथ (Glide Path)

(ङ) लोकेलाइजर (Localiser)

उपकरण लैंडिंग व्यवस्था के सभी घटकों का मुख्य प्रयोजन हवाई पट्टी पर विमान को सफलतापूर्वक उतारने का होता है।

(2) स्थानीय परिस्थिति–हवाई यातायात नियंत्रण विभाग स्थानीय परिस्थिति की घोषणा करता है। जैसे ही स्थानीय परिस्थिति की सूचना प्राप्त होती है, सभी अग्नि शमन सेवा दल के सदस्य अपने-अपने उपकरणों पर तैनात होकर अग्नि शमन केंद्र पर रेडियो, टेलीफोन और वाहन के इंजन चालू स्थिति में रखकर तैयार खड़े रहते हैं। वॉच टावर के साथ उचित संचार व्यवस्था कायम रखना तथा अन्य अभिकरणों के साथ हवाई यातायात नियंत्रण विभाग की बातचीत को सुनना जरूरी होता है। इससे दल सदैव तैयार स्थिति में रहेगा और वह इस स्थिति में तब तक खड़ा रहेगा जब तक कि इस स्थानीय परिस्थिति को समाप्त करने की सूचना प्राप्त नहीं होती।

स्थानीय परिस्थिति के बारे में सूचना देते समय अग्नि वॉच टावर को हवाई यातायात नियंत्रण विभाग द्वारा निम्न सूचना दी जाएगी–

(क) विमान का प्रकार

(ख) फ्लाइन (उड़ान) संख्या

(ग) विमान का पंजीकरण निशान

(घ) मालिक का नाम

(ङ) दोष/कठिनाई की प्रकृति

(च) प्रयुक्त की जाने वाली हवाई पट्टी

(छ) विमान के आने का संभावित समय

(ज) विमान में यात्रियों और चालक दल की संख्या

(झ) विमान में ईंधन की स्थिति

(ञ) उड़ान पर मौजूद खतरनाक सामान, यदि कोई हों।

(3) पूर्ण आपातकाल–हवाई यातायात नियंत्रण विभाग द्वारा पूर्ण आपातकाल की घोषणा तब की जाती है जब विमान में हवाई अड्डे पर पहुँचने में कोई कठिनाई होती है अथवा विमान के हवाई पट्टी पर उतरने में खतरा होता है। ऐसी स्थिति में हवाई अड्डे की अग्नि शमन सेवा शुरू हो जाएगी और अपनी पूर्व निर्धारित स्थिति में खड़ी रहेगी। विमान में यात्रियों की संख्या के बारे में सभी तत्संबंधी सूचनाएँ (ब्यौरे) स्थानीय परिस्थिति के लिए वॉच टावर और दुर्घटना संबंधी आग बुझाने के दल को दी जाएँगी। अग्नि उपकरण, सभी मिलने वाली अद्यतन सूचनाओं के संपर्क में रहेंगे जैसे हवाई पट्टी बदलने की सूचना आदि। हवाई यातायात नियंत्रण विभाग के अनुदेशों के अनुसार बचाव और आग बुझाने के उपकरण उसके हवाई पट्टी पर उतरने के बाद पीछा करेंगे जब तक वह अपने पार्किंग (विमान खड़े करने के स्थान) स्थल तक नहीं पहुँच जाता। अग्नि उपकरण, हवाई यातयात नियंत्रण विभाग के संपर्क में रहेंगे और विमान के सुरक्षित उतरने के बाद अग्नि शमन केंद्र को रिपोर्ट देंगे।

हवाई अड्डा अग्नि शमन सेवा के अतिरिक्त स्थानीय प्राधिकरण, फायर ब्रिगेड को भी बुलाया जाएगा और पूर्व निर्धारित स्थान में रखा जाएगा। रोगी वाहन (ऐम्बूलेंस), हवाई अड्डे पर तैनात सिपाही और स्थानीय पुलिस को भी बुलाया जाएगा। जो सहायता बाहर से प्राप्त हो रही है, उसका भी उचित मार्गदर्शन से उपयोग किया जाएगा। अस्पताल और ट्रॉमा सेवाओं को भी सतर्क किया जाएगा।

(4) विमान दुर्घटनाएँ–विमान की दुर्घटना का अर्थ यह होता है कि जब विमान हवाई यातायात नियंत्रण विभाग द्वारा बार-बार बात करने पर जवाब देने में विफल हो जाता है अथवा विमान के उतरने के समय पर वह हवाई यातायात नियंत्रण विभाग को दिखाई नहीं देता अथवा हवाई यातायात नियंत्रण विभाग ,ारा या सुरक्षा जीप द्वारा हवाई पट्टी पर अथवा आग वॉच टावर अथवा जनसाधारण के किसी अन्य सदस्य के द्वारा दुर्घटनाग्रस्त विमान दिखाई देता है।

हवाई अड्डे पर विमान दुर्घटना होने पर तैयारी (Preparedness when Aircraft Accident occured within two airports)–

(1) एक बार जब हवाई यातायात नियंत्रण विभाग विमान दुर्घटना के बारे में जान लेता है जो हवाई अड्डे पर अथवा उसके आस-पास घटित हुई है तो वह तुरंत सायरन की 30 मिनट की स्थिर आवाज द्वारा आपातकाल की स्थिति की घोषणा कर देता है और मौखिक रूप से रेडियो टेलीफोन अथवा हॉटलाइन जैसे तीव्र संचार माध्यमों से आग वॉच टावर को सूचित करता है। जिसमें वह निम्नलिखित ब्यौरे देता है–

(क) GRID संदर्भ के साथ दुर्घटना का स्थान;

(ख) उड़ान (फ्लाइट) संख्या और, शामिल विमान का प्रकार;

(ग) दुर्घटना का समय; और

(घ) विमान में चालक दल सहित यात्रियों की कुल संख्या।

(2) आपातकालीन कार्यविधि के अनुसार, हवाई यातायात नियंत्रण विभाग को भी स्थानीय आग प्राधिकरण, फायर ब्रिगेड अथवा अन्य संगठनों को हॉट लाइन अथवा टेलीफोन द्वारा सूचना देकर आपातकालीन योजना को सक्रिय बना देना चाहिए, जिसमें वह ऊपर बताए गए आवश्यक ब्यौरे ग्रिड नक्शे के संदर्भ के साथ देते हैं और उनको एक ही स्थल पर और/अथवा दुर्घटना/आपदा के स्थान पर रिपोर्ट करने के लिए कहते हैं।

(3) हवाई यातायात नियंत्रण विभाग से विमान दुर्घटना की सूचना मिलने पर, आग वॉच टावर पर ड्यूटी पर तैनात व्यक्ति बिजली से प्रचालित दुर्घटना की घंटी बजाता है और साथ में सार्वजनिक सूचना व्यवस्था अथवा रेडियो टेलीफोन से संदेश द्वारा सूचित करता है। यह संदेश केंद्र की सभी इकाइयों में दुर्घटनाग्रस्त विमान के पूरे ब्यौरों के साथ भेजा जाता है और यह सुनिश्चित करता है कि यह सूचना सभी को मिल गई है। अग्नि दल के सभी सदस्य अपने वाहनों में संबद्ध उपकरण चढ़ाकर सुरक्षित गति से दुर्घटना के स्थान की ओर बढ़ जाते हैं, और सुरक्षा के साधारण यातायात प्रतिमानों का पालन करते हैं। प्रभारी अधिकारी यह सुनिश्चित करता है कि आपेक्षित संख्या में अग्नि शमन और बचाव वाहन जिसमें रोगी वाहन भी होता है, यह सब सबसे छोटे रास्ते से दुर्घटना स्थल पर पहुँच रहे हैं। रात से सुबह तक, दुर्घटना स्थल पर पहुँचने वाले वाहनों के साथ उच्च मास्ट लाइटिंग प्लेटफॉर्म वाहन (High Mast Lighting Platform Vehicles) भी साथ में जाते हैं।

(4) दुर्घटना का संदेश मिलने का समय, साधनों का दुर्घटना स्थल के लिए निकलने का समय, दुर्घटना स्थल पर पहुँचने का समय, दुर्घटना का स्थल, बचाव कार्य शुरू करने का समय, नियंत्रण पाने का समय, आग पूरी तरह बुझ जाने का समय, बचाए गए व्यक्तियों की संख्या, प्राथमिक सहायता पाने वाले व्यक्तियों की संख्या और अस्पताल भेजे गए व्यक्त्यिों की संख्या,

और दुर्घटना से संबंधित सभी संबद्ध सूचनाएँ अग्नि शमन केंद्र की लॉग बुक में रिकार्ड की जाती हैं। इस लॉग बुक को सील कर दिया जाता है, और फिर दुर्घटना के कारण का पता लगाने के लिए, दुर्घटना के बाद, स्थापित जाँच प्राधिकरण अथवा पूछताछ न्यायालय को भेजने के लिए रिकॉर्ड में रखा जाता है।

(5) यदि आग वॉच टावर में, ड्यूटी पर तैनात व्यक्ति विमान की दुर्घटना का पता लगा लेता है अथवा दुर्घटना को पहले और हवाई पट्टी के पास या हवाई अड्डे के क्षेत्र में देख लेता है अथवा हवाई यातायात नियंत्रण विभाग के अलावा दुर्घटना का संदेश किसी और स्रोत से प्राप्त कर लेता है, तब वह सब कार्य उसी तरीके से करता है, मानों उसे हवाई यातायात नियंत्रण विभाग से दुर्घटना का संदेश मिला हो। सभी उपकरण सहित साधन दुर्घटना स्थल पर पहुँचने और वह तुरंत हवाई यातायात नियंत्रण विभाग को रेडियो टेलीफोन/हॉट लाइन से सूचित करेगा और सभी ब्यौरे देगा कि वाहन दुर्घटना स्थल के लिए रवाना हो गए हैं।

(6) हवाई अड्डे की आपातकालीन कार्यविधि की निकट अनुरूपता में, अथवा आपसी सहायता योजना के अंतर्गत स्थानीय फायर ब्रिगेड को विमान दुर्घटना/हवाई दुर्घटना के बारे में हॉट लाइन/फोन द्वारा दुर्घटनाग्रस्त विमान के बारे में पूरी सूचना दी जाएगी। यदि दुर्घटना हवाई अड्डे के अंदर हुई है, तो सभी सहायक सेवाएँ हवाई अड्डे पर एक ही स्थान पर मिलेंगी, जिनको आपातकालीन नियंत्रण कक्ष द्वारा मार्गदर्शन और निर्देश दिया जाएगा और ये प्रचालन क्षेत्र में दुर्घटना स्थल पर पहुँचेंगी।

(7) हवाई अड्डे पर शून्य दृश्यता की स्थिति में, यदि हवाई यातायात नियंत्रण विभाग उतरने के बाद विमान को प्रत्यक्ष रूप से नहीं देख पाता है और प्रभावित विमान द्वारा सूचना की अनुपस्थिति अथवा विमान की स्थिति के बारे में कोई संदेह होने पर संबद्ध प्राधिकरण तुरंत एप्रोन नियंत्रण को सूचित करेगा कि वह हवाई पट्टी का निरीक्षण करे और हवाई पट्टी के संदर्भ में विमान की स्थिति के बारे में संबद्ध हवाई यातायात नियंत्रण विभाग को रेडियो, टेलीफोन अथवा हॉट लाइन अथवा साधारण फोन से रिपोर्ट करें।

हवाई अड्डे के सन्निकट विमान दुर्घटना/आपदा (Aircraft Accident/Disaster in the Vicinity of the Airport)–

(1) यदि हवाई अड्डे से दूर, परंतु हवाई अड्डे के क्षेत्र में ही विमान दुर्घटना होती है तो हवाई अड्डे की अग्नि सेवा का यह दायित्व होता है कि वह बचाव और आग बुझाने के लिए भरसक प्रयास करके अधिकतम संख्या में जीवनों को बचाएँ।

(2) इस प्रयोजन के लिए हवाई अड्डे के क्षेत्र को किसी क्षेत्र, मंडल अथवा बिंदु के रूप में निर्दिष्ट किया गया है जो हवाई पट्टी के दोनों सिरों पर जाने के मार्ग में 5 कि.मी. की दूरी पर और हवाई अड्डे की सीमा के चारों ओर दो कि.मी. की दूरी का कोई भी क्षेत्र में स्थित होता है।

(3) हवाई अड्डे के क्षेत्र में घटने वाली दुर्घटना के मामले में क्रैश अग्नि टेंडर (Crash Fire Tender-CFT) और एक रोगी वाहन दुर्घटना स्थल पर जाने के लिए उस समय रोका जाएगा जब विमान की लंबाई 39 मीटर से कम हो और उसके धड़ की चौड़ाई 5 मीटर से अधिक नहीं हो, जिसका अर्थ यह हुआ कि छठी श्रेणी की लंबाई के विमान इसमें शामिल किया जाएगा।

(4) यदि दुर्घटनाग्रस्त विमान का साइज (आकार) बड़ा है और वह सातवीं श्रेणी अथवा उससे अधिक आठवीं श्रेणी की लंबाई वाला होता है तो क्रैश अग्नि टेंडर एक हवाई अड्डे के अग्नि शमन और बचाव वाहन (AFFRV) और एक रोगी वाहन को स्थिति पर काबू पाने के लिए भेजेगा। फिर भी यदि विमान की लंबाई 39 मीटर हो और दुर्घटना हवाई अड्डे की सीमा के बाहर हुई हो तो स्थिति से निपटने के लिए दो क्रैश अग्नि टेंडर और एक रोगी वाहन भेजा जाएगा।

हवाई अड्डे के क्षेत्र के बाहर विमान दुर्घटना/आपदा (Aircraft Accident/ Disaster Outside Vicinity of the Airport)–इस संबंध में उपलब्ध सांख्यिकी के अनुसार कुल दुर्घटनाओं में से 25 प्रतिशत दुर्घटनाएँ मार्ग में हवाई अड्डे के क्षेत्र के बाहर होती है। ऐसे मामलों में, आपदा प्रबंधन के लिए निम्नलिखित उपायों को अपनाया जाता है–

(1) यदि दुर्घटना हवाई अड्डे के क्षेत्र के बाहर हुई है तो सामान्यतः कोई भी क्रैश आग टेंडर दुर्घटना स्थल पर नहीं भेजा जाएगा।

(2) यदि दुर्घटना हवाई अड्डे से दूर हुई है जहाँ स्थल पर नगर की अग्नि शमन सेवा उपलब्ध होती है, तब दुर्घटना पर नियंत्रण करने के लिए नगर फायर ब्रिगेड का वरिष्ठतम अधिकारी समग्र रूप से अपनी शक्ति का उपयोग करेगा।

(3) हवाई अड्डे के साथ संचार व्यवस्था के मामले में, जहाँ विमान को उतरना है, वहाँ पर काफी समय तक कोई कट ऑफ और संकेत नहीं मिलते हैं तो यह समझा जाता है कि विमान मार्ग में ही कहीं खो गया है। ऐसे मामलों में, सिविल प्रशासन को बुलाया जाता है, और पुलिस प्राधिकरण तथा अन्य संगठनों से आधारभूत स्तर पर विमान को ढूँढने के लिए कहा जाता है। सेना के हेलीकॉप्टरों को भी इस कार्य पर लगाया जाता है, और दुर्घटनाग्रस्त विमान को ढूँढ़ने के भरसक प्रयास किए जाते हैं।

(4) जब कभी भी हवाई अड्डे से दूर दुर्घटना होती है, तो कटिंग, ड्रिलिंग और पावर चालित आरी (power saw), पावर जनन सेट के लिए पावर चालित औजार युक्त विशिष्ट वाहन के अतिरिक्त नगर निगम अथवा सेना इंजीनियरिंग सेवा भारी लोड उठाने के लिए अथवा दुर्घटना स्थल तक वाहन को पहुँचाने के लिए उपलब्ध रहने चाहिए। योजना में इस प्रकार के मुद्दे शामिल किए जा सकते हैं। इस संबंध में अस्पताल और नर्सिंग होम की सूची अग्रिम रूप से उनके पतों के साथ तैयार कर लेनी चाहिए, और उसे योजना में शामिल करना चाहिए ताकि यह मालूम हो सके कि गंभीर दुर्घटना के मामले में अस्पतालों और नर्सिंग होम में पीड़ितों के परिवहन के लिए कहाँ से रोगी वाहन मँगाना है और घायलों को कौन से अस्पताल व नर्सिंग होम पहुँचाना है।

(5) एक बार जब विमान का पता लग जाता है तो नागर विमानन प्राधिकरण अग्नि शमन सेवा दल की सहायता से कार्मिकों को बचाने का कार्य करता है। मृत व्यक्तियों के फँसे शवों को बाहर निकालना और उनका अंतिम रूप से निपटान करना, क्षेत्र को घेरना, विमान के यात्रियों की व्यक्तिगत वस्तुओं और सामान के परिवहन के लिए व्यवस्था करना सब अन्य संबद्ध एयरलाइनों द्वारा संबंधित प्राधिकरणों के साथ संपर्क करके निपटाया जाना चाहिए।

हवाई अड्डे की अग्नि शमन सेवा का अवलोकन और निगरानी ड्यूटी (Observation and Watching Duties of Airport Fire Services)–अपने सामान्य कर्त्तव्यों के अतिरिक्त अग्नि केंद्र के निगरानी कक्ष को पूरे समय जब हवाई अड्डा चालू रहता है विमान की उड़ानों की गति की निरंतर देख रेख करनी चाहिए। हवाई अड्डे पर अग्नि शमन सेवा केंद्र की सही स्थान पर स्थापना का मुद्दा बहुत महत्त्वपूर्ण होता है ताकि क्षेत्र में विमान की समग्र रूप से अधिकतम दृश्यता मिल सके। वॉचटावर ड्यूटी कार्मिकों को निम्नलिखित, आँखों से दिखाई देने वाली जाँच करनी चाहिए–

(1) मौसम की वर्तमान स्थितियाँ, तथा विमान तथा आपातकालीन वाहन की गति पर उसका प्रभाव।

(2) दृश्यता (आँखों से दिखाई देना) का स्तर।

(3) हवा और भूमि दोनों पर विमान के पावर बहिर्वेश में महत्त्वपूर्ण परिवर्तन।

(4) पुनः ईंधन भरना, टैक्सिंग प्रचालन, रख-रखाव, लैंडिंग गियर और सुरक्षा।

(5) टैक्सी के आने-जाने और हवाई पट्टी तक पहुँचने के लिए, सड़क और मार्ग की उपलब्धता में परिवर्तन।

विमान के भूमि पर होने के समय की घटना (Aircraft Ground Incident)–

(1) जब विमान भूमि पर खड़ा रहता है तो उस समय भी कुछ ऐसी घटनाएँ घटित हो सकती हैं जो यात्रियों के जीवन के लिए खतरनाक हो सकती है। ऐसी कोई भी स्थिति उत्पन्न होने पर विमान सेवाओं को सतर्क कर दिया जाता है, बचाव और अग्नि शमन सेवा वाहन को बुलाकर पास में खड़ा कर दिया जाता है।

(2) कभी-कभी जब विमान भूमि पर होता है तो उसमें आग लग जाती है, क्योंकि इंजन स्टार्ट करने अथवा बंद करने के प्रचालन के दौरान दुर्घटनावश ईंधन भरने के दौरान ईंधन के गिरने अथवा भूमि पर ही किसी अन्य विमान, वाहन से अथवा किसी संरचना से टकरा जाने के कारण विमान में आग लग सकती है। इस प्रकार की घटनाओं में बचाव करने वाले ड्राइवरों को आग लगने की घटना के क्षेत्र में उत्पन्न धुएँ में से तीव्र गति से नहीं निकलना चाहिए क्योंकि हो सकता है कि अन्य बचाव कार्य दल और यात्री भूमि पर आग के पास धुएँ में मौजूद हो सकते हैं।

विमान में बम की उपस्थिति की सूचना (Bomb Alert on Aircraft)–

(1) किसी भी विमान में यदि बम होने का संदेह होता है तो उसे 300 मीटर टर्मिनल भवन अथवा अन्य संरचना से दूर और अन्य विमानों से खड़ा करना चाहिए।

(2) सभी यात्रियों को विमान से जल्दी से जल्दी बाहर निकाल देना चाहिए, और इसी बीच स्थानीय अथवा हवाई अड्डे की पुलिस को बम निष्क्रिय करने के लिए विशेषज्ञों की व्यवस्था करने और विमान में बम खोजने का कार्य करना चाहिए। सभी सामान को बोर्ड पर ही तब तक रहने देना चाहिए जब तक बम ढूँढने का कार्य पूरा न हो जाए। हवाई अड्डा बचाव और अगिन शमन सेवा पास ही विमान से 300 मीटर की दूरी पर स्थित रहनी चाहिए। बम सतर्कता के लिए पूर्व निर्धारित क्रियाविधि के अंतर्गत स्थानीय प्राधिकृत आग, पुलिस, रोगी वाहन और अस्पताल से चिकित्सकों को बुलाने की व्यवस्था करनी चाहिए।

(3) इस प्रकार की घटनाएँ भूमि अथवा ऊपर आकाश में गैर-संवैधानिक रूप से विमान का अपहरण (hijack) करने पर, विमान में बम रखने पर अथवा विमान में बम होने के संदेह पर, अथवा विमान पर हमले के कारण हो सकती हैं, जिसमें यात्रियों को बंदी बनाया जा सकता है। ऐसी परिस्थितियों में विमान के पास सामान्यत: आकस्मिक आपातकालीन योजना होती है, जिसके अनुसार सबसे पहले विमान को मुख्य हवाई पट्टी और टर्मिनल भवन से दूर खड़ा करना और फिर जैसा आवश्यक हो पुलिस और अन्य अभिकरणों से संपर्क किया जाता है।

(4) हवाई यातायात नियंत्रण विभाग द्वारा बचाव और अग्नि शमन सेवा के साथ संचार को निरंतर जारी रखा जाना चाहिए ताकि उनको विमान में किसी भी तनावपूर्ण स्थिति के बारे में अद्यतन सूचना से अवगत किया जाता रहे।

घरेलू आग और अन्य आपातकाल स्थितियाँ (Domestic Fire and other Emergencies)–घरेलू आग शब्द को राज्यों के हवाई अड्डों के लिए प्रयुक्त किया गया है, इन स्थितियों में आग हवाई अड्डे की सीमा की दीवारों के अंदर लग जाती है। फिर भी इसका कारण विमान की सुरक्षा से संबंधित नहीं होता। हवाई अड्डा बचाव और अग्नि सेवाएँ हवाई अड्डे में घटित सभी घरेलू आग के लिए बचाव का कार्य करती हैं, और स्थानीय प्राधिकरण फायर ब्रिगेड को संदेश भी भेजती हैं जो अतिरिक्त सहायता उपलब्ध कर सकता है।

ऐरोडोम बचाव और अग्नि सेवा कार्मिक, विशेष कॉल द्वारा उस घटना के बारे में भी काम कर सकते हैं। जो आग से संबंधित नहीं होती है परंतु घटना पर प्रभावी रूप में काबू पाने के लिए विशिष्ट उपस्कर की आवश्यकता और प्रभावी रूप में कार्य करने की जरूरत होती है। इस प्रकार की कॉल को विशिष्ट सेवा कहा जा सकता है। हवाई अड्डे की आग और बचाव सेवा की प्राथमिक भूमिका हवाई अड्डे के पूरे प्रचालन क्षेत्र को आग से बचाव के लिए बचाव-आवरण उपलब्ध कराना है और कुछ मामलों में विमान प्रचालन के दौरान आग से पर्याप्त बचाव का उत्तरदायित्व भी इसका होता है। इसलिए यह आवश्यक है कि अग्नि कार्मिकों को किन्हीं अन्य कार्यों पर नहीं लगाया जाना चाहिए, क्योंकि ऐसा करने से आग से बचाव करने के कार्य में विलम्ब हो सकता है।

तुरंत अनुक्रिया के लिए कार्यविधि (Procedure for Immediate Response)– घायल व्यक्ति को विमान से कम से कम 50 मीटर दूर तक ले जाना चाहिए, जब तक कि पहले से रोगी वाहन नीचे नहीं खड़े हों, उनको गर्म रखा जाना चाहिए और गीली घास पर नहीं रखा जाना चाहिए, उनको (नीचे और ऊपर) दोनों तरफ जो भी सामग्री उपलब्ध हो, उससे ढक कर रखा जाना चाहिए। उनको पीने के लिए सिगरेट भी न दी जाए, क्योंकि इस बात का खतरा होता है कि यदि ईंधन उपस्थिति हो तो उनकी आंतरिक चोटें और अधिक बढ़ सकती हैं।

उनके कपड़ों की जाँच की जानी चाहिए ताकि यह सुनिश्चित हो सके कि कपड़ों में ईंधन अवशोषित नहीं हुआ है और उनमें किसी प्रकार का अन्य संदूषण भी न हो। यदि कपड़ों में ईंधन हो तो कोई भी व्यक्ति जो घायल की सेवा कर रहा है उसे सतर्क कर देना चाहिए। प्राथमिक सहायता के रूप से रक्त-स्राव को रोकना और सदमें का उपचार किया जा सकता है परंतु चोट के बारे में यथासंभव सभी ब्यौरे रोगी वाहन परिचारक को घायलों को अस्पताल पहुँचाने से पहले दे दिए जाने चाहिए। हड्डियों के टूटे-टुकड़ों के संक्रमण के खतरे से बचने के लिए दस्ताने पहनने चाहिए।

ट्राएज क्षेत्र (Triage Area)–ट्राएज क्षेत्र, ऊपरी हवा और संभवत: ऊपरी पहाड़ी की दिशा में उबड़-खाबड़ क्षेत्र पर निर्भर करते हुए so-100 मीटर की दूरी पर स्थापित किया जाता है जो केजुएल्टी के आकलन और वर्गीकरण के लिए एक प्राथमिक केंद्र होता है जहाँ सभी घायलों को डॉक्टरों द्वारा चिकित्सा जाँच के लिए अग्नि दल द्वारा लाया जाता है। उपचार की प्राथमिकता और विभिन्न अस्पतालों में घायलों को पहुँचाने का निर्णय दुर्घटना स्थल पर मौजूद डॉक्टर करते हैं। इस संबंध में तालिका 15.1 में प्राथमिकताओं के आधार पर परिस्थिति स्पष्ट की गई है।

तालिका 15.1 : उपचार के लिए प्राथमिकतावार श्रेणियाँ

श्रेणी (प्राथमिकता)	परिस्थिति	आर्म बैंड अथवा पहचान का टैंग	विवरण
पी-I	तुरंत देख-भाल	लाल	गंभीर चोटें, रक्तस्राव, चेहरे की चोट, खुला और समिश्र हड्डी विभंजन, अधिक जलना, दुर्घटना में लगी चोटें, गंभीर सदमे के लक्षण।
पी-II	विलंब से देख-भाल	पीला	साधारण हड्डी टूटना, सीमित रूप में जलना, कोमा की स्थिति के साथ कपालीय चोट और तीव्रगति से सदमा, 30 प्रतिशत से कम जलना और चोट।
पी-III	हल्की देख-भाल	हरा	छोटी-छोटी चोटें, केवल स्थल पर प्राथमिक सहायता की आवश्यकता।
पी-O	मृत	काला	डॉक्टर द्वारा मृत घोषित।

विमान का अपहरण और गैर-कानूनी ढंग से बाधा डालना (Hijacking or Unlawful Interference with Aircraft)–

(1) जब हवाई यातायात नियंत्रण विभाग को यह संदेश मिलता है कि विमान जो आ रहा था उसका अपहरण हो गया है तो हवाई यातायात नियंत्रण विभाग अग्नि वॉच टावर से संपर्क करेगा और प्रभावी विमान का पूरा विवरण देते हुए आपातकाल की स्थिति की घोषणा करेगा।

(2) विमान संबंधी ब्यौरों में विमान की उड़ान संख्या, विमान का प्रकार, विमान के स्वामी का नाम, इस्तेमाल की जाने वाली हवाई पट्टी, विमान का ETA, समस्या (अपहरण) की प्रकृति, विमान में यात्रियों की संख्या, और ईंधन की मात्रा। लैंडिंग के बाद ऐसा विमान दूर स्थिति खोज क्षेत्र में अर्थात् आपातकालीन कार्यविधि के अनुसार पूर्व निर्धारित स्थल पर भेज दिया जाता है।

(3) अग्नि शमन सेवा के उपकरणों से सज्जित साधन सुरक्षित दूरी बीच में रखकर विमान का पीछा करेंगे जब तक वह दूर स्थित खोज क्षेत्र में नहीं चला जाता। जब विमान रूक जाता है, तब अग्नि सेवा साधन को विमान से 50 मीटर की दूरी पर रोक देते हैं और उसके बाद वह रूक कर ऐसे घेरे में आ जाएँगे जो अपहरणकर्त्ताओं की, यदि गोली चलाएँ तो गोलियों से बचाएगा। कार्मिकों, साधनों और उपस्करों के संबंध में साधनों को विमान के आगे निकले हुए भाग और विमान के पिछले भाग की लाइन में कभी भी खड़े नहीं रहना चाहिए और इसके साथ ही अग्नि सेवा दल को अपने वाहनों से केवल इसलिए नहीं उतर जाना चाहिए कि वे देखें कि बाहर और पास में क्या हो रहा है।

अतिरिक्त सुविधाएँ–जब कभी भी कोई विमान समुद्र के पास अथवा पानी के बड़े क्षेत्र के पास होता है तो आपातकाल की योजना में सामान्यतः नौसेना तट-रक्षक अथवा अन्य समुद्री नौकाओं के उपयोगकर्त्ताओं से सहायता प्राप्त करने का प्रावधान है, साथ ही जहाँ भी व्यावहारिक हो वहाँ पर हवाई-समुद्री बचाव की कार्यविधि के लिए दल की पूर्ण सुरक्षा के साथ सुविधाएँ सृजित की जाती हैं। देश के पहाड़ी, दलदली अथवा वनों/घनी लकड़ी के क्षेत्रों में हेलीकॉप्टरों की सेवा, सहायता के रूप में ली जा सकती है।

आपातकालीन वाहनों के खड़े रहने के लिए उत्तम स्थान निर्धारित करना–

(1) एक जगह मिलने के पूर्व निर्धारित स्थलों अथवा खड़े रहने के स्थान के बावजूद भी आपातकाल कार्यविधि को निर्धारित करने में स्थानीय परिस्थितियों की महत्त्वपूर्ण भूमिका होती है। अनुभव इस बात की भी माँग करते हैं कि इन कार्यविधियों में पर्याप्त अनुकूलनीयता होनी चाहिए ताकि आपातकालीन वाहनों के लिए उत्तम आपेक्षिक स्थान निर्धारित किया जा सके, जिससे वह किसी भी विशेष घटना से निपट सके।

(2) वाहनों को इस तरह से खड़ा रहना चाहिए कि वह संभव दुर्घटना क्षेत्र का सबसे बेहतर ढंग से आवरण कर सकें। इस अनुमान के साथ कि सबसे कम अवधि में कम से कम एक अग्नि शमन टेंडर दुर्घटना स्थल पर कार्यवाई के लिए तैयार रहें।

(3) ऐसी स्थितियों में जब अन्डर-कैरिज ठीक से कार्य नहीं कर रहा हो तो यह जरूरी हो जाता है कि वाहन को विमान के भूमि पर उतरने के स्थल के पास खड़ा किया जाना चाहिए, और फिर विमान के पीछे उसके रूकने तक पीछा किया जाए।

समुद्री दुर्घटनाएँ

प्रश्न 1. समुद्री दुर्घटनाओं के कारण और प्रभावों का उल्लेख कीजिए।

उत्तर– समुद्र बहु आयामी क्षेत्र है। इसे सामान्यत: पाँच भागों में देखा जाता है–

- तल में समुद्रतल जो एकदम पृथ्वी पर भूमि की तरह ही होता है और जिसके तल पर (धात्विक नोड्यूल) और तल के नीचे (तेल, गैस आदि) संसाधन होते हैं;
- गहराई में, जल का भाग, अनेक संसाधन (मछलियाँ, समुद्री पौधे आदि) और करेंट होते हैं;
- जल की सतह पर अंतरा पृष्ठ (interface) परत होती है जो सूर्य और हवा के साथ लगातार अंतर्क्रिया करती रहती है;
- समुद्र की सतह पर हवा का स्थान, जो जल वाष्प के वाहक के रूप में कार्य करता है; और
- अंतर्तटीय सतह, जहाँ समुद्र भूमि से मिलता है।

इन सभी भागों में अनेक गतिविधियाँ होती हैं, जो लगातार ऊर्जा का विनिमय करती रहती हैं। पृथ्वी पर जीवन के अस्तित्व के लिए प्राकृतिक ऊर्जा विनिमय अत्यधिक आवश्यक है। ऊर्जा का अनियंत्रण योग्य विनिमय अथवा जब इन भागों में ऊर्जा का विनिमय होता है तो इसका जीवन और संपत्ति पर अप्रशंसनीय प्रभाव पड़ता है, जिसके परिणामस्वरूप दुर्घटनाएँ होती हैं और जिसके कारण आपदाएँ उत्पन्न होती हैं। आपदा वह घटना है जो जीवन और संपत्ति का बड़े पैमाने पर क्षति और विनाश करती है। समुद्री दुर्घटनाओं के कारण प्राकृतिक, मानव प्रेरित अथवा दोनों ही कारण एक साथ भी हो सकते हैं। वह बल जो समुद्री दुर्घटनाओं का कारण होते हैं, आगे-पीछे कार्य करते हैं। इसलिए इन बलों को उनके सही संदर्भ में पहचानना महत्त्वपूर्ण है ताकि समुद्री दुर्घटना को रोकने और यदि सफल न हो तो आपदा के बाद पर्याप्त अनुक्रिया करके रोका जा सके।

समुद्री दुर्घटनाओं के प्रमुख कारणों में मौसम और जलवायु की प्रमुख भूमिका होती है। समुद्र, जलवायु की स्थितियों का मुख्य निर्णायक हैं। पृथ्वी पर जीवन के अस्तित्व के लिए

समुद्र की क्षमता जलवायु परिवर्तन से प्रभावित होती है। ताप और दाब मुख्य संघटक हैं जो समुद्र की स्थितियों को उन्मत्त (amok) कर सकते हैं। जलवायु वैज्ञानिकों का यह मत है कि समुद्री तापमान ग्लोबल वार्मिंग के परिणामस्वरूप बढ़ सकता है, जिससे अप्रत्याशित आपदा की स्थितियाँ उत्पन्न हो सकती हैं।

समुद्री दुर्घटना अथवा समुद्र आधारित आपदा का प्रभाव इतना विनाशकारी और अपरिवर्तनीय हो सकता है जिसकी कल्पना भी नहीं की जा सकती। समुद्री वातावरण में बल, भूमि, वनस्पति और फल-फूलों की भौगोलिक रूपरेखा में स्थायी परिवर्तन उत्पन्न करते हैं। समुद्र-आधारित आपदा का प्रभाव घटना, स्थान और उसकी संवेदनशीलता की प्रकृति पर निर्भर करेगा। उदाहरण के लिए, सुनामी तट के सामने स्थित दूर तक की जनसंख्या को एकदम खत्म कर सकता है अथवा समुद्र के पानी के नीचे आया भूकंप पूरे द्वीप को डुबो सकता है अथवा उसके पास नया द्वीप सृजित कर सकता है। इन दुर्घटनाओं से गंभीर क्षति भी होती है। प्रमुख टैंकर अथवा तट से दूर तेल रिंग में आपातकाल स्थिति में खोज और बचाव आग-नियंत्रण की, माल बचाने और प्रकाश व्यवस्था संचालन, सब की आवश्यकता एक साथ हो सकती है। ये बहुमुखी प्रकार्य प्रत्येक को प्रभावित कर सकते हैं, यदि तैयारी के समय पहले से उनके लिए आयोजन न किया जाए।

समुद्री दुर्घटनाओं का प्रभाव दूसरी सीमाओं तक भी हो सकता है। इससे हुई क्षति और लागत अक्सर राष्ट्रीय सीमाओं के पार तक चली जाती हैं। समुद्री दुर्घटनाओं का प्रभाव किसी भी अन्य आपदा की तरह बड़े पैमाने पर मानवतावादी सहायता का आह्वान करेगा। बीमा के आँकड़े बहुत ऊपर चले जाएँगे। समुद्र सुविधापूर्ण क्षेत्र नहीं है, जहाँ आपदा की स्थिति से जूझा जा सकता है। इसके अतिरिक्त सामान्यत: आपदा के अंतर्गत घटी मौसम की स्थितियाँ, अनुक्रिया प्रकार्यों के लिए लोगों को प्रेरित करने का कार्य और भी कठिन बना देती हैं।

प्रश्न 2. समुद्री दुर्घटनाओं के विभिन्न प्रकारों की व्याख्या कीजिए।

(जून-2018, प्र.सं.-10)

उत्तर– समुद्री दुर्घटनाओं के कई प्रकार हैं। विश्व को बार-बार घटित होने वाली समुद्री दुर्घटनाओं की आपदायी घटना का सामना करना पड़ता है। इन आपदाओं ने प्राकृतिक विश्व की रूपरेखा खींच दी है, और आवधिक रूप से पारिस्थितिकी की प्रकृति, तथा आवासन को पुन: परिभाषित किया है और यह ऐसा लगातार कर रहा है। परंतु सबसे अधिक गंभीर आपदा तब आएगी जब समुद्र अंतिम जलवायु परिवर्तन का एक उपकरण बन जाएगा। अगले हिम युग की यात्रा वहाँ से शुरू होगी, जब सागर पृथ्वी के जीवन को नियमित करने में अक्षम हो जाएगा। अधिकांश जनसंख्या के लिए यही चिंता का कारण हो गया है, क्योंकि वे जलवायु परिवर्तन को महत्त्व देते हैं और जो ग्लोबल वार्मिंग के कारण उत्पन्न हो सकता है। यह तब होगा जब समुद्र के प्राकृतिक करैंट (धाराएँ) गर्म हो जाएँगी और कम लवणी हो जाएँगी जो बर्फ के ग्लेशियर और आइस पैक के गर्मी के कारण पिघलने से ताजे पानी के आने से होंगे। विश्व में उपलब्ध जल का लगभग 99 प्रतिशत ताजा जल ठोस आइस पैक में ग्लेशियरों और आइसबर्ग में रूका हुआ है, और यह आंशिक रूप से पृथ्वी के भीतर है, जो इस विषय पर किए गए अध्ययन के अनुसार है। तापमान के बढ़ने से जब बर्फ पिघलती है तो समुद्र तल, निचले क्षेत्रों में स्थित द्वीप

और तटीय क्षेत्र को जल निमज्जित (submerged) कर सकता है। परिणामस्वरूप तापमान कम हो जाएगा और विश्व को जमा देगा और आइस युग (बर्फ युग) आ जाएगा। वैज्ञानिकों के लिए यह बड़ी ही विकट समस्या है, जो सदा यह देख रहे होते हैं कि कौन से ऐसे कारण हैं जो पृथ्वी पर जीवन का बृहत् पैमाने पर विनाश कर सकते हैं।

छोटे स्तर पर भी बहुत सी समुद्री दुर्घटनाएँ होती हैं, जो आवधिक रूप से घटित होती हैं, और जो समुद्र पर जीवन और संपत्ति को भारी नुकसान पहुँचाती हैं। कई विभिन्न प्रकार की ऐसी घटनाएँ होती हैं जो महासागर आधारित आपदाएँ उत्पन्न करती हैं। उनको एक विशेष नमूने के रूप में वर्गीकृत नहीं किया जा सकता, बल्कि उनके बारे में केवल व्याख्या की जाती है। इसके अतिरिक्त जब कभी आपदा घटित होती हैं तो इसके बहुमुखी प्रभाव होते हैं जिन पर नियंत्रण नहीं किया जा सकता है। अक्सर इसके परिणामस्वरूप एक के बाद एक क्रमिक आपदायी घटनाएँ घटने का प्रभाव होता है, जिसमें एक दुर्घटना के कारण एक ही क्रम में कई दुर्घटनाएँ होने लगती है और इन दुर्घटनाओं का संचयी प्रभाव बृहत् होता है। इस प्रकार की स्थितियाँ जो ज्ञात समुद्र क्षेत्र में होती हैं वे निम्नलिखित हैं–

(1) समुद्री आपातकालीन घटनाएँ–यह घटनाएँ तब घटित होती हैं जब दुर्घटना में समुद्री जहाज अथवा महासागर की कोई संरचना शामिल होती है, जिससे समुद्र पर जीवन और संपत्ति की क्षति होती है। इन दुर्घटनाओं में, माल जब्त करने, डूबने, भूमि पर उतरने, टक्कर, आग और विस्फोट जैसी दुर्घटनाएँ होती हैं। जलयान समुद्र पर यातयात के लिए इस्तेमाल किए जाते हैं, इनमें जहाज, होवरक्राफ्ट, हाइड्रोफायल्स, मछली पकड़ने की नावें, सैर, सपाटे की नावें, फेरी, टग-बोट औश्र समुद्री जहाज हो सकते हैं। महासागर की संरचनाएँ समुद्र में जड़ित प्लेटफॉर्म होते हैं, जिनको विभिन्न कार्यों के लिए प्रयुक्त किया जाता है। इसके उदाहरण तेल खोजने और उत्पादन करने के प्लेटफार्म हैं, सागर आधारित जड़ित सेटेलाइट लोंच स्थल, समुद्र के नीचे के तल में स्थित खनन प्लेटफॉर्म, और तैरने वाले होटल (जिनको फ्लोटल भी कहा जाता है) होते हैं। ये सभी प्लेटफॉर्म जो चल और अचल होते हैं समुद्र के प्रकोप के लिए संवेदनशील होते हैं और यदि इनमें डिजाइन और कार्यात्मक कार्यविधियों का उल्लंघन किया जाता है तो गंभीर दुर्घटनाएँ हो सकती हैं।

(2) तेल का गिरना–समुद्र पर तेल का गिरना संभवतः एक समुद्री आपातकालीन स्थिति होती है। यह एक संयुक्त क्षति होती है। एक प्रमुख तेल गिरने की घटना समुद्री पारिस्थितिकी और अन्य सुविधाओं के लिए आपदायी हो सकती है, जो राष्ट्र की अर्थव्यवस्था को भी नुकसान पहुँचा सकती है। पिछले दिनों के बहुत से ऐसे उदाहरण हैं जो समुद्री आपातकाल के दौरान गंभीर तेल प्रदूषण से संबंधित थे, जिनमें टैंकरों और तेल प्लेटफॉर्म पर समुद्री आपातकालीन स्थितियाँ उत्पन्न हो गई थीं। तेल प्रदूषण का समुद्री स्रोत, तेल का गिरना होता है जो जहाजरानी प्रचालनों, दुर्घटनाओं, तट से दूर तेल-प्लेटफॉर्म दुर्घटना और तट पर तेल और जहाज की तेल सुविधाओं के प्रचालनों के कारण होता है। समुद्र में तेल गिरने से वह तटीय क्षेत्र में रिस कर आ जाता है, और पीने के पानी को प्रभावित कर सकता है। विश्व की कुछ गंभीर तेल प्रदूषण की घटनाएँ और उनके कारण तालिका में दिए गए हैं।

(3) जोखिमी अपशिष्ट समुद्र में डालना और रासायनों का फैलना—असंवैधानिक रूप से जोखिमी पदार्थों को समुद्र में उडेलने से समुद्री वातावरण के लिए एक खतरा उत्पन्न हो जाता है। यह अनुमान लगाया गया है कि 3 मिलियन आविषालु कार्गों प्रतिवर्ष समुद्र में उड़ेला जाता है। यह रासायन वाहकों द्वारा गिराए गए पदार्थों के अतिरिक्त है। उड़ेलने की यह भूमि वास्तव में भूमिगत जल का रेगिस्तान बन गई है, विशेषकर भूमध्यसागर। यहाँ पर एक समुद्री जीवाणु रह सकता है और वह स्केवेंजर किस्म के हैं (Scavenger variety) जो आविषालुता के प्रति उदासीन रहते हैं।

(4) परकीय सूक्ष्मजीवाणुओं का जैव आक्रमण—समुद्री जैव भौगोलिकी और जैव विविधता की रूपरेखा, परकीय सूक्ष्मजीवाणुओं द्वारा आश्चर्यजनक रूप में बदल सकती है। सूक्ष्मजीवाणु जो जहाज के पेटे और बैलास्ट (ballast) पानी में चलते हैं इन्होंने तटवर्ती राष्ट्रों को उनके नए वातावरण में परभक्षियों (predators) को लाकर गंभीर नुकसान पहुँचाया है और ऐसे जल की प्राकृतिक वनस्पति को बहुत क्षति पहुँचाई है। जहाज जो बंदरगाह पर आते हैं अन्यत्र से लाए समुद्र जल को बैलास्ट के रूप में प्रयुक्त करते हैं और उसे बंदरगाह में कार्गों लोड (भरने) से पूर्व अथवा उसके पास विसर्जित कर देते हैं। परकीय सूक्ष्मजीवाणु इस तरह बैलास्ट जल में नए वातावरण में विसर्जित हो जाते हैं। बैलास्ट जल जिसका अनुमान लगभग 3-5 बिलियन टन लगाया गया है। वार्षिक रूप से विश्व के आस-पास स्थानांतरित होता है और यह एक रोगवाहक बन जाता है और यह बड़ी ही सहजता से विदेशी समुद्री प्रजातियों को प्रवेश करा देता है। यह तथ्य अंतर्राष्ट्रीय मंचों पर चर्चा का गंभीर मुद्दा हो गया है, क्योंकि ऐसे आक्रमण पारिस्थितिकी को बदलने के अतिरिक्त उस क्षेत्र में मछलियों के संसाधनों को क्षीण कर सकते हैं और जनसंख्या के लिए स्वास्थ्य की समस्याओं का कारण बन जाते हैं।

तालिका 16.1 : तेल प्रदूषण की घटनाएँ और उनके कारण

दिनांक	घटना	स्थान	तेल गिरने का अनुमान
16 मार्च, 1978	ग्राउंडिग एमको कैडिज	ब्रिटेनी से दूर, फ्रांस	68.7 मिलियन गैलन
3 जून, 1979	ब्लो-आउट-इक्सटॉक I (तट से दूर तेल का कुआँ)	कैम्पचे की खाड़ी मैक्सिको	140 मिलियन गैलन
1 नवम्बर, 1979	टक्कर-बरमाह एगेट और मिमोसा	मैक्सिको की खाड़ी	2.6 मिलियन गैलन
24 मार्च, 1989	ग्राउंडिग-एक्सॉन वेल्डेज	प्रिंस विलियन साउंड, आलास्का	37,000 टन
8 जून, 1990	बिजली गिरने की दुर्घटना-मेगा बोर्ग	गैलवेस्टन से दूर, टैक्सास	5.1 मिलियन गैलन
6 मार्च, 1990	विस्फोट और आग-सिब्रो सेवान्नाह	लिंडन, न्यू जर्सी	127,000 गैलन
10 अगस्त, 1993	टक्कर बौचर्ड B 165, बल्सा 37 और महासागर 255	टैम्पा खाड़ी, फलोरीडा	336,000 गैलन
16 फरवरी, 1996	ग्राउंडिग-सी एक्सप्रेस	साउथवेस्ट वेल्स, यू.के.	70,000 टन
19 नवम्बर, 2002	ब्रोक अप-प्रेस्टिज	स्पेन के तट से दूर	4500 टन तेल गिर गया और 64,000 टन जहाज के साथ डूब गए।
27 जुलाई, 2003	ग्राउंडिग-तसमान स्पिरिट	कराची के बंदरगाह से दूर	28,000 टन

अब प्रश्न यह उठता है कि इन परभक्षी समुद्री प्रजातियों से कैसे निपटा जाए? जिन समुद्री जीवाणुओं की सूची नीचे दी गई है। वे सबसे अधिक खतरनाक माने जाते हैं—

कोलरा की प्रजाति (वाबरो कोलेरे)
क्लेडोसीरेन पानी का कीटाणु (सरकोपेगिस पेनगोई)
मिटने क्रैब (इयोशियर सिनेंसीस)
आविषालु शैवाल (काई) (विभिन्न प्रजातियाँ : लाल, भूरी और हरी)
राउन्ड गोबी (नियोगैबियस मेलेनोस्टमस)
यूरोपीय हरा क्रैब (कार्सीनस मेइनस)
उत्तरी अमेरिकन कोम्ब जैली (मनैमीओपसिस लीडी)
उत्तरी पेसिफ्रिक सी स्टार (एस्टेरियास अमरेनिसिस)
जैबरा मसेल (ड्रसिना पोलीमोरफा)
एशियन केल्प (उनडारिया पिन्नाटीफिडा)

(5) समुद्र पर विमान दुर्घटना–विमान दुर्घटना एक आपदा होती है। ऐसी दुर्घटनाएँ समुद्र पर हो सकती हैं। सिविल और सेना के विमान समुद्र पर नियमित रूप से उड़ते रहते हैं, और उनसे समुद्र पर दुर्घटनाएँ होती हैं। यह आपदायी स्थिति होती है। जिसके प्रति तत्काल अनुक्रिया करने की आवश्यकता होती है।

(6) समुद्र पर अपराधी गतिविधियाँ–समुद्री पर अपराध की घटनाओं के हिंसात्मक परिणाम हो सकते हैं। समुद्रीय अहिंसा अक्सर सभी प्रकार की चोरी और हथियार युक्त डकैतियों से संबंधित होती है। ऐसे कई मामले हुए जब जहाजों की चोरी हुई और हथियारबंद अपराधियों द्वारा हिंसात्मक आक्रमण हुए हैं। जहाज-चालक दल द्वारा उनका अपहरण हुआ है और उनका उपयोग आतंकवादी और अंतर्राष्ट्रीय अपराध और आपराधिक प्रयोजनों के लिए किया गया है। ऐसे अपराध तत्संबंधी क्षति तो पहुँचाते हैं साथ ही चालक दल को घायल भी कर देते हैं। यह वह घटनाएँ हैं जिनमें हथियारबंद डकैतियाँ हुई थीं और पूरे भरे हुए टैंकों का अपहरण कर लिया गया था और घंटों तक उन पर नियंत्रण नहीं हो सकता था। ऐसी घटनाओं की ग्राउंडिंग अथवा टक्कर, भारी मात्रा में तेल को गिराने का कारण बनती है।

(7) विनाशक गतिविधियाँ–विनाशक गतिविधियों के लिए समुद्र एक सुविधाजनक क्षेत्र है। इससे जीवन और संपत्ति को भारी नुकसान होता है। समुद्र पर खड़े जहाज और अन्य सुविधाओं पर आतंकवादी हमला अथवा समुद्री मार्ग का उपयोग करके भूमि पर पहुँचने के आपदायी परिणाम हो सकते हैं। अभी हाल ही में यह एक प्रमुख मुद्दा बन गया है। हालांकि अब तक समुद्र पर आतंकवादियों के केवल सीमित हमले ही हुए हैं। परंतु समुद्र पर इसका खतरा ही बना रहता है, जितना कि भूमि पर उनको घेरा जाता है। विभिन्न सुरक्षा अभिकरणों द्वारा खतरनाक कार्गों को समुद्र पर आतंकवादियों द्वारा ले जाने के लिए और तट से दूर आतंकवादी गतिविधियों को चलाने की संभवता की गंभीरतापूर्वक और लगातार जाँच की जाती है।

(8) सुनामी–सुनामी दूसरा प्रभाव है जो भूमिगत जल में भूकंप के द्वारा उत्पन्न होता है। भूस्खलन अथवा ऐसे ही विक्षोभ जो उच्च गति पर जाने वाली बहुत कम आयाम (amplitude) पर एक अत्यधिक लंबी लहर उत्पन्न करते हैं। सामान्यत: लहरों की औसत गति 900 कि.मी. प्रति घंटा होती है। जब ये लहरें तट रेखा के पास उथले स्थान पर आती हैं तो यह तट पर उच्च गति से मार करती हैं, जिससे आस-पास की संपत्ति और जीवन को बहुत नुकसान होता है। लहर की ऊँचाई और संहति, जब वह उथले जल पर पहुँचती है, तो पर्याप्त रूप से बढ़ जाती है।

(9) चक्रवात–चक्रवात एक उष्णकटिबंधीय घूर्णी तूफान होता है, जो अपने रास्ते में ही बड़ी मात्रा में बल ग्रहण कर लेता है। यह विश्व में कई नामों से ज्ञात है, जैसे "हरीकेन" अटलांटिक और पूर्वी प्रशांत महासागर में, "टाइफून" पश्चिमी प्रशांत महासागर में, "विली-विली" आस्ट्रेलिया में और "बेगियस" फिलिपाइन्स में जाता है। चक्रवात, साधारणत:, कटिबंधों में (भूमध्यरेखा के दोनों तरफ 5 से 30 डिग्री के अक्षांशों के समानांतर), समुद्र में उठते हैं, और बार-बार उष्णकटिबंधीय तटरेखा पर आक्रमण करते हैं। यह गरजदार तूफान के बैंड होते हैं जो कुंडलीय आकार में अपने केंद्र, जिसे आई कहते हैं, के चारों ओर घूमते रहते हैं। हवा और निम्न दबाव मिलकर जल का गोलक (mound) बना देते हैं जो समुद्र में तूफान की "आई" के पास होता है। जैसे ही चक्रवात किनारे पर पहुँचता है तो जल का गोलक तूफानी सर्ज सृजित

करता है जो तटीय क्षेत्रों को जल में डूबो देता है। चक्रवात के अपने पूरे मार्ग में कुंडलन की चाल होती है जो बड़ी मात्रा में वर्षण (preciptation) के अंतर्गत भूमि को जल आप्लावित कर देती है। इसके अतिरिक्त भारी झंझावती हवाओं के कारण संरचनाएँ उखड़ जाती है और वर्षण से बाढ़ आ जाती है, जिससे जीवन और संपत्ति की भारी क्षति होती है।

प्रश्न 3. समुद्री दुर्घटनाओं के प्रबंधन पर एक टिप्पणी लिखिए।

(दिसम्बर-2017, प्र.सं.-8)

अथवा

समुद्री दुर्घटना आपदा प्रबंधन में शामिल अभिकरणों की भूमिका और उनकी संगठनात्मक योजनाओं पर प्रकाश डालिए।

उत्तर– आपदा प्रबंधन प्रक्रिया में, आपदा को रोकने का प्रबंधन और आपदा की अनुक्रिया का प्रबंधन दोनों शामिल होते हैं। आपदा को रोकने का प्रबंधन प्राथमिक रूप से आपदा को रोकने के प्रयासों के लिए कार्य करता है, जबकि आपदा अनुक्रिया प्रबंधन व्यावसायिक रूप से आपदा के प्रभावों को कम करने और स्थिति को पुनः अपनी पुरानी अवस्था में लाने के लिए अनुक्रिया करने से संबंधित होता है। आपदा प्रबंधन एक बहुमुखी प्रयास होता है जो सक्षम रूप से व्यावसायिकों के समूहों द्वारा प्रतिकूल मुद्दों पर कार्य करता है जिसमें नियम और विनियमों का निर्धारण, मार्गदर्शिका और प्रचालन कार्यविधियों की तैयारी, कानून बनाना, संविधि को लागू करना, मानवीय पहलुओं और आपातकालीन स्थितियों का प्रबंधन, जटिल सामाजिक-आर्थिक और तकनीकी मुद्दों पर कार्य करना आदि शामिल होते हैं। इसलिए सक्षम व्यावसायिकों द्वारा तकनीकों को ज्ञान के बुनियादी ढाँचे (जो क्षेत्र और उन पर की जाने वाली गतिविधियों से संबंधित होते हैं) पर आधारित होना चाहिए।

आपदा प्रबंधन में शामिल विभिन्न अभिकरण–समुद्र आधारित आपदाओं के प्रबंधन में विभिन्न अभिकरण शामिल होते हैं। यह दुर्घटना के प्रकार और आपदा प्रबंधन की प्रकृति पर जो स्थिति के आधार पर होते हैं, निर्भर करते हैं।

भारतीय तटरक्षक भारत का प्राथमिक अभिकरण है, जो समुद्री पर्यावरणीय सुरक्षा और समुद्रीय खोज और बचाव से संबंधित मामले देखता है। इसके अतिरिक्त यह कार्य, वह अपने अन्य कर्त्तव्यों के साथ असैनिक तटवर्ती सुरक्षा के भारतीय कोस्टगार्ड अधिनियम, 1978 के अंतर्गत उल्लिखित चार्टर के अनुसार करता है। यह संघ का सैनिक बल है जो 1978 में भारत के तटवर्ती क्षेत्रों और अन्य राष्ट्रीय हितों की सुरक्षा के लिए 1978 से विशिष्ट चार्टर के साथ सृजित किया गया था। अपने कार्यों के अनुसार, इसे समुद्रीय खोज और बचाव कार्यों के लिए (Maritime Search and Rescue–M-SAR) भारत के समुद्रीय क्षेत्रों में तेल गिरने की आपदा के प्रति अनुक्रिया के लिए केंद्रीय समन्वयकारी प्राधिकरण (Central Coordinating Authority–CCA) तथा तट से दूर सुरक्षा समन्वय समिति (Offshore Security Coordination Committee–OSCC) में अध्यक्ष संगठन के रूप में राष्ट्रीय अभिकरण की हैसियत से निर्दिष्ट किया गया है। यह तटीय सीमा क्षेत्रों से संबंधित गुप्तचरी (intelligence) के लिए मुख्य बाहरी अभिकरण (Lead Intelligence Agency–LIA) भी है जो भारतीय जल में आपदाओं को रोकने के लिए कार्य करता है।

भारतीय कोस्टगार्ड के अतिरिक्त, बहुत से अन्य समुद्रीय अभिकरण हैं जो समुद्रीय क्षेत्रों में आपदा प्रबंधन का कार्य करते हैं। ये सेना के हथियारबंद बल, कस्टम, पुलिस, व्यापारिक समुद्रीय विभाग, मत्सयकी संगठन, पर्यावरणीय प्राधिकरण, समुद्री वैज्ञानिक संस्थाएँ, तेल सुरक्षा अभिकरण, अंतरिक्ष अभिकरण, संचार अभिकरण, तटीय सैन्य प्राधिकरण, कार्पोरेट क्षेत्र आदि जो तटवर्ती आपदा प्रबंधन क्षेत्र के एक भाग के रूप में कार्य करते हैं।

संगठनात्मक संरचना–भारतीय कोस्टगार्ड के अध्यादेश अधिनियम के अनुसार अपने कार्य और कर्त्तव्यों को पूरा करता है। यह कार्य अपने प्रयासों को दुबारा किए बिना संयुक्त रूप से अथवा अन्यथा अन्य सक्षम अभिकरणों के साथ करता है। एक साथ मिलकर कार्य करना उस समय महत्त्वपूर्ण होता है, जब वे आपदा की स्थितियों के प्रबंधन के लिए कार्य करते हैं। यह भी महत्त्वपूर्ण है कि जो अभिकरण इन प्रबंधन कार्यों में शामिल होते हैं, उनको यह कार्य कम लागत के प्रभावी तरीकों को अपनाकर करना चाहिए।

तटवर्ती खोज और बचाव कार्यों को राष्ट्रीय खोज और बचाव बोर्ड (National Search and Rescue Board–NSARB) द्वारा अनुमोदित, राष्ट्रीय समुद्रीय खोज और बचाव मैनुअल (National Maritime Search and Rescue Manual) के अनुसार करना चाहिए। यह मैनुअल राष्ट्रीय खोज और बचाव बोर्ड के सदस्यों और समुद्रीय खोज और बचाव योजना (National Maritime Search and Rescue Plan) के कार्यान्वयन में शामिल सदस्यों का मार्गदर्शन करता है।

निम्नलिखित संगठन, विभाग और अभिकरण सहायता के लिए संसाधन अभिकरण के रूप में कार्य करने के अतिरिक्त राष्ट्रीय खोज और बचाव बोर्ड का प्रतिनिधित्व, महानिदेशक, भारतीय कोस्टगार्ड की अध्यक्षता के अधीन करते हैं–

- भारतीय तटरक्षक (Indian Coastguard)
- जहाजरानी महानिदेशालय (Directorate General of Shipping)
- भारतीय वायु सेना (Indian Air Force)
- भारतीय नौसेना (Indian Navy)
- मुख्य हाइड्रोग्राफर, भारत सरकार (Chief Hydrographer to Goverment of India)
- भारतीय विमान पतन प्राधिकरण (Airport Authority of India)
- दूर संचार विभाग (Department of Telecommunication)
- अंतरिक्ष विभाग (Department of Space)
- भारतीय मौसम विज्ञान विभाग (Indian Meteorological Department)
- प्रमुख भारतीय बंदरगाह (Major Ports of India)
- समुद्रीय राज्य सरकारें (Coastal State Governments)
- भारतीय मत्स्यकी समुदाय (Fisheries Community of India)
- भारतीय पाल जलयान संचालक (Sailing Vessel Operators of India)

भारतीय कोस्टगार्ड एक ऐच्छिक रिपोर्टिंग पद्धति प्रचालित करता है, जिसे भारतीय (समुद्रीय क्षेत्र) खोज और बचाव (कंप्यूटरीकृत जहाज रिपोर्टिंग पद्धति) (INDSAR–Indian

Maritime Search and Rescue Computerised Ship Reporting System) कहा जाता है जिसके साथ विशिष्ट रिपोर्टिंग पद्धति जिसे द्वीप समुद्रीय खोज और बचाव रिपोर्टिंग पद्धति (ISLEREP–Island Maritime Search and Rescue Reporting System) भी होती है।

भारतीय (समुद्रीय क्षेत्र) खोज और बचाव (कंप्यूटरीकृत जहाज रिपोर्टिंग पद्धति), 1 फरवरी, 2003 से प्रतिदिन जहाजों के प्लॉट (Plot) का रख-रखाव करता है जो भारतीय खोज और बचाव क्षेत्र (Indian Search and Rescue Region–ISRR) में चलाए जाते हैं अथवा उसके अंतर्गत का भारतीय महासागर क्षेत्र जो लगभग 4.1 मिलियन वर्ग कि.मी. तक है, उसमें आते-जाते हैं। प्लॉट में सूचना जहाजों द्वारा ऐच्छिक रूप से टॉल फ्री नंबरों पर समुद्रीय क्षेत्र खोज और बचाव समन्वय केंद्रों (Maritime Search and Rescue Coordination Centres–MRCC) को जो भारतीय कोस्टगार्ड द्वारा संचालित किए जाते हैं, प्रदान की जाती है। समुद्रीय क्षेत्र खोज और बचाव समन्वय केंद्र मुंबई, चेन्नई और पोर्ट ब्लेयर में स्थित हैं, जो पोरबंदर, गोआ, न्यू मैंगलोर, कोच्चि, विशाखापट्नम, पैरादीप, हल्दिया, डिगलीपुर और कैंपबेल खाड़ी में स्थित कोस्टगार्ड जिला मुख्यालय (Coast Guard District Headquarters) से संचालित समुद्रीय क्षेत्र खोज और बचाव उप-केंद्रों (Maritime Search and Rescue Sub-centres–MRSC) द्वारा भारतीय खोज और बचाव क्षेत्र में समुद्रीय क्षेत्र खोज और बचाव प्रकार्यों को समन्वित करता है। द्वीप समुद्रीय खोज और बचाव रिपोर्टिंग पद्धति भारतीय (समुद्रीय क्षेत्र) खोज और बचाव (कंप्यूटरीकृत जहाज रिपोर्टिंग पद्धति) का पूरक है। उसका प्रयोजन अंडमान और निकोबार द्वीप समूह और लक्षद्वीप के जल में नौसेना सुरक्षा को बढ़ाना है। जहाजों को ISLREP पर VHF संचार प्रणालियों में भाग लेने के लिए बढ़ावा दिया जाता है। जहाज रिपोर्टिंग पद्धति से सूचना आसानी से मिल जाती है, जिससे समुद्रीय आपातकालीन रिपोर्ट प्राप्त होते ही निकटतम जहाज को सहायता पहुँचाने से पूर्व ही मार्ग परिवर्तन के लिए सूचित किया जाता है। खोज और बचाव पद्धति कार्यात्मक मैट्रिक्स (Functional Matrix) जो नीचे दिए गए NSARM के अनुसार सतर्क रहने और बाद की गतिविधियों का मार्गदर्शन करने की योग्यता रखती है।

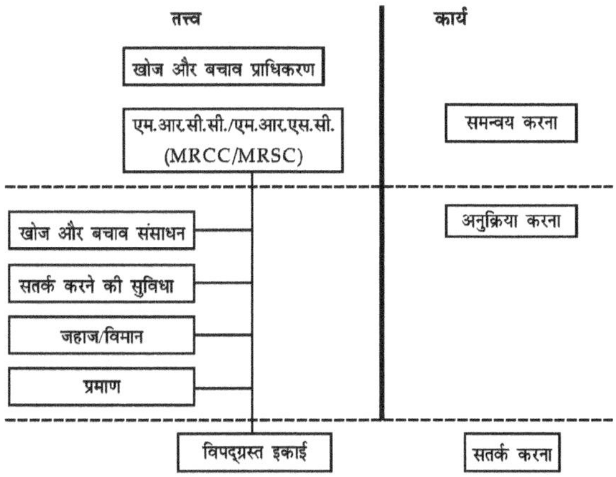

M-SAR के लिए कार्य संगठन खोज और बचाव समन्वयक (SAR Coordinator–SC) के अधीन काम करता है जो कार्य की अवधि को निर्दिष्ट करता है, जिसके उत्तरदायित्व में संस्थापन कार्य, कर्मचारी को काम पर लगाना, उपस्कर उपलब्ध करना और खोज और बचाव पद्धति का प्रबंधन करना तथा संसाधन अभिकरणों के साथ समन्वय के द्वारा उपलब्ध संसाधनों का अनुकूलतम उपयोग करना है। निर्दिष्ट खोज और बचाव मिशन समन्वयक (Designated SAR Mission Coordinators–SMC) ऑन सीन कमाण्डरों (On Seene Commanders–OSC) और खोज और बचाव इकाइयों (SAR units–SRU) जलयान और विमान खोज और बचाव समन्वयक के अधीन कार्य करते हैं। M-SAR के लिए विशिष्ट कार्य संगठनात्मक ढाँचा नीचे दिया गया है–

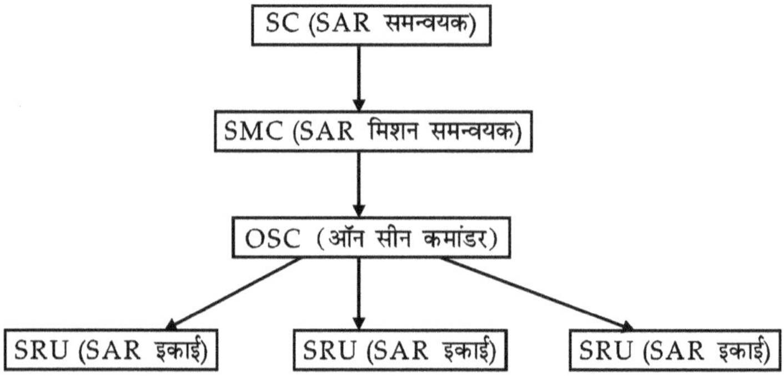

जहाजों के लिए INDSAR के अंतर्गत टॉल फ्री नंबर INMARSAT-C में 43 है। इसके अतिरिक्त टॉल फ्री नंबर 1718 किसी भी व्यक्ति को तुरंत सहायता के लिए भारतीय कोस्टगार्ड को संभव आपदा अथवा आपदा के बारे में सूचना देने की आसान सुविधा उपलब्ध कराता है।

तेल गिरने की अनुक्रिया संबंधी कार्य राष्ट्रीय तेल गिरने की आपदा की आकस्मिक योजना (National Oil Spill Disaster Contingency Plan–NOS-DCP) के अनुसार किए जाते हैं और इनका समन्वय भारतीय कोस्टगार्ड करता है। इस योजना का अनुमोदन 4 नवंबर, 1993 को सचिवों की समिति (committee of secretaries) द्वारा किया गया था। इस योजना के अंतर्गत सहायक मंत्रालय और संसाधन संगठन निम्नलिखित हैं–

- भारतीय नौसेना (The Indian Navy)
- जहाजरानी मंत्रालय (Ministry of Shipping)
- महासागर विकास विभाग (अब पृथ्वी विज्ञान मंत्रालय) (Department of Ocean Development (Now Ministry of Earth Sciences))
- पर्यावरण एवं वन मंत्रालय (Ministry of Environment and Forests)
- पेट्रोलियम और प्राकृतिक गैस मंत्रालय (Ministry of Petroleum and Natural Gas)
- कृषि मंत्रालय (Ministry of Agriculture)
- तटीय राज्य प्राधिकरण (Coastal State Authorities)
- प्रमुख बंदरगाह प्राधिकरण (Major Port Authorities)

- केंद्रीय और राज्य प्रदूषण नियंत्रण बोर्ड (Central and State Pollution Control Board)
- तेल और प्राकृतिक गैस निगम (Oil and Natural Gas Corporation)
- ऑयल इंडिया लिमिटेड (Oil India Limited)
- तेल परिशोधनशालाएँ (Oil Refineries)
- इंडियन ऑयल कार्पोरेशन (Indian Oil Corporation)
- जहाजरानी महानिदेशालय (Directorate General Shipping)
- व्यापारी समुद्री विभाग (Mercantile Marine Department)
- शिपिंग कार्पोरेशन ऑफ इंडिया (Shipping Corporation of India)
- राष्ट्रीय महासागर संस्था (National Institute of Oceanography)
- केंद्रीय समुद्री मत्स्यकी अनुसंधान संस्थान (Central Marine Fisheries Research Institute)
- कोई अन्य संबंधित अभिकरण (Any other concerned agency as appropriate), जैसा उचित हो।

योजना में विभिन्न मंत्रालयों और विभागों को कार्यों की जिम्मेदारियाँ आवंटित की जाती हैं। योजना के अनुसार तेल के गिरने की आपदा के मामले में संकट प्रबंधन के लिए रक्षा मंत्रालय केंद्रीय एजेंसी के रूप में कार्य करता है। योजना में अन्य अभिकरणों से सदस्यों को लिया जाता है।

जहाजरानी महानिदेशालय (Directorate General of Shipping) मर्चेंट शिपिंग अधिनियम, 1958 (Merchant Shipping Act, 1958) के अंतर्गत समुद्रीय क्षेत्रों के प्रशासन के लिए केंद्रीय अभिकरण के रूप में कार्य करता है। यह जहाजरानी सड़क परिवहन और राजमार्गों के मंत्रालय के अधीन कार्य करता है। यह निरोधी संवैधानिक उपाय, अन्य कार्यों में समुद्री सुरक्षा और जहाजरानी के संबंधित पहलुओं के लिए उत्तरदायी है। भारत में महानिदेशालय, अंतर्राष्ट्रीय समुद्रीय संगठन (International Maritime Organisation–IMO) के साथ कार्य करने के लिए केंद्रीय अभिकरण हैं।

खोज, बचाव और राहत–किसी भी आपदा की स्थिति में, बचाव और राहत कार्य वर्तमान राष्ट्रीय नीतियों और योजनाओं के अनुसार किए जाते हैं। अक्सर ऐसे कार्य बाहर विदेश में भू-नीति तथ्यों के अंतर्गत द्विपक्षीय अथवा क्षेत्रीय समझौतों के माध्यम से सरकार द्वारा विस्तृत किए जाते हैं। आपदा की स्थिति में, सहायता प्राप्त करना और सहायता पहुँचाना प्रचलित राष्ट्रीय नीति के अनुसार किया जाता है। खोज, बचाव और राहत कार्य उचित चार्टर वाले संगठनों और अन्य ऐच्छिक और गैर-सरकारी संगठनों द्वारा किए जाते हैं।

प्रश्न 4. आपदा न्यूनीकरण से आप क्या समझते हैं?

अथवा

समुद्री दुर्घटनाओं के प्रतिरोध में अंतर्राष्ट्रीय निरोधक उपायों का वर्णन कीजिए।

उत्तर– आपदा न्यूनीकरण, आपदा के बाद की गतिविधि होती है। समुद्र आधारित आपदा का क्षेत्र समुद्रीय पर्यावरण, तटीय अंतरापृष्ठीय (inter-face) अथवा तटीय क्षेत्र होता है जो

प्रभावित होता है। किसी भी आपदा में आपदा कम करने की मुख्य गतिविधि जीवनों को बचाने और मानव को पीड़ाओं से मुक्ति दिलाने पर ही आधारित होती है, जिसके लिए कभी-कभी बहुत साहसी कार्य भी करने पड़ सकते हैं। वास्तव में, इसका लक्ष्य जीवन बचाना और अथवा संपत्ति और/परिसंपत्तियों का संरक्षण करना भी है। इसमें व्यावसायिकता ही इसकी कुँजी होती है।

(1) कार्य योजना–आपदा कम करने के लिए कार्य योजना राष्ट्रीय स्तर की होनी चाहिए जिसमें तैयारी का उचित, समन्वित और समेकित क्रम हो तथा उपाय और संबंधित कार्यों के साथ शीघ्र शुरू होने वाली होनी चाहिए। कार्य योजना का लक्ष्य क्षति को, संसाधनों के अनुकूलतम उपयोग के द्वारा कम करना है; इस तरह लागत को कम करना होता है। कार्यान्वयन के सभी स्तरों पर इस योजना में प्रभावी आकस्मिक योजनाएँ भी शामिल होनी चाहिए। इसी समय, व्यक्ति को इस बात की भी जानकारी होनी चाहिए कि आपदा के प्रति अनुक्रिया करने का कोई ब्लूप्रिंट नहीं होता। प्रत्येक आपदा भिन्न होती है। इसलिए कार्य करने में अनुकूलन रखना, सुनियोजित कार्य योजना का आधार होता है। आपदा कम करने के लिए कार्य योजना की विभिन्न अवस्थाएँ निम्नलिखित हैं–

(क) संपत्ति को सुरक्षित रखना;

(ख) आपदा को और अधिक बढ़ने से रोकना (जहाँ पहले ऐसा करना संभव नहीं हुआ हो);

(ग) जीवन-पद्धतियों और पर्यावरण की सुरक्षा करना तथा उसमें और आगे होने वाली क्षति को रोकना;

(घ) जनसाधारण को सूचना देना;

(ङ) यातायात प्रवाह को कायम रखनापुनरुत्थान और संरक्षण।

(2) समुद्री दुर्घटनाओं के प्रतिरोध में अंतर्राष्ट्रीय निरोधक उपाय–किसी राष्ट्र द्वारा सामान्यतः समुद्री दुर्घटनाओं के मामले में अपनाए जाने वाले विरोधी उपायों में अंतर्राष्ट्रीय रोकथाम उपायों के तत्त्व शामिल होंगे, क्योंकि ऐसी दुर्घटनाएँ अधिकांशतः प्रकृति में एक सीमा से दूसरी सीमा तक जाने वाली होती हैं। इन उपायों को अंतर्राष्ट्रीय संविधान और संबद्ध पार्टियों द्वारा संबंधित समझौतों से आधार मिलता है। समुद्रीय खोज और बचाव, उदाहरण के लिए, अंतर्राष्ट्रीय नीतियों के इर्द-गिर्द घूमते रहते हैं। भारत, समुद्र पर जीवन की सुरक्षा 1974 (Safety of Life at Sea–SOLAS), समुद्रीय खोज और बचाव पर अंतर्राष्ट्रीय संधि, 1979 (International Convention on Maritime Search and Rescue) और समुद्री कानून पर की संयुक्त राष्ट्र संधि (United Nations Convention on the Law of the Sea–UNCLOS) के हस्ताक्षरकर्ता देशों में से एक हैं। ये नीतियाँ हस्ताक्षरकर्ता देश के लिए अन्य अपेक्षाओं के साथ समुद्री दुर्घटनाओं को रोकने और उनके प्रति अनुक्रिया करने के लिए अंतर्राष्ट्रीय कार्यविधियों का अनुपालन करना अनिवार्य कर देती हैं।

समुद्री पर्यावरण की प्रदूषण से सुरक्षा के लिए मुख्य अंतर्राष्ट्रीय नीतियों में, जहाजों से प्रदूषण रोकना 1973, जो 1978 में प्रोटोकॉल द्वारा रूपांतरित हुई थी जो MARPOL, 73-78 कहलाता है, इसके लिए अंतर्राष्ट्रीय समझौता तेल प्रदूषण की तैयारी अनुक्रिया और सहयोग (Oil Pollution Preparedness, Response and Cooperation–OPRC) (जो 1990

में ग्रहण (adopted) किया गया और 1995 में लागू (promulgated) किया गया) और OPRCHNS प्रोटोकॉल शामिल हैं। संयुक्त राष्ट्र के सौजन्य से संयुक्त राष्ट्र पर्यावरणीय कार्यक्रम (United Nations Environmental Programme–UNEP) के अंतर्गत क्षेत्रीय आकस्मिक योजनाएँ बनाने के लिए राज्यों से आशा की जाती है जो समुद्र पर प्रदूषण की घटनाओं के प्रति अनुक्रिया करेंगी।

MARPOL, 73-78 पाँच अनुबंधों में है। अनुबंध I (तेल द्वारा प्रदूषण को रोकना) और II (आपत्तिजनक तरल पदार्थों द्वारा प्रदूषण नियंत्रण), MARPOL का अभिन्न अंग है। राज्य की सभी पार्टियाँ MARPOL, 73-78 के दोनों अनुबंधों की भी पार्टियाँ हैं। अनुबंध III (पैकेजबंद रूप में हानिकारक पदार्थों द्वारा प्रदूषण को रोकना), IV (जहाजों से, जल-मल द्वारा, प्रदूषण को रोकना), V (जहाजों से, कूड़े द्वारा, प्रदूषण को रोकना) और VI (जहाजों से, वायु प्रदूषण को रोकना) वैकल्पिक हैं। इनमें से किसी भी समझौते/समझौतों को स्वीकृत न करने के लिए, राज्य यह घोषित कर सकते हैं कि वे इन अनुबंधों को स्वीकार नहीं करते।

तेल प्रदूषण की तैयारी पर अनुक्रिया और सहयोग समझौते की पार्टियों के लिए यह आवश्यक है कि वे अपने राष्ट्र अथवा अन्य देशों के साथ सहयोग करते हुए प्रदूषण की घटनाओं से निपटने के लिए उपाय स्थायी आधार पर प्रतिष्ठित करें। अंतर्राष्ट्रीय समुद्रीय संगठन (International Maritime Organisation–IMO) ने वर्ष 2000 में OPRC-HNS प्रोटोकॉल को अपनाने के द्वारा तेल प्रदूषण की तैयारी और अनुक्रिया सहयोग का विषय क्षेत्र बढ़ा दिया था जिसमें राष्ट्रीय, क्षेत्रीय और वैश्विक स्तरों पर तैयारी और अनुक्रिया करने के लिए पद्धतियाँ स्थापित करने के लिए अंतर्राष्ट्रीय सहयोग प्राप्त करना तथा आपत्तिजनक और जोखिमी पदार्थों से प्रदूषण की घटनाओं को भी रोकना शामिल था।

जहाजों की और समुद्र में जड़ित प्लेटफार्म पर असंवैधानिक कार्यों से सुरक्षा करना बहुत समय से अंतर्राष्ट्रीय तटवर्ती संगठन का कार्य है। तदनुसार, तटवर्ती नौसेना की सुरक्षा के विरुद्ध और महाद्वीप में स्थित जड़ित प्लेटफार्म के विरुद्ध असंवैधानिक गतिविधियों को दबाने के लिए समझौता 10 मार्च, 1988 को हस्ताक्षरित हुआ था। जो देश इस प्रोटोकॉल और समझौते में शामिल थे, उनको इस संबंध में राष्ट्रीय संविधान बनाना जरूरी था। भारत ने इस समझौते और प्रोटोकॉल को वर्ष 2002 में संसद के अधिनियम द्वारा प्रभावी कर दिया था जो समुद्रीय नौसेना और महाद्वीप पर जड़ित प्लेटफार्म की सुरक्षा के लिए असंवैधानिक कार्यों को दबाने का अधिनियम कहलाता है।

इन समझौतों और अन्यों की क्रमिक चर्चा और पर्यालोचनों में अंतर्राष्ट्रीय तटवर्ती संगठन के लिए समुद्री दुर्घटनाओं से संबंधित गतिविधियों में महत्त्वपूर्ण समन्वयकारी भूमिका निभाने के लिए प्रावधान है।

प्रश्न 5. समुद्री दुर्घटनाओं में आपदा प्रबंधन में सीखे गए पाठ के अनुभवों को प्रस्तुत कीजिए।

उत्तर– यद्यपि आपदा एक आम शब्द है जो उस घटना को अभिव्यक्त करने के लिए प्रयुक्त किया जाता है, जो संपत्ति और मानव जीवन को गंभीर क्षति पहुँचाती है। परंतु ऐसी

प्रत्येक घटना के गुणधर्म भिन्न हो सकते हैं, इसलिए सीखे गए पाठ घटना तक ही सीमित होते हैं। आपदा प्रबंधन से संबद्ध सभी के लिए यह एक प्रश्न है कि इन आपदाओं को रोकने और कम करने के लिए क्या किया जाए। यह इस सिद्धांत को प्रतिपादित करता है कि प्रत्येक आपदा भिन्न होती हैं।

समुद्र में घटी आपदाओं से, उन लोगों के लिए सीखे गए पाठ बहुत महत्त्वपूर्ण होते हैं जो इससे प्रत्यक्ष अथवा अप्रत्यक्ष रूप से संबंधित होते हैं। इनमें से कुछ पाठ बहुत महत्त्वपूर्ण हैं जो नीचे दिए गए हैं–

- आपदा को सबसे उत्तम ढंग से तब रोका जा सकता है जब प्रत्येक आपदा के लिए तैयारी और उस पर नियंत्रण करने के लिए मार्गदर्शी सिद्धांतों का अनुपालन किया जाए। यह समुद्री यात्रियों, तटीय जनसंख्या और आपदा प्रबंधन से संबंधित लोगों को सुरक्षा जागरूकता की शिक्षा प्रदान करके किया जा सकता है।
- राष्ट्रीय स्तर योजना द्वारा, आपदा की स्थिति में, आपदा कम करने के उपायों को तुरंत शुरू करने के लिए योजना तैयार करना अत्यंत महत्त्वपूर्ण है।
- आपदा समन्वयकारी प्राधिकरण के अंतर्गत पूरी तरह से आदेश देना और स्थिति पर नियंत्रण करना अति आवश्यक होना चाहिए ताकि आपदा प्रबंधन के दौरान शंका की स्थितियाँ उत्पन्न न हो सकें, क्योंकि आपदा प्रबंधन एक सामूहिक और बहु-आयामी गतिविधि है।
- आपदा से अक्सर अन्य संबंधित क्षतियाँ भी होती हैं – अतः आपदा के क्रमिक खतरनाक प्रभाव के बचाव को भी सावधानी से कार्यान्वित किया जाना चाहिए।
- आपदा की स्थिति में शीघ्र ही अनुक्रिया करना और सुविधाओं की उपलब्धि आपदा को कम कर सकती है।

प्रश्न पत्र

एम.पी.ए.-02 : मानव-निर्मित आपदाओं को समझना

जून, 2021

***नोट:** भाग-I और भाग-II में दिए गए निम्नलिखित प्रश्नों में से किन्हीं **पाँच** प्रश्नों के उत्तर लगभग **400** शब्दों (प्रत्येक) में दीजिए। प्रत्येक भगा में से कम-से-कम **दो** प्रश्न अवश्य कीजिए। सभी प्रश्नों के अंक समान हैं।*

भाग-I

प्रश्न 1. नाभिकीय आपदा प्रबंधन पर एक टिप्पणी लिखिए।

प्रश्न 2. विभिन्न प्रकार की मानव-निर्मित आपदाओं का वर्णन कीजिए।

प्रश्न 3. रासायनिक आपदाओं के कारणों एवं प्रभावों का उल्लेख कीजिए तथा भोपाल गैस त्रासदी से सीखे गए पाठों को उजागर कीजिए।

प्रश्न 4. भारत में कोयले में लगने वाली आग के कारणों और प्रभावों की चर्चा कीजिए।

प्रश्न 5. दावानल के कारणों और प्रभावों की व्याख्या कीजिए।

भाग-II

प्रश्न 6. "तेल में आग लगने की स्थिति में खतरे की उच्च संभावना के चलते, तैयारी तथा अनुक्रिया उपायों को रचित करने में अत्यधिक ध्यान देने की आवश्यकता होती है।" विस्तृत वर्णन कीजिए।

प्रश्न 7. जल के लक्षण और प्रदूषण पर एक टिप्पणी लिखिए।

प्रश्न 8. समुद्री दुर्घटनाओं के प्रकारों की चर्चा कीजिए।

प्रश्न 9. विमान दुर्घटना के कारण और प्रभाव क्या हैं?

प्रश्न 10. रेल दुर्घटनाओं से संबंधित बचाव और राहत उपायों की व्याख्या कीजिए।

एम.पी.ए.-02 : मानव-निर्मित आपदाओं को समझना
दिसम्बर, 2021

***नोटः** भाग-I और भाग-II में दिए गए अग्रलिखित प्रश्नों में से किन्हीं **पाँच** प्रश्नों के उत्तर लगभग **400** शब्दों (प्रत्येक) में दीजिए। प्रत्येक भगा में से कम-से-कम **दो** प्रश्न अवश्य कीजिए। सभी प्रश्नों के अंक समान हैं।*

भाग-I

प्रश्न 1. रासायनिक आपदाओं के कारणों एवं प्रभावों तथा आपदा न्यूनीकरण के लिए तैयारी एवं अनुक्रिया संबंधी गतिविधियों का वर्णन कीजिए।

प्रश्न 2. संक्रामक रोगों का वर्गीकरण कीजिए तथा इनके प्रति जनसंख्या की संवेदनशीलता में योगदान देने वाले कारकों को उजागर कीजिए।

प्रश्न 3. भवनों में आग लगने के विभिन्न प्रकारों की चर्चा कीजिए।

प्रश्न 4. कोयले में आग लगने के प्रभावों का वर्णन कीजिए।

प्रश्न 5. दावानल आपदा न्यूनीकरण के प्रति तैयारी और अनुक्रिया उपायों की व्याख्या कीजिए।

भाग-II

प्रश्न 6. मानव स्वास्थ्य पर वायु प्रदूषण के प्रभावों का परीक्षण कीजिए।

प्रश्न 7. 'जल-गुणवत्ता मापदंड' एवं 'उपयोगों' पर एक टिप्पणी लिखिए।

प्रश्न 8. भारत में वनोन्मूलन की स्थिति के साथ उसके कारणों की चर्चा कीजिए।

प्रश्न 9. समुद्री दुर्घटनाओं के कारणों एवं प्रभावों तथा आपदा प्रबंधन के लिए आवश्यक उपायों को उजागर कीजिए।

प्रश्न 10. विमान दुर्घटनाओं के विभिन्न मामलों से निपटने के लिए आपदा तैयारी संबंधी उपायों को उजागर कीजिए।

एम.पी.ए.-02 : मानव-निर्मित आपदाओं को समझना

जून, 2022

*नोटः प्रत्येक खण्ड में से कम-से-कम **दो** प्रश्न चुनते हुए, खण्ड I और खण्ड II में दिए गए, निम्नलिखित में से किन्हीं **पाँच** प्रश्नों के उत्तर लगभग 400 शब्दों (प्रत्येक) में दीजिए। सभी प्रश्नों के अंक समान हैं।*

खंड-I

प्रश्न 1. मानव-निर्मित आपदाओं के सम्मुख प्रबंधन संबंधी सामान्य सरोकारों का परीक्षण कीजिए।

प्रश्न 2. रासायनिक आपदाओं के कारणों व प्रभावों पर एक टिप्पणी लिखिए।

प्रश्न 3. जैविक आपदाओं का अर्थ स्पष्ट कीजिए व उन कारकों को स्पष्ट कीजिए जो उनके प्रति संवेदनशीलता में सहायक होते हैं।

प्रश्न 4. "आग के बेहतर प्रबंधन के लिए कुछ महत्त्वपूर्ण उपाय लिए जाते हैं।" विस्तारपूर्वक समझाइए।

प्रश्न 5. निम्नलिखित पर लगभग 200 शब्दों (प्रत्येक) में संक्षिप्त टिप्पणियाँ लिखिएः

(क) आवासिक क्षेत्रों में आग से सावधानियाँ

(ख) यू.एस.ए. में नाभिकीय (न्यूक्लीय) ऊर्जा संयंत्र आपदा

खंड-II

प्रश्न 6. वायु गुणवत्ता प्रबंधन पर एक टिप्पणी लिखिए।

प्रश्न 7. "वनोन्मूलन कई प्रकार के सामाजिक व पर्यावरणीय समस्याओं को जन्म देता है।" विस्तारपूर्वक समझाइए।

प्रश्न 8. सड़क दुर्घटनाओं के कारणों व प्रभावों की विवेचना कीजिए।

प्रश्न 9. हवाई दुर्घटनाओं के कारणों व प्रभावों पर चर्चा कीजिए।

प्रश्न 10. निम्नलिखित पर लगभग 200 शब्दों (प्रत्येक) में संक्षिप्त टिप्पणियाँ लिखिएः

(क) औद्योगिक बहिःस्राव की विशेषताएँ

(ख) समुद्री दुर्घटनाओं का न्यूनीकरण

NOTES

www.ingramcontent.com/pod-product-compliance
Lightning Source LLC
LaVergne TN
LVHW061035070526
838201LV00073B/5041